MEETING YOUR HALF-ORANGE

An Utterly Upbeat Guide to Using Dating Optimism to Find Your Perfect Match

遇见另一半橘子

——约会乐观主义帮你找到完美爱情

AMY SPENCER

[美] 艾米 · 斯宾塞 著

孙菲 玄涛 译

西南师范大学出版社

国家一级出版社 全国百佳图书出版单位

本书献给我的丈夫，他是我真正的另一半。

“我的另一半橘子”译自西班牙短语

mi media naranja

用来指某人的理想爱人，完美的另一半。

每个人来到这世上都被劈成圆形的两半，
终生都在寻找另一半的过程，就是爱情。

——柏拉图

推荐语

愿你能遇见自己的另一半橘子

每当提到你的感情生活，你是否总是这样想：

我永远也不会遇到他了。

这个世界根本没有完美男人。

或许我真的该稳定下来了。

我是不是太挑剔了？

一个人过也挺好。

我放弃。

……

如果你总是恋爱失败，或是感觉不会再爱了，那么这本书就会彻底地为你扭转局面。

爱情专家艾米·斯宾塞引入了“约会乐观主义”这一概念，教你如何将命中注定的另一半吸引到身边。

这是异想天开？不。斯宾塞解释了“约会乐观主义”并非一个矫情或是高深莫测的概念，而是有着深厚的科学和心理学基础，一个非常实用的约会理念。最重要的是，它真的有效。它不仅对艾米本人有效，而且对很多曾经确信自己永远也不会找到“白马王子”的女性都发挥了作用。《遇见另一半橘子》从撰写“大爱清单”，到培养“橘子式兴奋”，再到使用你的“雷达”去探测另一半橘子，不得不说本书是一本注重结果的魔法书，它能帮你最终遇到自己的完美伴侣——并在此过程中快乐地生活！很高兴为中国的读者译介这本书，感谢西南师范大学出版社、万墨轩图书给我们这个机会。

孙菲　玄涛

2016 年 2 月于上海

目录 CONTENTS

第二步 PHASE TWO 033

去逛园艺商店：承认你内心的渴望

HIT THE GRADEN SHOP:ADMIT YOU WANT IT

第三步 PHASE THREE 067

如何选种：你想要什么？

HOW TO CHOOSE YOUR SEED:WHAT DO YOU WANT

第四步 PHASE FOUR 093

如何种下种子：凝神，通过想象去感受它

HOW TO PLANT THE SEED:FOCUS AND IMAGINE FEELING IT

第五步 PHASE FIVE 157

呵护你的小苗：直到开花结果过上幸福的生活

NURTURE YOUR SAPLING TO BLOOM:LIVE A HAPPY LIFE

自 序

另一半橘子是什么?

嗯，另一半橘子就是你的理想伴侣，你想与其共度余生的那个人。这是一种美好的心愿，只要你乐观地坚信另一半会出现在你面前，就能完全改变你的生活。

试想一下：你去拜访一位名声大噪的占卜师，她拥有世界上唯一一个能百分百预测未来的水晶球。好了，如果占卜师告诉你，将来你一定会找到属于自己的真爱——一段难以置信、刻骨铭心、奇妙而令人欣羡甚至会改变人生的爱情，你会怎么办？如果她说，八个月以后，你就会遇到那个对的人[①]，你会怎么办？

① 可爱的读者，为了一致，我将在文中称呼您为“她”，称呼您在寻找的另一半橘子为“他”。但我的话是讲给所有要在生命中寻找爱的人的。如果您是正在寻找“她”的“他”，或是寻找“她”的“她”，或是寻找“他”的“他”，抑或是性别复选框还空着，不知道究竟是谁会出现在你的生命中，我的建议同样适用于你们。我们所有人都值得拥有一场美丽的爱情——遇见我们的终身伴侣，他／她能将我们最好的一面展现给大家。所以，为了在寻找另一半橘子的路上不迷失，请按您所需改变文中的人称代词。

好了，我们来说说那个逗你笑到肚子疼的男人。他魅力四射，和他并肩走在一起都会让你深感幸运。他觉得你聪明睿智，时尚前卫，开朗幽默又性感至极。他能陪你在车管所排队一直排到最后却依然保持风趣。他爱慕你，视你如珍宝。你的朋友都很喜欢他，你们一起去参加派对，她们就像对待你一样迅速拥抱他——然后整晚都在对你说："我也想要一个那样的男朋友！"如果你知道，无论自己是否参加社交活动，是否与他人约会，无论是外出旅游还是闭门不出，八个月过后那个家伙一定会出现在你家门口，这件事百分百会发生，那你会做何感想?

或许是如释重负，并带有一种令人眩晕的兴奋感。对于一名单身女性来说，你可能在寻找真爱的道路上拖着愈加沉重的步伐，这个消息很可能会给你的脚步增添一些轻松和自由。而你，已经很久没有过这种感觉了。

当你从占卜师的工作室走出来，重新回到这个世界，这个消息意味着你可以快活地过完最后几个月的单身生活！这意味着你可以和女友们出去约会，再也不用每隔几秒钟就扫视一遍房间，寻找某些潜在的对象了。这意味着你可以和那些帅气却不适合结婚的男孩们去逛街，而不必给自己施加压力——一定要和他们继续发展下去，严肃对待彼此的关系。这意味着你可以轻轻松松地在家里面看着真人秀，而不至于因为荒废了本可以遇到某个男子的时间而感到愧疚。这也可能意味着你可以开始一场盛大的旅行，着手撰写一本讲述自己单身生活的小说，或者是去学学法语，为了即将遇到的那个他，可能会在某一天心血来潮带你去巴黎。重点是，你的生命将又一次成为充满各种可能性的游乐场。

嗯，那就是约会乐观主义想要带给你的感觉。一旦你开始采用我为你描述的强大的乐观技巧，你就会感觉到自由，感觉到真正的快乐，不再畏惧未来，因为你知道一切都会得到满意的答案。你是怎么知道的?通过这样一种强有力的方法，你会把全部精力放在你自身的需求上，它将影响你的身体和你周围的世界。这样一来，那个对的人会出现的唯一一个地方就是在你面前。当你发自内心地快乐时，那个专属于你的人自然会被你吸引来，一切都是那么顺其自然。

我真希望在自己单身时能早点明白这一点。我曾主动勾搭过男子，亲自促成过约会，还在一些派对上，一遍又一遍地追问我的闺蜜“这里还有谁是单身”或是“你有没有见到帅哥”？这些派对对我来说都是漫长的绝望。想起这些，我自己都局促不安。

我记得自己曾一直追着我姐姐要她为我介绍一个男子，那个男子是她朋友瑞秋的哥哥，而她们也不过是之前偶然间和我提起过他而已。（看看艾米啊。看看稻草啊。看看艾米正抓着最后一根救命稻草。）我每天都给姐姐打电话，问她：“你和瑞秋说过她哥哥的事了吗？有什么消息吗？”三周后，瑞秋的哥哥回复了瑞秋，她告诉了我姐姐，姐姐又告诉了我。

“我听说她肤色很深，”他抱怨道，“我不会和肤色黝黑的人谈恋爱的。”

那一刻我感觉自己就像个傻瓜。我不仅太过刻意去追求，而且简直就像个俗不可耐的大笨蛋。并且，那些经历伤到了我的自尊。我就像是一个极度渴望性伴侣的单身女子，为了找到另一半，几乎愿意付出一切。尽管我从未承认过，但我对真爱的渴望的确在影响着我生命里的每一分每一秒——有些周末，当我不在这座大都市里，我就会觉得我本可以用这些时间去偶遇某一位男子的。当我和已婚夫妇们一起玩乐，我就会觉得这是在浪费我本可以和单身一族们待在一起的宝贵时光。当我和我最要好的同性恋朋友，也是我的男闺蜜——美发师陶德待在一起时，就会觉得自己是在怠工。如果我真的想谈恋爱，为什么每天和我共进晚餐的都是他呢？

我想不通，为什么我想要的生活方式和找到一位人生伴侣是如此互相排斥呢？我不想做出抉择，也不想稳定下来。鱼和熊掌，我都想要！我想过我自己的生活，同时还要有真爱的陪伴。不是一句普通的“是啊，当然了，我爱他”那样简单，而是一种源于内心深处的爱情。一场能让我熠熠生辉的恋爱，一个能一起犯傻的小伙伴，一个真正的另一半。

但我有些灰心丧气了。事实上，我在纽约约会的那天晚上，我已经做好准备前功尽弃。对此，我仍记忆犹新。

那是一个温暖的九月的夜晚。有二十几个人在寿司店外排着长队并从我身边绕过，一群女孩步伐一致地沿人行道走着，她们身上散发出迷人香气，叽叽喳喳欢笑着，走路发出刺耳的声音，犹如玩具士兵一样。拐角处的酒吧为了通风，玻璃门一直大敞着。至于我？我马上就要和詹森[①]见面喝上一杯。从家里出发前，我告诉我的已婚朋友，这一次我意已决，一定要成功。因为在那一刻，我的人生需要向前迈进一大步。

我已经做了十年的杂志编辑，合作过的杂志包括《魅力》（*Glamour*）和《箴言》（*Maxim*）[②]。但一年前，我断定自己已经准备好迎接新的挑战了。所以我跳离了“固定工资”的安全码头，决定在自由撰稿的大军中大显身手。在那个温暖的九月的夜晚到来之前，我一直吃力地工作，纠结着爱情。因为我的大部分工作都是和一些女性、夫妻还有专家探讨爱情以及两性关系，所以，这一切似乎成了一个残酷讽刺的玩笑。

为了排解压力，消除孤独，我在过分活跃的社交生活中寻求慰藉，但我唯一的收获只是不断增加的开销。最近几次我逼着自己去参加的几场约会都无聊透顶，它们似乎已经成了我的噩梦，并且我的意志也愈加消沉。我就像坐着旋转木马不停地原地旋转，它侵吞着我的金钱，我的精力，还有我的乐观心态。换句话说，我真的真的不希望和这个男孩约会，又是在浪费时间。

---

① 为保护个人隐私，或依照请求，我在整本书中给某些人起了化名。
② 分别为英国女性时尚杂志和美国男性杂志。（译者注）

詹森是我前一周在朋友的时装秀派对上认识的。我见到他时，他的头撞到了低低地拴在天花板上的衣架，他对着它喊道："啃，你这个讨厌的衣架！"这让我回想起曾经我撞到某些物体时，我妈妈也会这样指责它们。当然了，我的思绪也向未来跳了一大步。嗯，大概十年吧，我心里想：啊，他将来一定是个合格的爸爸。（顺便说一句，我的未婚大脑就是这样思考的，每一件事都是某个男子可能会成为一位合格爸爸的迹象。）我和詹森聊了二十分钟，他约我四天后见面。此时此刻，我涂上 25 美元的香奈儿润唇膏，希望一切顺利，再过几分钟，我们就要再次见面了。

"我只求他正常一些就好。"当我脚步沉重地走在我所住的那所没有电梯的公寓时内心想道。我只希望这次约会愉快。老实说，我还在想：天啊，这次一定会成功的！或许他就是我的真命天子！我们会坠入爱河，飞去某个景色怡人的地方跨年，然后我们会有自己的孩子，他会是个好爸爸……

我到那儿的时候詹森已经到了，他比我记忆中还要帅气。我当时想：哇，这真的可以成为我的最后一次初次约会。

我们喝酒聊天一直到晚饭时间，正当我为他的魅力、潇洒、睿智而倾心时，他轻声笑了，说："你知道反社会的人是什么样子吗？"

"我大概可以猜到，"我说，"怎么了？"

“没怎么，有趣而已，”他说，“因为——嗯，或许不应该对你说这个——但我室友就是这么评价我的。他说我是一个反社会的人。”

“哦。”我回顾了一下自己对“反社会”仅有的一点了解。专家给他们的诊断是心智障碍。他们专注于一己私欲，全然不顾自身行为对他人的影响。还有，嗯，他们好像都是杀人恶魔?

“我只是觉得那种说法很有趣。”他说。

“是啊，说得没错，”我说，“我也觉得那可能很有趣。”

不是让人捧腹大笑的那种有趣，而是像电影《美国精神病人》（*American Psycho*）那种有趣。但我们还是愉快地喝完酒，他还主动埋了单。我感觉很棒，我每一步都走得很谨慎，只为了他再约我出去。所以我在家门口主动和他吻别。但就在那一刻，呵呵，他失态了。

“你他妈在耍我吗?”他说，“你居然不打算邀请我上楼? 你到底在搞什么鬼? 真是浪费我的时间！”随即，詹森便气冲冲地离开了，我从此再也没有听到他的消息。

我目瞪口呆，同时也很困惑，失望透顶。所以，我跑上楼立刻给我的那位已婚朋友打电话，告诉了她这一切。

“噢，我的天啊，”她说，“为什么你的感情生活总是这么滑稽可笑！”

还是那样，不是让人捧腹大笑的那种滑稽可笑，而是让人心生怜悯的滑稽可笑。挂断电话后，我看了重播的电视剧《脱离窘境》（*Saved by the Bell*），电影中愚笨的秃头校长贝尔丁先生坠入了爱河。看电视时，我实在控制不住，开始哭个不停。“贝尔丁先生都找到真爱了？”我喃喃自语，“为什么我我我我我不能？”

就是在那天晚上，我决定不再被单身状态拖累下去。数月以来——甚至是多年以来——我一直强迫自己和那些仅有一点好感的男孩约会，拖着疲惫的身躯去参加单身派对，用我的邮政编码注册所有的婚恋网站，以寻找如意郎君的名义一次又一次地填写表格，讲述自己被身边的人，从高中好友到我的妈妈安排相亲的故事。我就像一只搜救犬一样搜索着整座城，却没有一个男人摔倒需要我的救助。我的梦中情人无处可寻。我整天脑子里想的就是我将孤老终身、脾气古怪、膝下无子的这些凄惨的画面。对了，还有滑稽可笑。

但就是此时，奇迹降临了。几年前，我的姐姐莉兹很想去旅行。那时她在纽约已经生活了足足八年了——感谢昂贵到荒谬的租金——她出城旅行的次数用一只手就能数得过来。她也是单身，她意识到如果要来一场说走就走的旅行，逃离这座城市，最好的时机就是现在。于是她开始制订一个自驾跨州的旅行计划。

她又突发奇想，和一小撮附近的女孩成立了一个小组，叫“守门员协会”。她们每周碰一次面，讨论自己制订的目标，并用积极乐观的思维为彼此加油打气。

我姐姐的计划是，四个月内，辞掉自己手头的按摩师工作。“我要花低价买一辆二手车，从纽约开去加州，再开回来。”她说。莉兹计划在每个重要景点停留——恶土国家公园，大峡谷，新奥尔良，洛杉矶。每当谈起她的计划，她总是津津乐道，想象自己在路上开车时的状态——她用心感受着自由，清风拂过她的面颊，透过挡风玻璃就可以看见未来。她已经迫不及待要去看一看纽约以外的世界了，那个她从未见过的世界。

三个月后——就在她即将辞掉工作，买二手车之前——她打电话告诉我一个消息。

“我要改变计划了，”莉兹说，“我刚刚得到一份很棒的工作，我打算入职了。”

“噢，那太可惜了！”我说，“一份工作？我意思是那也不错……但那不是会毁掉你的旅行计划吗？”

“其实……不会。”她说。就在那一刻，我都听到她笑出来了。“因为，嗯，我要为一个摇滚乐队做按摩师，他们要进行为期一年半的世界巡演。”

于是，她不需要独自一人驾驶二手车，而是和名人一起乘私人飞机。她不用从一家快捷酒店周折到另一家，而是睡在罗马、巴黎、布鲁塞尔、新西兰、澳大利亚、东京的五星级酒店里。简单来说，这大概就是梦想成真了。这就是她在追寻的东西。她想看看整个世界，是吧？好了，她如今将以最隆重的方式完成这个梦想。

就在此时，姐姐对我讲了一番非常鼓舞士气的话，她说积极乐观的思维能够让你心想事成。为了实现理想，她会凝聚所有的精力在这上面，用心去感受它可能成真的样子——而如今，她得到的远比自己奢求的要多。随后，她告诉了我具体的做法。

于是我开始了自己的爱情实验：我打算使用姐姐的方法——我称之为“乐观磁力”——在一年内遇到我的真爱。但我并没有打算一定要亲自找到我的梦中情人；按我的计划，是要我的梦中情人来找到我。我不会为了找到他而参加城里的每一场单身聚会，我要让我身体中的每一个细胞都集中精力来吸引他——不管他是谁——到我这儿来就行。姐姐实现了她伟大的旅行梦，而我也会实现我伟大的爱情梦。而且我打算在十二个月之内完成目标。毕竟，我知道，约会乐观主义发挥作用的关键就是要对它有绝对的信心。兰斯·阿姆斯特朗在参加环法马拉松时，每到自己坚持不住的艰难时刻，就会预想自己冲过终点线时的情景，而我也要像他一样预想未来。我知道，我一定要有此般勇气。

我把这个计划告诉了所有的朋友和家人。有些人认为我在胡说（期望是一码事，而时间期限是另一码事！），还有人做出一脸苦相，好像在说这个剩女真可怜啊，他们还一直“噢噢”个不停，简直要把我逼疯。但我知道这一次我一定会找到他，所以并没把他们的怜悯放在心上。而且，我再也不会在乎别人对一个努力寻求真爱的剩女怎么想了。

因为此时，我意已决。

我发明了一些积极的幻想技巧（有一些只用一次，其他的每隔一天用一次）。我把所有的感官都用于满足自己的需求上，从视觉到听觉再到嗅觉。我会使用一些身体技巧，比如在一些重要时刻要微笑，深呼吸。以前我认为是沮丧的情景，现在我会觉得它们都是些非常美好的时刻。而且我开始做一些与约会毫不相干的事情——随时把精力放在最终结果上：也就是在找到我的真命天子时我会有怎样的感觉。

它起作用了。真的起作用了。

我遇见的那名男子就是教会我西班牙短语“mi media naranja”的那个人。（注意，我并不会西班牙语。我的词汇量仅仅够他教过我的几个句子：“你好。我饿了。我丈夫很聪明。再见。”）但这个短语很重要。“mi media naranja”字面意思就是“我的另一半橘子”。他阿根廷裔的父母用这个短语来亲昵地称呼自己的另一半：可爱、美丽、十分般配的伴侣，年轻恋人们梦寐以求的对象。当我听到他向我如此解释时，我的心都要因为感激之情而融化了。

另一半橘子，对我来说，不是让你的生命变得完整的那个人，而是在爱情中与你互补的那个人。当然了，我已经拥有充实、快乐的人生，但我希望有个人能和我一起分享爱情，而且是一种平等的伴侣关系：一人开车，另一人导航；一人洗碗，另一人洗衣；两人要像一个团队一样同甘共苦。拿起两半橘子，看看它们在中间结合得多么完美：谁也不比谁大，不比谁突出，也不会彼此挤压、牵绊；它们在中心处联结到一起，各自独立却大小一致，放到一起便成了一个完美的圆。那就是我内心深处的感觉。我得到了这么多年来我一直梦寐以求的东西，这也是每个女人理应得到的东西：属于她自己的另一半橘子。

于是，我开始向我身边的每一位单身女子讲述我的实验。六个月的时间里，就有一些人找到了自己的另一半，即将走入婚姻殿堂。上周，一位单身时读过我这本书初稿的女友，她特地跑来问我希望在她的婚礼请柬上如何称呼我。此外，我还访问过数百位恋爱甜蜜的女性，她们都曾亲自使用过其中许多方法，而且，她们也确信正是这些方法使得她们遇到了自己的另一半。

我知道它是有效果的，我也目睹了它发挥作用。我希望你也能够在将来的生活中对爱情抱有同等的希望和信心，它终将会让你找到真爱。当然了，我无法保证它会在多久内起作用。但不管是八个月还是八天，你的生活状态也肯定会改善。因为你不再需要把所有时间都花在煎熬的约会上，不再需要刷婚恋网，不再需要去和每一个三十英里范围内的单身男子约会，你可以尽情地享受生活，爱生活。

在这本书接下来的部分，我会带你一起——一步一步地——走完全部过程，这个过程对我和其他女性来说都非常有效。如果你尝试我发明的约会乐观主义技巧，并能得心应手地将它内化为你的第二本质(就像每天喝几杯水一样)，你就会觉得自己的约会状态好到无以复加，感觉遇见真命天子的概率非常高，这样你就会拥有绝佳的心理状态。在这种状态下，你的理想爱情就会生根发芽。你的所作所为就像是种下了一粒橘子种子一样：备土，播种，给幼苗施肥，培育成枝干粗壮、叶片肥大的橘子树，就像精心对待你自己一样。如此，你会成为最幸福、最喜欢的自己——一半完美的橘子——为吸引、遇见另一半橘子做好了充分准备。

运用约会乐观主义寻求真爱的整个过程需要如下几个简单的步骤：

1. 相信自己能够拥有真爱。(我必须告诉你这个事实，因为你真的能够拥有。)

2. 向自己，向众人承认自己的愿望。(是的，要大声说出来。)

3. 试想你在自己的理想恋爱关系中的感受。

4. 光明正大地表达自己的渴望，就像自己从未渴求过任何事一样。

5. 愉快地生活。睡上一觉，再重复以上步骤。

我向你保证：这并不是意图把你变成幽灵的什么矫情的、模糊的、新世纪型、轮回式计划，而是专门为你这样实在的女子准备的真正实用的指导。我会提出一些你随时都能做到的方法，比如上班前梳妆打扮时，午饭时间阅读《美国周刊》（*US Weekly*）时，在星巴克等拿铁咖啡时，和好朋友喝鸡尾酒时——最重要的，是在那些没有约会的令人沮丧的日子里，你连续看了八小时法医故事的电视剧后，仍然觉得自己的爱情无人能医的时刻。

运用这本书提供的简单技巧，你会从当前的情绪中一跃而起，心中满怀希望并万分确定你一定会得到理想的感情生活。最棒的是：你能感觉到通过这种方式产生的乐观能量，而正是这种能量会将你此刻最渴望的东西带到你身旁——专属于你的另一半橘子。

前言

在你种下种子前，有一件事……你是不是太挑剔了？

首先，我必须得让你弄清楚一件事，让你从情绪上全方面理解这本书，并成功运用其中的精髓。如果你在最近几天、几周、几个月抑或是几年里的约会生活中，曾问过自己这个问题：“我是不是太挑剔了？”我只能告诉你：“不。”

不，不，不，不，不。你一点都不挑剔！

你只是想和一个真正有感觉的人在一起，这并不意味着你挑剔。你只是不想把时间浪费在那些你不感兴趣的人身上。他们也许不够帅气，没有魅力，无趣，傻气，或是和你话不投机，这并不意味着你太过肤浅或要求颇高。

你比任何人都了解自己，知道自己想要的是什么样的感情。你有权利追求自己的理想爱情。所以，不要再去理会那些劝阻你的声音。

我之所以这样说，是因为如果你真的和我一样，那你一定会听到过这本书里的所有指责，他们会质问你为什么依然单身。“你知道你错在哪儿吗？你要给他们一个机会！”“你应该把网撒大点。”“哪有那么完美的男人。”说到这儿，甚至你自己的声音可能也掺杂在其中：“也许，也许真的……我该稳定下来了。”

相信我：你真的没必要那样。

在我看来，在寻找毕生真爱时，你怎么挑剔都不为过。如果你渴望一段真实美妙、爱意融融的感情，那么你就一定能心想事成。

现在，让我带你客观地考虑一下这件事：

你可以挑剔你点的甜品（你会在这上面倾注十分钟的专注），挑剔你要看的电影（两个小时的专注），挑剔你买的鞋子（六个月的专注），也可以挑剔你的工作（一年的专注）。所以，天啊，难道你就不能对自己正在苦苦追寻的五十年的专注挑剔一些吗？

这本书的内容就是关于挑剔。你有权追求自己的理想爱情，而且你值得拥有！如果你赞同这一前提，那接下来你就可以照做无误了。

第一步 PHASE ONE

备好土壤：相信你能拥有另一半橘子

GET YOUR SOIL READY:
BELIEVE YOU CAN HAVE IT

1 橘子种子的作用

在日常生活中，常常存在着乐观主义者和悲观主义者。同理，在约会生活中也存在着这两种人。你属于哪一种呢？

你是庆幸自己是已经装了一半水的杯子的乐观主义者——即便正被困在一场无聊的约会中，就像是被困在雨中修理漏气的轮胎，你也能看见事情积极的一面？还是抱怨自己是只装了一半水的杯子的悲观主义者——即便遇见了一位帅气从容，认为你很可爱的男子，你也总觉得哪里不对劲儿？也许，当你长期对约会感到失望之后，你会站在悲观主义和乐观主义中间——认为自己是个“现实主义者”。但是，如果你想要得到一份完美绝妙的爱情，你必须得从现在开始，全身心地成为一个约会乐观主义者。

好消息是什么呢？乐观主义是可以习得的。就像那些只要凝神思考就能实现的技能一样——如填字游戏、拼字游戏、数独——用正确的方式对大脑多加训练，就能在游戏过程中一点点取得进步。也就是说，在你们当中，那些已经公认自己是约会悲观主义者的人可以改变自己的悲观态度（还有那些曾经是乐观主义者，但已经开始对此产生怀疑的人亦如此）。

你需要做的唯一一件事就是转变态度，你要认为并感觉到自己的爱情生活很乐观，你一定会吸引到你的那个真命天子。你想在爱情里成为一个幸福快乐、笑容满面、信心满满的人吗？那么你现在就要学着成为那样一个人。因为如果你能感知到你的另一半橘子，你就能把它吸引到你的生命中来。

苏珊娜·西格斯特姆博士是美国肯塔基大学心理学副教授，著有《打破墨菲法则：让乐观者更开心，悲观者也快乐》（*Breaking Murphy's Law: How Optimists Get What They Want From Life—and Pessimists Can Too*）一书。她解释道，乐观主义就是一种相信生活可以更加美好的信念。所以，作为一位约会乐观主义者，你也要单纯地相信你的爱情生活会更加美好。就是这样！有了此般信心，你就会更有动力去实现——我需要做的事就是去找到我的另一半橘子。

另外，我知道你绝对有潜力成为一位约会乐观主义者。为什么？因为约会消极主义者笃信爱情根本不会出现，他们会想：那为什么还要费力尝试呢？如果你内心深处也这样想，你就不会一直读到这里了。只要你相信你的感情生活还有一丁点希望，你也愿意去追求，并且不放弃追求，那么，我的朋友，你的血液里就流动着乐观主义！

我并不是说作为一个约会乐观主义者，你就得每时每刻都积极向上，还要把丘比特日历摆满你的桌子。情绪波动很正常。在某些情形下，你当然有边喝酒边大声哭的自由。注意，乐观主义不是忽略艰辛，它是要你在希望生活变好时，让你勇敢面对前方的千难万险，拥有自己的真实感受，选择与那些糟糕的日子抗争下去。即便你已经学会运用我接下来要给你推荐的一些技巧，你也可能只会情绪高涨一两个星期，然后又郁郁寡欢，失望透顶，大喊“快杀了我！”。这些都是正常现象，没有关系。这本书讲的并不是短期的固定幸福观。乐观思维不是把普拉达的标识缝到一件廉价 T 恤上，然后就说它品质高，相反，乐观思维会改变这件 T 恤的品质——以及你未来的爱情。

2 乐观思维背后的思考力

近几年，你一定听说过乐观思维的强大力量。现在，你需要把自己的思维引向一个全新而绝对乐观的方向：一场轰轰烈烈、甜蜜美好的爱情即将来临。“我们的思维不仅仅是对事件的反应，它们会改变后续的事情。”积极心理学之父马丁·塞利格曼博士在他的著作《活出最乐观的自己——教你如何改变自己的思维和生活》（*Learned Optimism: How to Change Your Mind and Your Life*）中写道。是的，思维的确可以改变未来。

约会乐观主义的指导思想就是建立在我所说的乐观磁力之上的，简单地说，就是我们会把我们思考的、凝神的、感受到的都吸引到身边来。这个一般概念已经存在多年了，人们对它的描述多种多样，从治疗技术到精神信仰再到科学原则。这些观点看似互相矛盾，实则源自同一基本观点。怎么会这样呢？或许是因为你无法与自然法则抗争。显然，我们的大脑中、身体内、周遭世界里存在着更多的法则，我们无力去一一“证明”。我们首先来说说治疗方法。

乐观主义的第一个谜题就是治疗研究是怎样发挥作用的。治疗研究以“积极心理学”为依据。“积极心理学”这一概念由宾夕法尼亚州大学心理学家马丁·塞利格曼博士和心理学家米哈里·契克森米哈于1998年共同提出。它本质上就是研究乐观主义和幸福说。传统心理学主要研究负面情绪（畏惧、焦虑或是抑郁），而积极心理学——不是不重视负面情绪——而是着重研究病人生活中的积极方面，一些好的方面。虽然一定会提到一些不愉快的问题，但医生主要鼓励病人去谈那些自己真心感激的事，让自己开心的事以及擅长的事。塞利格曼在宾夕法尼亚大学创建了积极心理学中心，于是一场运动就此兴起。

2005 年，心理学家泰·本·沙哈博士追随塞利格曼的步伐，于哈佛大学开设积极心理学课程，该课程成为哈佛大学的最受欢迎选修课。积极心理学家认为人并非无可救药，我们可以通过思维来决定未来。他们发现，鼓励人们去想那些能使他们开心的事情，并让他们付诸行动，能够给他们的生活带来更多快乐。那么，从本质上讲，我们可以将思考的、集中精力的、感受到的事情吸引到身边来。

但集中精力思考积极事物绝不是一个新概念。许多人，包括从印度教信徒到相信新理念[①]的现代信徒，都认为人类身体内充满能量——积极能量和消极能量。冰箱磁铁是异性相吸的，不同于此的是，我们集中精力思考什么，就会吸引来什么——同性相吸。如果你微笑或热情地和他人打招呼，你的身体就会发射出波状的积极情绪，于是就会成为一个带有正电荷的人，也将会吸引到其他带有正电荷的人和物，比如空出租车，彩票中奖，接到多年未见的朋友打来的电话，一个帅气的男子抛来的媚眼。消极思想同理。如果你呻吟抱怨，或是咒骂他人，你的身体就

① 即强调精神疗法和积极思维的作用。（译者注）

会发射出波状的消极情绪，于是就会成为一个带有负电荷的人，也将会吸引到其他带有负电荷的人和物：如违停罚单，打印机卡纸，弄洒饮料，被喜欢的男孩拒绝，等等。从这一精神立场来看，你集中精力思考的事情每时每刻都在你内心和周围跳动着。

一个恰当的比喻就是“秀发飘逸的日子”。在你秀发飘逸的日子里，你是不是觉得一整天都光彩照人？嗯，原因并不在于世界善待秀发飘逸之人，而是在于你觉得自己头发很赞，这使得你的整体感觉很棒，感觉很棒所以你会展现更多笑容——不管是在电梯里，还是咖啡馆里。在路上开车，你会一路绿灯。在单位，开会时会有很多好的提议。午饭也更加美味，但吃得却比平时少，因为你不想毁掉自己的好心情。诸如此类。此时，你的积极情绪正在你的身体中激发积极感受，这些感受会吸引其他的积极事物。你就是一块积极事物的磁铁。

这并不是什么故弄玄虚的噱头，此刻我会让科学站出来说话。根据我们三年级学过的科学课，我们知道生命中的一切——从身体到小草到我们操作的电脑——都是由物质构成的。所有的物质都由原子构成，而所有的原子都由充满能量的亚原子粒子构成。但正如推动量子物理学发展的重要人物、澳大利亚物理学家尼尔斯·玻尔所说：“一切物质接受测量后才存在。”

你猜怎样？人的思维也可以测量。人的思维是电能，它是完整的，移动的，可测量的。众所周知，能量可以移动、改变、转移。也就是说，在你进行思维时，你可以对身体内部以及周围的能量进行控制，这种控制远比自己意识到的要多得多。近年来，科学家甚至已经可以通过功能性磁共振成像来获取人类思维过程中大脑细胞的脑电活动，最终“读懂”被测试者的思想和意图，以此来帮助瘫痪病人用思维来控制那些充当胳膊、双手、双腿的电脑设备。这确实强大无比：思维便可以拿起一杯牛奶。

类似的脑部扫描也在认知心理学领域取得了重要进展。“人们现在可以做磁共振成像，通过观察大脑内部神经元连接处的变化来判断个人成长轨迹。”位于加利福尼亚州门洛帕克市的夫妇研究所创始人之一、心理学家彼得·皮尔森博士说道。“个人成长不再是迷信，”皮尔森说，“你可以看见脑部成长。”临床神经学家丹尼尔·阿门硕士是位于加州纽波特比奇的阿门诊所的创始人，他使用 SPECT（单光子发射计算机断层扫描）成像技术来检测脑部血液流速以及人进行思维时的大脑活动。“SPECT 研究真实地显示出当我们集中注意力、大笑、唱歌、哭泣、想象，或进行其他行为时大脑被激活的那一部分。”他在《改变大脑，改变生命》（*Change Your Brain, Change Your Life*）一书中写道。在阿门医生行医时，他可以精确指出在焦虑、沮丧、强迫症、攻击、滥用药物，以及最重要的——恋爱时的大脑活动。当你恋爱时，大脑中负责感觉愉快的多巴胺集中的区域就会像弹珠游戏机一样亮起来。

3 最重要的约会工具如何发挥作用

约会乐观主义的核心，也是我们在改变思维过程中将要使用的工具——大脑。接下来，我要稍微专业一些，但不要走开，因为这能够使你领悟积极磁力的核心，感受到它能使你的生命发生天翻地覆的变化。

简单地说，一个人的情感大脑由多个神经系统构成，这些系统会共同加工思维，包括意识和潜意识。大脑皮层下方部分常被称为“边缘系统”，这套脑部结构负责储存并加工情感记忆。科学家说，大脑中真正储存我们情感记忆的是两个杏仁形的神经结构，我们称之为小脑扁桃体[①]，它储存关于主观经验的记忆——也就是感官类的记忆。

那么我们假设，你走进一个派对，看见一位帅气的男子站在蔬菜酱旁，你大脑的工作过程如下：感官信息通过感应区后，比如视觉和听觉（哦，看啊——那位帅哥笑了，好性感）进入你的大脑，此时信息会直奔边缘系统，穿过小脑扁桃体，小脑扁桃体首先会扫描情感记忆数据库（所有爱过你的帅哥，还有没爱过你的帅气傻瓜们），然后与其他结

---

① 小脑扁桃体：属于大脑边缘系统，是记忆力、决策力及情绪产生的关键器官。（译者注）

构一起向身体发出行为信号（你应该装酷，微笑回应，还是直接走向洗手间？）。一些研究人员将这样的加工情绪的整个系统称为深层边缘系统，或是情感大脑。当你开始把消极情绪纠正为积极情绪时，就是这一部分——你的情感大脑就会产生回应。是情感大脑将你成为约会乐观主义者这一选择转变为精神和物理能量，这些能量会把你的另一半橘子吸引到你身旁。这是因为与你的情感大脑直接相连的便是你体内的物理反应。

"身体反应是全部情绪过程的一部分。"神经科学家约瑟夫·杜勒在《情绪化的大脑》（*The Emotional Brain*）一书中解释道。如果我们把思维对身体的影响审视一番，就会发现，积极思维的回报很高：仅通过思维，你就可以改变身体内外的能量。

试想一下：当你为找男朋友而压力颇大时，因为担心永远也找不到男朋友而焦虑、慌乱，你的身体会将这些感觉全部对外显露出来。你的脸拉得老长，肩膀耸起，脖颈紧张。在这样的消极状态下，你会发生什么呢？消极的事。而当你对自己的感情生活持积极态度时，你的身体也会将其显现出来：你双肩松弛，眉毛放松，仪态温和，笑容增多，更多积极的事物会吸引你，同时也会被你吸引。

嘉里是洛杉矶一位32岁的女商人，一个七月的夜晚，她在天使之冠山脉参加户外音乐派对时，就发生了这样的事。过了几年的单身生活后，嘉里感觉自己生活状态很好——但她遇到的许多单身女孩并不像自己一样乐观。“她们走路时愁容满面，双臂交叉，遇不到自己的另一半让她们心烦透顶。”那晚的派对上，嘉里决定反其道而行之。她答应要帮一位朋友发名片，于是独自起身去人群中逛一圈，能在如此温暖的夜晚进行户外活动，她心里感到非常感激。“有那么一刻，我站在空地上，俯瞰着整个城市，我下颌微扬，脸上挂着满意的笑容，独自随主持人起舞，开心不已。”嘉里说。五分钟后，一位帅哥走到她面前。“我与他双目对视，递给他一张名片，”嘉里说道，“当他抓住名片的时候，我们谁也没松开！我们就站在那里抓着名片，彼此微笑着。从那以后，我再也没有放手。”那已经是十一年前的事了。嘉里和安吉洛如今已经结为夫妻，一起经营着一家公司——正是她面庞的笑容、脚下的舞步以及对自己的满足将安吉洛吸引到她身旁。

你的思维会改变你的肢体语言和能量，而你的肢体语言和能量能够改变你的生命。

幸运的是，科学站在我们这一边，因为只要你意志坚定地去改变思维，那么就能使大脑发生永久的变化，这种变化会十分有效地改变你约会恋爱的全部喜怒哀乐。这基于一种迷人而又新兴的神经元可塑性理论，该理论认为大脑中的神经元通路既可以解除，也可以重新连接，最终改变大脑对感官信息的回应方式。

“我们学习了某种新事物时，神经细胞就会捆绑缠绕在一起。”诺尔曼·道伊奇硕士在《大脑改变着大脑》（*The Brain That Changes Itself*）一书中这样写道。为此，他引用了神经科学家唐纳德·赫布提出的理论。这对那些感觉自己精神受损或有精神负担的人来说是个好消息，因为你可以通过增加或消除大脑中有关曾经的联系。这就像重塑一块热塑料一样重塑大脑，卓有成效地改变你的日常生活。

如果你认为每一个和你聊天的帅哥仅仅是为了打发时间，然后又去寻找更优秀的女生，那么你得尝试着改变一下你的情感大脑引发的膝跳反应，学着以后更坦率一些——更自信一些！你正在改变的是你的情感大脑（主要是小脑扁桃体的情感记忆库）与思维大脑（分析你一举一动的那一部分大脑）的相互作用方式，以形成新的积极神经元通路，覆盖掉消极通路。

杰弗里·施瓦兹硕士是加州大学洛杉矶分校医学院的精神科学研究教授，他在《心灵与大脑——神经元可塑性与精神的力量》（*The Mind and the Brain: Neuroplasticity and the Power of Mental Force*）一书中是这样解释约会乐观主义背后的科学基础的：“大脑内的神经元集群随着时间的推移发生改变，不断形成新的联系，这些联系在我们大脑内逐渐壮大，使那些未发挥过作用的突触逐渐削弱，传递信号的能力非常差，连两条老式电话的破旧细线都不如。”也就是说，要想抱有希望、乐观地认为你能找到另一半，你必须让那些消极的思想——你“永远都找不到一个优秀的男朋友”——像旧电话线一样消失殆尽。总之一句话，这种有意识地改变情感构成的基本过程的神经活动被称为“情感管理”，这就是约会乐观主义的核心。

本质上讲，关于积极心理学、精神震动以及大脑神经元可塑性的一切研究最终都指向这一结论——通过改变思维，便可以改变大脑活动，引起身体反应的变化，进而在身体内外产生一种能量，这种能量可以改变你对世界以及世界对你的看法。其要点便是，你思考的、集中精力的、感觉的东西会被你吸引。

“正能量”切实存在。就像扑克玩家漏牌或骗子露馅儿一样，你的思维会影响你的存在本质：你的身体姿态，一颦一笑，以及说话谈吐。正所谓人如其食，人如其思。但你要记住，它不仅仅会产生“积极的”效果，如果你把精力集中于消极思维，那么你就会吸引消极事物。这一点很重要。

莎伊安29岁，身材性感，金发碧眼，是一位大厨。她热衷于举办派对，喜欢讲搞笑的旅行故事，总是制订出长达数页的任务清单。一日午后，我们约在好莱坞的一家咖啡馆吃午饭。我在开车过去的路上，心里一直想着自己能够逃离办公桌几个小时真是幸运，能和莎伊安叙叙旧会很开心。快到咖啡馆时，我想要把车停在几个街区外的一小时停车点，但随后我又想：不，我感觉自己很幸运，没准我能在咖啡馆门前找到一个两小时停车位呢。于是我拐过咖啡馆门前的拐角。就是这样：一辆车正从一个两小时停车位上驶出。我停下车，笑盈盈地走进咖啡馆。

十分钟后，莎伊安走了进来，她看上去像是把自己的厨师帽点燃了一样——头发乱蓬蓬，面目扭曲，扑通一声坐在我旁边的椅子上时，背包口袋也开了。“天啊，我真是经历了最糟糕的一天。”她说。然后，她滑稽可笑地列出一大堆糟糕透顶的事：“我起床晚了，错过了一封工作录用通知，膝盖还撞到了咖啡桌上，青了好大一块。我到这儿以后，想要停车的位置上的计费器全都坏了。”（事实很残酷，在加州，停车计费器坏了就不能在此停车，而不是可以免费停车。）“我想问，接下来还会发生什么？”

莎伊安不只是在经历糟糕的一天——她在切切实实地请求下一件糟糕的事情快快发生，所以她是在吸引着糟糕的一天。午饭后她是否会收到罚单呢？当然是的。而且，她一辈子都不明白为什么。

约会和恋爱亦然：你思考什么，集中精力于什么，就会吸引什么。但事实是这样的，而且非常重要：你周围的世界并不知道你想要什么和你不想要什么这两者之间的差别——这不过是语言学的范畴。上天只知道你的注意力在哪里。在恋爱方面，这一点至关重要，因为，单身的你很可能已经习惯了讨论你尚未拥有的东西。如果你还单身，并且老是说：

“我不想继续单身下去！”那么，世界就会把你集中精力的事物带给你：继续单身。如果你发现你在说：“我不想独自一人。”那么世界也会把你集中精力的事物带给你：独自一人。如果你发现自己在说：“为什么我喜欢的男孩都那么自私恐婚？”那么，世界就会带给你自私恐婚的男孩。得出结论了吗？

当你集中精力思考某种东西的缺陷时，你身边的这种东西就会越来越多。所以，如果你情不自禁地要列出一系列冗长枯燥的倒霉事——糟糕的约会，不合适的对象，差劲的男子，无意义的相亲——那么，上天就会带给你更多相同的事物：糟糕的约会和不合适的对象。

不要被自己的不足打倒。你要思考、集中精力于那些自己想得到的事，而非不想得到的事，这很重要。这种情况下，你很可能会想得到完美神奇、令人欣羡的爱情。听上去不错吧？因为当你开始去想象自己的那份理想爱情时，那些想法就会带你走向完美爱情——所以这就是你应该开始去思考并集中精力的事。

当然了，偶尔有那么一天你觉得糟糕透顶，或是感觉自己好像在参加一场单身怜悯派对，这时你的心情也会糟糕透顶。这不是不可以。我曾喝上六罐啤酒，玩单人纸牌游戏便心情大好起来。但随着时间的推移，在这个宏观计划中，你猜会发生什么？你可以学会控制自己的思维和感觉，最终实现乐观主义，在体内产生积极的感觉。也就是说，你可以改变你所吸引的事物。你不会再吸引失业的蠢货，虚情假意玩弄爱情的人，或者是那些三分钟热度的人，相反，你会吸引到自己本应拥有的健康的感情。

如果你还在犹豫是否要开始采用约会乐观主义改变自己的生活，那我告诉你："这并不是由你来选择的。它就像重力一样已经发生，随时都在发生。此时此刻，它正在你身上发生着。但你可以选择如何让这件宝物改变你的生活。"

4 你的注意力带来的意外收获

乐观主义还有另外一个好处，而且这个好处会随着你的注意力而来。比如说，你做了多方调研，得出结论认为自己极爱丰田普锐斯。然后，突然之间，无论你开车走到哪里，你看到的尽是丰田普锐斯——没走多远就有一辆在你面前，要么在高速公路上突然从你身边驶过，要么停在你平常停的车位。是你把普锐斯吸引到自己身边的吗？或许是的。但同时你的注意力是有意的，是它有意地让你看见了早就存在于你周围的普锐斯。

当你开始考虑自己所想要的——当前这种情况下，就是你日夜渴望的完美神奇、令人艳羡的爱情——你的心思会完全集中在自己的渴求上，于是你就会看见自己朝那个方向走去，而这是你此前从未见到过的：你会看见更多有魅力的男子，看见更多沉浸于爱情当中的情侣，遇到与你有相同信仰和价值观的男人，你会因为身边都是爱你的人而更加感激幸运，并开始感觉到你对完美爱情的渴望是可以被满足的。你全心思考、集中精力的那些事物会被你吸引过来，就是如此简单明了。

接下来我打算和你分享一个故事，正是这件事让我不得不确信乐观思维的神奇力量。当我第一次听说乐观思维的力量时，也觉得这只不过是一场黄粱美梦。但我打算从小事开始做起试试看。你还记得我前面跟你提过的遇到反社会的那件事吗？那时我刚刚成为自由撰稿人，每天忙于应付生活中的各项开支。当时我还担心自己再也无力支付曼哈顿的房租。我的朋友伊冯住在一个临桥的公寓，这个公寓在布鲁克林一条鲜有人涉足的小路上。她提出我可以和她住在一起。我已经五年没有和人合租过了，而且也不想和别人同住，但我努力变得实际些。而且，伊冯和我在单身事业中是战友，所以我深知我们一定会相处得非常愉快。但当我去看了那间公寓的公共走廊、浴室和厨房后，我就希望继续独居并从事自己的写作事业了。

那天傍晚，在乘出租车回家的路上，我想起自己真正的理想时，眼睛有些湿润：我，住在现在的公寓里，能够付得起房租，每个月月底的银行账户上还能有些余额。我试着告诉自己：“我知道金钱终将塞进我的钱包。”我想：如果钱来得快点的话，一切都会好起来的。

就在那时，车走在桥的正中，我伸手去拿包里的手机，我似乎碰到了什么东西，它卡在我座椅的安全带扣里。是一张皱巴巴的一元钱。哈，一元钱。我的手又往下伸了伸，又有一张。还有一张？还有一张！车开到桥头时，我从座椅下总共掏出了十一张皱巴巴的单张美元。这个故事绝非虚构。我不知道为什么会有一堆钱就那样随意地塞在座椅下面，我用这些钱付了车费，严严实实地关上车门下了车：我盼着来钱，于是钱就来了。这件事让我欣喜不已，我把它当作一种否极泰来的迹象。而且，这件事使我更加专心思考我是多么迫切地希望挣更多的钱。几天后，我终于收到了一份稿费，于是我便轻松地付了房租。

你明白我的意思吗？乐观思维真的会起作用。

我找到了描述乐观磁力的最好的词：它是善意的。它不需要你付出很多体力劳动，它是懒人的至交——实际上，只要用脑思考就够了！你只需要去思考、专心、感觉，剩下的交给你身体内外产生的能量来做就好了。

看见了吗，你并不需要去弄清究竟要如何才能获得美好的爱情。你要做的就是去渴望，这很重要，无须你弄清过程。我知道这看上去似乎不切实际。（“我要怎样才能在这样一个地域辽阔的城市，或在这么狭小的一个镇子里遇到我的真爱呢？”）好了，从现在开始，这件事与你无关。你无须想办法去遇见他。你不必像对待工作一样对待爱情。你不需要认为自己“应该”去约会就跑去和刚刚认识的帅哥约会。并不需要由你来弄清究竟要如何实现愿望。你只需要去渴望。很简单，去极度渴望，尽全力用你所有的积极情绪专心于这件事。于是，你身体内外产生的能量就会把它带到你面前。

5 你以此赢得了事业和生活，你也能以此赢得爱情

几乎我认识的每个独立女性，她们在生活里的许多方面都顺风顺水，相信你也是其中一员。你出色卓越，聪明伶俐，独立自主，生活美好，前途光明。你赢得了很多机会。只要你愿意，你可以自己搭书架，检查油箱，随便在哪一个城市都不会迷失方向。或许，虽然没有美好的爱情，但你事业成功——至少从事着自己非常擅长的职业，或是对未来抱有美好愿望。从这些因素来看，你得到了自己想要的生活，所以，你也会得到自己想要的爱情。

但是，你可能会想，爱情取决于另外一方，我无法让其他人改变。你猜怎样？你可以的。你只需要把你在事业中投入的精力和持有的信心放在自己的爱情信念上。

我的好友莉莉就是一个非常好的例子。她38岁，她的生活简直太炫酷了：她是一位自由撰稿人，一个人住在布鲁克林的宽敞公寓里。她和国内一家杂志社签约，每隔几周从纽约飞去洛杉矶一次，住在马蒙特

别墅区的套间里，花大价钱请名人吃饭、采访。她即将出版自己的第一部小说，实现她梦寐以求的梦想。她有一只非常可爱、从来都不叫的小狗。

她怎么过上如此舒适的生活的呢？答案是通过信念。“我从未担心过自己在事业上无法实现目标，”莉莉说，“我就知道我一定会成为一位作家，会有签约公司，会成功出书。但不知为什么，”她几个月前告诉我，“我在找对象这方面却没有这样的信心。”

是的，这是我们非常熟悉的困境。我认识许许多多像莉莉一样的女子。在这个后女性主义时代，我们大多数女性，从小被教导长大后一定要证明我们能和男性做同样的工作，赚同样的钱，打破数十年前阻碍我们祖母前行的那层玻璃。这种坚信我们能够成功的决心和信念使得我们去追求高学历，从事自己热爱的事业，但反过来，它也让我们大多数人忽视了爱情。你要知道，你并非孤身一人。我们的整个社会正在发生着变革。

美国人口普查报告显示，中年男女结婚数量稳定增长，无论他们的种族、民族或社会经济地位如何。当前女性结婚年龄为 26 岁，男性将近 28 岁，虽然这样的年龄似乎并不太大，却是 19 世纪 90 年代人口普查开始以来结婚最晚的。原因就在于，我们的生活重心发生了重大改变。

事实上，如果你问一下当今大学生们生活中最重要的是什么，他们的回答相当惊人。2007 年，杜克大学医疗中心临床心理学家凯瑟琳·茂舍同纽约奥尔巴尼大学的莎伦·丹农夫布格调查了大学生的生活重点。

他们让237名本科生男女对自己的生活质量进行打分，其中包括具体成就（经济成果、自有住房、事业以及教育）和关系成就（爱情与婚姻）。他们还要求男女生回答愿意为他人做出怎样的牺牲（比如，是否愿意为了浪漫的爱情而牺牲自己的事业成就）。

乍读此篇文章时，我挺起腰杆，希望被调查的女生能够给出明确结论——没有女生会为了爱情和婚姻牺牲自己的事业。是吧？嗯，女生们的确是这样说的。男生呢？“和预估相反，”文章说道，“结果表明，男生比女生更愿意为爱情牺牲一定的成就目标。”等等，男生真是这样说的？是的。61%的男生说爱情比经济稳定重要，而持有相同观点的女生只有51%。

我的第一反应是近几代女性生来就被教育要独立，有抱负，许多人会认为爱情愚蠢而拒不接受，直到自己被剩下。相反，男性——那些事业爱情双双取得成功的男性——却可以承认自己内心的真实愿望。“废话，”他们会说，“我当然渴望爱情！”嗯，或许此刻我们女性也应该考虑一下我们内心的愿望了。如果男性能说出口，认为爱情在自己的生活中不可或缺，那我们女性也应该可以这样说！

因为到目前为止，我们不承认自己渴望爱情，反倒学会了那些近乎完美的事，这正是《欲望都市》（*Sex and the City*）教会我们的：像男人一样约会，在职场奋力前行，随意性交而非因情到深处。我们大部分人面临的问题是首先要实现生活独立、追求事业的目标，因此约会和找到“真命天子”的目标被耽搁了。或许，事实是，我们还没有找到那个完美的人能给我们一个暂时放下工作的借口，于是乎我们便全心投入工作或自己的兴趣爱好，最终实现了独立、有抱负的人生目标。

我们从事业角度来看一下。我告诉莉莉，她不知不觉地运用了乐观磁力，成功地实现了自己的事业目标——她相信自己会成功并凝神于此——所以，她也可以通过凝神思考来找到爱情。但此时莉莉以及你们许多人都会指出这个计划的一个漏洞。“我的事业只关乎我自己，”莉莉说，“所以我成功了。但爱情不同，因为它涉及另外一个人。”

啊哈，说得好。但你猜怎样？在你生命中已经取得成绩的其他方面——尤其是事业上——你也并非单枪匹马就大获全胜！和爱情一样，你的成功也取决于他人。

想一下：除非你少年得志，自14岁起就不受雇于人，那么就一定有人给了你第一份工作——这是你无力掌控的一个决定，有人提拔你——你依然无法控制。最终，一旦你找到了自己热爱的职业，就要有人认同你，雇用你，还要你的同事们十足喜欢或信任你，赞同你在各种会议上的发言、发出的邮件、实现的销售额、提出的营销方案，认同你在不断完善的过程中所付出的努力，或是你所做成的那些能让你升职加薪的生意。有时候，必须由其他人来认可和批准你的提议，打印你的文件或是认同你的付出。除非你成为（或已成为）自己的老板，那么你工作过程中的每时每刻都涉及一些外界因素，得由其他人而不是你自己点头批准。换句话说，这条路上尽是你无法掌控的来自外界的人和事。这和爱情是一样的。

要想相信自己能够吸引来爱情，你就需要提醒自己：虽然有些东西不在自己的掌控之内（比如飓风、经济萧条），但你生命中的其他部分是在你的掌控之下的。50年代，心理学家朱利安·洛特称之为“控制观”。你需要将这一概念消化一下。试问：你相信自己被某人远程控制吗？你无力改变自己的未来？你的命运完全由外力驱使？相信上述观点的人具有外控观，我希望你不会相信这一观点。尤其现在，知道了橘子种子的作用——你可以通过转变思维来改变大脑进而改变身体能量，最终改变自己在他人心中的印象，以及改变自己可以吸引来的事物。了解了这些，你就会发现你的确对自己的未来有所掌控，对吧？你可以把这个“内控观”用到自己的爱情上：你可以接受，也可以拒绝别人的邀约；去见约会对象时，可以面带微笑，对生活乐观向上，也可以愁容满面；宴席间的谈话可以讲述白天发生的所有糟糕事情，或是所有顺利的事。以上任何一个决定都会影响你的约会结果，是吧？

所以，很明显，你的确对自己的感情生活有一定的掌控能力。你完全可以掌控自己的感情生活，就像掌控生活的其他方面一样。

我自己也走到了这个关于掌控力的十字路口。我身为一位三十出头的女性，希望找到心仪的他，和他一起构建小家。但如果我自己没有信心会找到他，我还有什么选择？垂头丧气、伤心失望、孤苦伶仃——你说对了。我过去几年里一直过着这样的日子，我厌倦了。所以，我反过来选择去期冀，积极乐观地面对自己的未来。我不会再说："我的生活糟透了，我永远也不会遇到我的他。"相反，我决定对自己说："哇，生活如此有情趣！我很好奇我最终会和谁在一起。我已经等不及了！"我曾经就是这样谈论自己的事业的，那么为什么不也这么说我的爱情呢？

6 从内而外，为爱打扮

常言道，如果你想晋升职位，你就要打扮成那个角色的样子，是吧？也就是说，如果你是一个负责接电话的助手，你就要打扮成助手的样子，穿笔挺的西装，锃亮的皮鞋。这样的话，当有职位空缺时，他们会雇用谁呢？是一个穿着破烂牛仔裤、踩着人字拖的女孩，还是一个已经按照要求打扮整齐，随时可以和上司参加会议的人？

既然你知道如何为工作角色打扮，为什么不去为你的爱情角色打扮一番呢？我不是说要换掉你衣柜里的行头——而是说你要从内而外地打扮自己。如果你想找到一个男友，他能让你感觉平和快乐、容光焕发，那么你首先要成为那个人。很可能你在寻找的那个男子也想找到一位平和快乐、容光焕发的女孩，对吗？

如果你一开始就不在情绪上“打扮”成这样子，那这个男子怎么知道你会是这样一个女子呢？如果你在遇见他之前，感觉不幸福、空虚无望，焦躁且面无笑容，那你和一个穿着破烂牛仔裤、踩着人字拖的助手别无两样。你可以对着天台大喊：“我以后会改变的，实现愿望了就改变！”但如果你打扮成现在的样子，没有人会雇用你或想和你在一起。

从内而外，为爱打扮。现在就成为你想要在日后感情里成为的那个人。如果你希望在梦寐以求的感情中感觉平和睿智、美丽动人、勇敢自信、体贴宽容，你现在就要平和睿智、美丽动人、勇敢自信并关爱自己。你要有所进展，真正去做一些挑战智力的事，让你自己美丽动人，注入冒险精神，在爱你的人面前展示出信心。

现在就成为那个人，那个你想要在日后的甜蜜爱情中成为的快乐女人。

从内而外，为爱打扮。

7 相信你能如愿以偿

如你所知，约会乐观主义基于一种信念，即相信自己在感情方面会如愿以偿。但我所了解的最高傲的消极主义者、我的朋友帕克对此很是纠结。“我是说，我也想相信，”她说，“但我做不到。”我把对你们讲的话告诉了她：“如果你不相信这件事可以发生，那你就是在阻止它发生。”

但帕克有理由恐惧爱情。她和男友恋爱七年后结婚；六个月后，她年过39，正打算要孩子的时候，她丈夫提出离婚。两年后，她独自居住在他们曾一起住过的公寓里，在家里做着平面设计的工作。我想说：“天啊，我太了解她那种对于重新去爱的恐惧。”受过伤后，就很难重燃希望。但事实是，要想让约会乐观主义奏效，你就需要设想一个大团圆的结局。我不是轻视你重拾信心，再和自己的内心打个赌所要做出的努力。我要说的是，你的身体里有一些细胞已被你遗忘，但它们仍充满希望，渴望浪漫，它们看到德鲁·巴里摩尔出演的电影里那些浪漫的情节时还是会叹息。面对未来，你一定要利用起这些细胞，去相信。我是说，可能……电影中演的没准就是你。

所以请按我说的照做：探寻你的灵魂深处，找到现实仍未触及的那一部分。你是否想象过，如果你真的遇到自己的真命天子，一切将会怎样？你是否想象过，如果你同那个可以深爱并信任、和你完美般配的那个他肩并肩站着时——即便仅有一秒钟时间——一切将会怎样？相信能得到理想爱情的微乎其微的信念，就是我们接下来要完成的过程中最重要的工具。

8 是的，他真实存在

我刚刚考到驾照时，妈妈把车钥匙交给我，叮嘱我千万要小心。“我不是对你开车不放心，”她会这样说，“我是对马路上的其他人不放心。”我知道，一些人对爱情的疑虑也是在此：你好像一直站在爱情外面。似乎你想要寻找的那个伴侣尚未存在。

梅根·马列那今年30岁，是旧金山美国广播公司的早间交通节目主播。她也确信永远不会找到适合的他。“你知道吗，有时我和闺蜜们聚到一起会分析自己的感情生活。”梅根说道，“看着那些已经订婚或结婚的朋友们，我很困惑。他们是怎么找到可以共度余生的那个人的？我不明白。我觉得我永远也不会找到那个人。我从未遇见一个让我愿意把自己交付给他的那个人，所以我觉得或许我并不适用于这条定律。”

啊，是的，你担忧“或许我是那种不会托付终身的人”。嗯，你猜怎样？这是无稽之谈。当你遇到那个对的他，你就能够唤醒血液里负责献身的那条血管。

十年间，演员玛丽亚·贝罗一直在说她就是不相信婚姻。“一夫一妻制对我来说简直是荒谬。”她2006年在《时尚先生》（*Esquire*）杂志的一次采访中说道。但两年后，在一次杂志访谈的休息时间里，她对我说，她遇见了一个人，他使得她重新看待了自己的立场。

“我曾反对婚姻，”她说，“我不知道那样的制度如何能够持久下去。后来我遇到了布莱恩，于是我开始理解坚贞不移，学会欣赏婚姻的美好，还能和某个人一起坐过山车——有一个生活伴侣竟会如此美好。”41岁时，玛丽亚第一次订了婚，愉快地享受着托付终身的幸福，而这是她从未想过的。

你也可以做到。所以，永久性地消除掉你的婚姻恐惧症。原因并不在于你自身无法坚贞不移，只不过你还没找到那个你想要对其坚贞不移的男子而已。

梅根做好充分心理准备要去寻找她的伟大爱情时，她认定此时应该相信他是存在的。“我一直以来深信人要肯定自己的命运。”梅根说。于是，她开始列举她对白马王子的要求，比如“有学识”“十足的幽默感”“喜欢跳萨尔萨舞”，还有最最重要的“不梳背头”“不戴首饰”。有时她会大笑着承认：“我会看着我列举出来的要求，心里想：或许我太挑剔了！”但她意志坚定。“人生苦短，要尽快安定下来。”她说。

梅根每天晚上都会花时间复习几次自己的要求列表，同时把注意力放在娱乐上。如果她很快就会和自己的白马王子在一起，那么她现在也该快乐地过日子，对吧？所以她和闺蜜们玩耍，和几个暂时的白马王子约会让自己心情愉悦，并为自己的事业感到深深的自豪。“我是一名坚强自信的女性，我享受孤身一人的日子，”梅根说，“但我需要一个伴侣来提升我的生活质量，而不是让我变完整。有时候和别人在一起也会很有趣。”

几个月后，梅根在一家酒吧偷偷观察了一个帅哥。违背常理的是，她竟走到了他身边。他们约会了几次，她兴奋地发现他符合自己列出的很多要求——但在她还不确定他是否喜欢萨尔萨舞之前，他们就分道扬镳了，感情发展并不顺利。但梅根永远无法忘记他们在酒吧的偶遇，她意识到这个世界还是有那么一个她可以喜欢的男子，她心存感激。“我的朋友过去常说：‘嗯，肯定有那么一个你喜欢的男人……’”梅根笑道。现在，至少她可以相信这句话了。

两年多后，她在美国科思科连锁企业发现了“那个他”。几天后，他——迈克·斯考特——给她打了电话。“我的电话号码就在他手边上，但由于某种原因，那两年里，他从未把我的名片从他的公文包里拿出来过。”他们开始很认真地约会，于是她从洛杉矶搬到了旧金山，只为了离他近一些。而且他不仅没有留背头，戴首饰，还非常喜欢跳萨尔萨舞！“我们总是去跳舞。”她说道，声音中流露出掩饰不住的喜悦。交往了一年半后，在金门桥对面的一个公园里，迈克掏出戒指向她求了婚。两个人计划着婚姻大事，打算买一套房子，他们认为未来不仅仅是童话故事。“我们很认真地对待婚姻，”梅根说，“我们进行过很多次漫长的谈话，就是为了保证我们对未来的规划相同，观点一致。而且我们真的很努力地把精力放在长久的婚姻上，而不是放在疯狂地计划婚礼那一天。”

当然了，对于梅根来说，她只有那么“一个男人”可以让她非常喜欢，托付终身，但一个男人对你来说就够了！“我曾真的非常渴望有某个人在身边，因为我从没有过那种感受，”梅根说，“所以我没有安定下来，我一直在等待，直到找到那种感觉。那种感觉很棒。人生苦短，爱情不可或缺。”梅根说得没错。她一直很挑剔，一直在到处寻找梦想中的爱情。当然了，她也曾怀疑过这样的爱情是否真的存在，但她紧握着约会乐观主义最重要的工具：她相信自己会梦想成真。她在迈克那里找到了爱情。记住，那个男人——那个合适的人——就是你在寻找的一切。

相反，帕克却深信没有哪个男人会喜欢她这个坚强与讽刺的独特的结合体，还伴有艺术潜质，只要一经要求她便能不可思议地引用动画片《南方公园》(*South Park*)里的一句台词。“我希望能有人看到真实的我，了解我的缺点后还认为我的缺点很迷人。”帕克这样说。但到目前为止，她依然“无法相信”真的有男人可以做到这一切。

我用食物举个例子，我们每个人都是一盘菜，而我们都担心男人尝了一小口后便放下餐具，没人愿意吃下这样一整盘的菜。我自己也有过无数次这样的担忧。我认为我自己太过坚强，太滑稽可笑，太过大胆，不符合男人的口味。还有，当然了，我也太过挑剔，即便有男人的确因为我的这些特点而爱上我，我也不喜欢他。一天晚上，我的朋友——疯狂的戴夫想要鼓励我，让我不再难过，他说："单身不是你的错。我都还没遇到一个可以配得上你的男人。"起初，我感到很荣幸，但第二天我独自一人把衣服拖到自助洗衣店时，心情变得更加糟糕。我最大的忧虑没有错，我想：在这个世界可能真的没有人适合我。

但事实证明，有人适合我，那个人是存在的，而且非常般配！那你正在找的那个伴侣呢？他也存在。你只是还没有找到他，原因在于你理想中的他很特别。我是说，真的，你理想中的他才不会像奶酪罐头那样大批量生产呢！你的那个他和你一样，是一个特别的个体。世界要在合适的时间、合适的地点把你渴望的爱情带给你。不要把它看成一项无法完成的任务，你要相信你的今生真爱真真切切地存在！顺便说一句，我不相信整个地球上只有一个人相应地适合我们每个人。我认为，我们可以跟很多人相配，只不过方式和匹配度略有不同。记住，你的另一半橘子，不是让你变完整，而是与你互补。而且你能找到他的概率完全超乎你的想象。

你爱情的成功取决于你如何看待自己的寻找过程。从现在起，我不希望你去思考找到适合自己的男人是多么的不可能。我希望你能凝神思考这一点，那就是虽然你不知他身处何处，他何时出现，但他就在那里！你是否燃起一丁点的希望，认为你的真命天子或许真的存在呢？一点点就够了。如果有，那就大声说出来，让这个世界听见。或者在心里默念："我相信！"

第二步 PHASE TWO

去逛园艺商店：承认你内心的渴望

HIT THE GRADEN SHOP: ADMIT YOU WANT IT

1 承认吧，你渴望获得一个橘子！

假设你在进行一项测试，你需要用2B铅笔在椭圆形图案里涂上答案。试卷上只有一道题：

我……

(a) 喜欢单身。

(b) 真的很想谈恋爱。

显然，如果在题卡上把两个选项都涂上，答案就无效。“或者”的命题不能同时选择两个答案，生活也是如此。你不能在一家四星级餐厅吃饭，同时支付麦当劳的价格；不能开着一辆破旧的福特拉里亚特，却希望它像一辆崭新的美洲豹一样炫酷；不能穿着性感的高跟鞋，却要求像UGG雪地靴一样舒适；更不能说“我喜欢单身！”却同时也很想谈恋爱。

那么，你的答案是哪个？

我会很诚实地说，如果你心里真的选择“（a）喜欢单身”，那我会把这本书放回你买书时的书架上，并退款给你。因为既然你想单身，那么这个将自己置于恋爱道路上的策略必然不会奏效。说真的，绝对不会奏效。

但请千万不要误解我。在你寻找爱情的过程中，你有权利，我也鼓励你去享受单身生活。（事实上，如果你认为自己的单身生活痛苦不堪，那寻找起爱情来就会更加艰难。）但要想使约会乐观主义奏效，你就一定要真正地，诚实地，发自内心地去渴望。你需要真正地去渴望一段健康的情感。

我曾尝试着同时选择两个答案。说实话，我单身时，很渴望获得爱情。但我从不承认，我会说：“天啊，单身是我有史以来最好的状态！我喜欢这种状态！”

在外人面前，我骄傲地拥护自己的单身身份。“我很高兴自己没有牵挂。”有人问起我，我总是这样回答。当我和我的好朋友伊冯晚上出去约会，在人行道上光脚跳舞，我们随着轰隆的音乐声大喊：“单身真美好！”事后，当我像往常一样独自回到家时，我又会开始想：为什么没人愿意要我呢？

单身当然不总是“美好”的，但我感觉迫不得已一定要这样说。为什么？因为那时我认为没有什么比希望脱单的女孩更可怜的了。天啊，我不需要。作为一位现代女性，我不需要有男人来为我制造幸福。我很独立！我很出色！我热爱我的生活！但没过多久，我就会觉得自己戴着别人的面具，整晚都被叫成别人的名字。

我很不理解。我当时积极乐观，开心地过着自己的单身生活，但这丝毫没能帮我找到爱情。我当时想：为什么就没有男人为我痴狂呢？为什么我不能恋爱？

我来告诉你为什么。原因就是，我在同一时间渴望着完全相反的两件事。其一，我说我渴望爱情；其二，我说我想一直单身下去。其结果就是，我把我自己的愿望给抵消了。我之所以这样说，是因为我认识很多单身女性，她们的做法和我以前一样，而这并不能给她们——或许还包括你——带来爱情。

几年前，我遇到一个叫弗朗辛的女孩。她今年 36 岁，在纽约一家大型银行做财务经纪人，住在落地窗公寓里，俯瞰中央公园。为了工作，她会从伦敦飞去东京。为了娱乐，她会假期时去澳大利亚潜水，去夏威夷冲浪。感情方面，她也活力十足。一天晚上，她告诉我，她同时在和两个男人恋爱。

“其中一个是位非常性感迷人的男模，他住在迈阿密，他喜欢让我飞去迈阿密找他。”她说，“另一个是法国人，每月都来看我，还想带我去巴厘岛。”

“哦哦，”我说，“听上去很棒！”然后我问：“那你愿意和其中一个认真地谈下去吗？”

“哦，饶了我吧，”她说，“我才不想安定下来。我喜欢单身！这只不过是玩玩而已。”

我相信她的话。因为，毕竟，当你保持单身并乐于其中时就是这个样子：约会，尝试，享受最好的生活。她甚至比曾经的我还要做得好。但弗朗辛又解释道：“嗯，其实……迈阿密的那个男模有女朋友，所以我只是在他女朋友不在家时飞过去。有时情况就会变得很复杂，他会因为我们两个人的计划迫不得已取消和女朋友的约会。但我无所谓。我是说，他有女朋友对我来说反而是好事，因为我也不想认真地和他谈恋爱。”

“那法国的那个家伙呢？”

“嗯，他是个十足的花花公子，”她说，“很明显，他今年年初和别的女孩去巴厘岛了。但没关系，反正我现在也不想和某人保持恋爱关系。”

我不知道其中多少是实话，也不知道多少是出于理性。或许弗朗辛真的更喜欢毫无牵绊的单身生活。

我的朋友金柏莉也同时脚踏好几条船，当她说她就是喜欢这样的生活时，我相信她的话。当我最终问她是否会把约会对象带到一个满是男人的场所时，她大笑：“哦，饶了我吧，没有人会把三明治带去野餐的！”但弗朗辛的话里有些隐含的意味——似乎是深深的遗憾——让我想起那句老话：“你是要说服我……还是要说服你自己？”我感觉到弗朗辛并没有完全说实话，但我突然意识到：我听出来了，因为我曾经也说过这样的话。

弗朗辛向外界传达的欣喜和我以前一样：“我很好。我现在不需要爱情。目前一切顺利。”如果你心里真的这么想，嘿，那就太棒了。

安妮·维奥莉特是一位作家、婚纱照摄影师，从小在缅因州长大。她过去十一年间一直自我标榜为一位“约会达人”（她在摄影工作过程中有一半时间都在竭力躲避那些想要给她安排相亲的新娘）。但经历了一场糟糕的婚姻后，她开始质疑精神伴侣这个概念。“其实，”她轻声笑着表示，“我一直都在和同一类型的男人约会。每过一年多我就换一次男友。”但当安妮自己去思考自己究竟为何要这样做时，她觉得她的理由明确且积极向上。“我真的很享受单身，”安妮说，“我认为我获得的爱情注定要失败，因为在我内心深处，我真的不想做出承诺或是结婚。”

如果你想再过一段时间单身生活，并有自己充分的理由，那很好。但如果你的目标是在将来某天做出永恒的承诺，或许你疯狂的单身生活时间就会开始缩短，你可以快乐地享受生活，但请对这条“单身很好”的咒语保持警惕。

我想说的是，如果你在内心深处有不同的感觉，那就大胆承认——你渴望爱情！

所以，回到我之前问的那个问题：

我……

(a) **喜欢单身。**

(b) **真的很想谈恋爱。**

如果你想谈恋爱，那就真心实意地去选择（b）。

那么如果“也可以接受”爱情呢？嗯，很多人问过我这个问题。但“我喜欢单身，但也可以接受谈恋爱”这个想法的力量根本不够。为什么？因为你把更多的注意力和情感放在什么东西上，上天就会把什么东西带到你身边来。所以，再看看这句话：“我喜欢单身，但也可以接受谈恋爱。”你表达的意思是你——你，完全——“喜欢欢欢”单身，但你——嗯，有一点点——“可以接受”谈恋爱。也就是说，你把更多情感放错了地方！把这句话改一下：“单身固然好，但我真的真的很想拥有温暖幸福、令人欣羡的爱情。”

我知道你为什么这样做——因为“可以接受”给了你一条后退之路。这样，如果你愿望落空，你就可以说：“好吧，没关系，我本来也没期待。但我依然可以接受。”

见鬼去吧。如果你真的只是“可以接受”恋爱，你就不会拿起这本书。你拿起这本书就是因为你想要恋爱啊！一直以来你都极度渴望一段深邃而真实的爱情。你应该去期待爱情，这没什么不对。事实上，要想这本书奏效，你必须期待爱情。这样一来，而且只有这样，你才能得到爱情。

那次晚饭后的一个月，我和弗朗辛一起出去喝东西，她对我说，她已经没那么有兴致了。事实是，她说：“我希望能找到一个和我生活在同一个城市的男人，而且没有一个女朋友……或是三个。”于是我把对你们讲的话告诉了她：“如果你一直告诉自己或者告诉他人‘我单身我幸福’之类的，你就永远也不会得到爱情。”因为这些话向上帝传达的信息非常明确：我目前不想恋爱。如果你想恋爱，那就大胆承认，告诉自己，也告诉上帝——你已经做好准备。

2 《欲望都市》谜题

在现代社会里，像弗朗辛这样困在单身牢笼里的新女性，并不让人意外。我要将其归咎于女权运动，我之前也提过。我还要将其归咎于《欲望都市》这部电影。虽然我很喜欢这部电影（而且看电影过程中一直哭个不停），但它怂恿了女权运动破坏我们的浪漫情怀。是的，我们之所以成为现在这样智慧坚强的女性，这两个事件功不可没。并且对我们奋力追求事业、爱情中的平等地位——我们就应该这样——也影响深远。但在爱情方面，它们做得有过之而无不及。

当今女性不知怎么就认定我们要么在天平的这一端，要么就在另一端！我们要么是20世纪50年代的家庭妇女，每日等着丈夫把肉带回家，困在一成不变的家庭模式里；要么是21世纪的新女性，事业独立，不需要男性给自己带来幸福。有些单身女性甚至认为不能承认自己拥有浪漫情怀，因为女性不应该渴望浪漫。

格洛丽亚·斯泰纳姆和女权运动中其他的有力领导者一样，如《女性的奥秘》（*The Feminine Mystique*）一书的作者贝蒂·弗莱顿，鼓励女性在生活中实现双赢——我们可以结婚生子，同时也能拥有自己的事业。女人们开始努力成为独立的职场女性，且认为自己不需要男人。所以，她们不再是只要婚姻不要事业，而是只要事业不要婚姻。随着时间的推移，女性将女权主义简化为排除浪漫，追求成功。正如斯泰纳姆所说："有些女人即将成为我们曾想要托付终身的男性。"换句话说，有些人变成了《欲望都市》中的人物。

萨曼莎和玛兰达就是那些坚强女性的缩影，她们坚称自己不需要爱情，并觉得自己有权像男人一样发生性关系——没有承诺，没有浪漫，没有爱情。（夏洛特是其中唯一一个坚持浪漫情怀的人物，每当她口出此言时必定遭到其他几位的白眼和“噢上帝”的叹息。）举国上下的单身女性欲火焚身时便打出“像男人一样做爱”的幌子。我完全赞同伸张平等：我认为女性应该有权和男性发生性关系，寻欢作乐而不必履行任何承诺，无需浪漫情调。

我是说，嘿，我们需要偶尔启动发动机给电池续航。我亲爱的朋友，乱性这件事就像是在一张寻求短暂欢娱的名单上签字。乱性导致滥交，乏味枯燥。如果你就想这样，那没问题。但如果你想拥有一段有意义、认真的感情，我想此刻的你也应该认真审视一下自己的性生活了。当然，我也听过一些一夜情升华为爱情的事，甚至我的一个好朋友就有过。（一年中他们一直上演着“我们将走向何处”的情节，最终他们结婚了，还生了两个孩子。）所以，我知道这样的事情可能会发生。但更多的情况是，那些一夜情只不过变成了清单上的一个数字而已，或是变成了让人捉摸不透的十夜情。如果你最终准备好接受某个男人，他不仅希望你陪他过夜，还希望第二天清晨为你做早餐，去见你的妈妈，那么请不要再去寻求短暂的欢愉，去寻求长期稳定的爱情关系吧。

我知道，像弗朗辛这样事业成功，并觉得自己有权滥交的女性不想摊牌说：“我想找到一个可以终生依靠，并对我承诺一生的人。”似乎这样就是背叛了多年来女性的奋斗成果。从这一点来看，弗朗辛等许许多多的女性已经将自己训练得像萨曼莎一样，会说："我自己很好。事实上，没有男人在身边，我更幸福！"讲别的话会感觉有些老掉牙。凯瑟琳·赫本等活跃的女权主义者不相信这种"血腥的、不切实际的"婚姻制度："我怀疑男人和女人是否真的应该结合在一起。"赫本还说："或许他们应该成为邻居，偶尔串个门就够了。"我不得不说，你们这代女性已经将单身等同于优势，将爱情等同于弱点。

你是否看到了自己的影子？或许，在多年重复"我不需要男人来给我幸福"这样的话以后，否认这一点你会感觉是在退步。嗯，是的，的确如此。"需要"这个词当然不恰当。不，你不是需要男人才能活下去——你自己就可以给自己温饱。但承认你渴望有一个男人来实现自己最大的幸福，有什么不可以呢？

事实上，寻求与他人的联系是一种生理需求。当今许多女性想要彻底独立，但其实我们生来就是渴望亲近的。我们想要的应该不是独立，而是互相依存。互相依存就是指，每个人是互相独立的，但会为了满足某种需求而互相依赖。甚至《高效能人士的七个习惯》（*The 7 Habits of Highly Effective People*）一书的作者史蒂芬·R. 柯维也建议，应该从独立迈向互相依存。柯维认为，学着与他人共事，并依赖于他人是高效的一个重要工具。

心理学称之为“依恋理论”，心理学家苏·约翰逊对此表示赞同。她解释道：“我们对人际关系的需求是与生俱来的。婴儿在母体时就开始寻求一种与母体联系的安全感，出生后，便又不断地寻求与别人形成某种稳定的人际关系。”“依恋是与生俱来的主要驱动力。”《抱紧我》（*Hold Me Tight*）一书的作者约翰逊在临床医学家工作手册中写道。“在人的一生中，寻求与某些重要的人建立起联系，并保持下去，这对人至关重要。”所以不要把这种渴望和男人建立起一道纽带的想法看作自己的弱点。请把它看成一个强有力的工具。“稳定的依赖性是健康的标志，可以增强自主性，”约翰逊解释道，“稳定的依赖性能够养成自主和自信。我们建立起的联系越稳定，我们就能更独立，更分化。”

虽然女性很想像男性一样去约会，过性生活，但女同胞们，让我们直面现实吧，我们很多人并不擅长此事——这是有心理学依据的：我们的身体构造完全不适合长期持续这样的状态。比方说，男人感觉压力大时，他体内会产生睾丸素，使得他想要发生性关系，驱使他有所行动或是发起进攻。当女人压力大时，会产生催产素，这种荷尔蒙会让你渴望拥抱，亲密，与他人建立情感联系。

我们生来就不只是渴望成功的事业和完美的性爱。无论从社会学角度，还是情感角度，或心理学角度，我们都需要与他人建立起一种情感联系，这是健康而正常的。所以，不要再因为自己内心的渴望而难过。

顺便说一下，格洛丽亚·斯泰纳姆找到了她的真命天子。66岁时，她嫁给了大卫·贝尔（演员克里斯汀·贝尔的父亲）。在结婚誓言中，他们称彼此为今生伴侣。“他是我知道的心肠最好的男人。”她这样评价他。尽管贝尔三年后患淋巴瘤去世，但斯泰纳姆将他视为自己的另一半橘子。

你要知道，还有很多其他勇敢走在玻璃天花板[①]上的女性偶像也都在结婚证上签下了自己的大名：芭芭拉·史翠珊[②]，黛安·索耶[③]，前派拉蒙动画公司女总裁雪莉·兰斯，等等。首位众议院女议长南希·佩洛西与其丈夫保尔结婚已有四十六年。即便是坚强时尚的凯瑟琳·赫本也找到了自己的真爱——斯宾塞·屈塞；他们的恋情（虽然他是有妇之夫）持续了二十七年之久，直到1967年他去世。还有许许多多年轻的成功女性表示自己希望有爱相伴。金球奖得主凯拉·塞吉维克与凯文·贝肯[④]踏入婚姻殿堂二十年有余。前专业排球运动员加布里艾尔·瑞丝与巨浪冲浪者拉尔德·汉密尔顿踏入婚姻殿堂十二年。这样的例子数不胜数，

---

① 这里喻指天花板效应，指的是设置一种无形的、人为的困难，以阻碍某些有资格的人（特别是女性）在组织中上升到一定的职位。（译者注）
② 美国女艺人。（译者注）
③ 美国ABC电视台的当家女主播。（译者注）
④ 美国电影演员，第67届金球奖最佳男主角。（译者注）

但我要说的论点很简单：你也可以成为一位既坚强独立，又渴望爱情的女性。

如果你需要一个男人来爱你，那就大胆承认吧。不要为坦言而感觉羞愧、老套或是可悲，因为你找不到爱情的一部分原因，就是因为你还没有说出口——你渴望爱情。正如苏·约翰逊所说，为渴望浪漫爱情而痛斥自己，这对解决问题起不到任何帮助作用。单身人士可能会说："我难过因为我很孤独，我知道我不应该孤独；我知道我应该独立。"约翰逊在杂志《今日心理学》（***Psychology Today***）中写道。"是的，如果孤独，你当然会难过，而你却反过来为此而痛斥自己！"约翰逊说。这就是恶性循环的开始，结果就是你永远也不会得到自己需要的爱情。事实是，你会不经意间向那些想要和你恋爱的男性传达出自己最不想谈恋爱的信息。

3 独立小姐

扪心自问：你是否曾对某位男性谈起，自己是多么的独立？自己有多么成功？或者自己是多么不需要别人为你付房租，给你搭书架或是照顾你？我曾经说过很多这样的话。我在生活中可以独立完成那么多事，很是骄傲，但说了这些话后得到的结果并非如我愿。比如，我记得几年前，我曾对一位《箴言》杂志社的男同事说我看电影时哭了。

“啊，是吗？”他边说边笑。

“好笑吗？”我问。

“你不会哭的，”他说，“我打赌你这辈子一天也没有哭过！”

我当时唯一的想法就是，我究竟表达了什么会让人们这么看待我？嗯，我向外界传递了太多“我一个人也可以做到”的能量，我身体里看不到一根“我需要安慰”的骨头。“没错，”我告诉那些男人，“我自己安好了空调。”但我并没有说明的是，其实我是迫不得已的，我并不想要自己去安空调。

波比·帕姆尔正是如此。她住在长滩，是一位技术部门经理，事业有成。她和很多帅气的男孩约会过，但约完后没有一个人给她打过电话。“我当时非常确信之所以会这样，是因为我不够高不够苗条，也不是金发碧眼。”波比说。她身高5英尺11英寸，身材微胖，一头棕黄卷发。“但有一天我突然发现，这些失败真的和我的外表毫无关系，问题出在我当时在饭店约会时所表现出来的自己。我当时没有表现出真正的自我。”为什么？

“我想，我们有些女人在男权社会中获得了一定的成功，就觉得我们一定要像男人一样行事，给自己戴上一枚坚强的徽章。”波比说，“你工作时，一天有十个小时的时间都在坚强着，回到家后要温柔下来实在是不容易！”而波比把自己的坚强徽章带到了晚宴上，并告诉自己的约会对象：“我很独立，我能照顾好自己。”如果他们第二天不给她打电话，她就会表现得一切都很好，然后照做：照顾自己。“我想这是我们女人筑起的一道墙，我们总觉得‘不喜欢拉倒，反正我一个人很好’。”波比说。“又或者说，我们在试探他们：‘我敢说你喜欢我，但我不需要你。’这实在是狡诈的考验。”她说，“这种思维方式已经植入我们的骨髓。”

波比在生意场上越得意，在情场就越不如意。“我终于看清了自己是如何把自己呈现给男人的，看清了我是多么的狡猾。事实上我恐惧万分：害怕被拒绝，害怕做出错误的决定，害怕在男人身上迷失自己——你确实说对了。在那些约完没给我打电话的人面前，我根本不是真的我——那个开朗热情、积极向上、有同情心的我——而是一个充满恐惧的女人，我打心眼儿里不相信有人适合我，或值得我去拥有。我先判断他们会如何看我，然后对自己做出评判。但后来我就决定，我要依据自己的原则来表现自己，做个值得拥有的好姑娘。”

从那以后，波比在晚宴上表现出真实的自己，包括她的恐惧。“我不是开玩笑，又约会过五次后，就有人开始继续约我了，”她说，“我彻底改变了自己的呈现方式，并且承认自己内心的愿望。”她是说，承认自己恐惧或许毫无作用，但你可以告诉男人，虽然你现在一个人生活，但你很希望有一个人和你分享生活中的点点滴滴。“我意识到让男人给我制造快乐并不会耗损我的能力，”她说，“反而会让我更坚强。”

顿悟两个月后，波比遇见了拉里。六周后，他们就开始计划婚礼。她说他是她遇到的最好的人，他让她展示出了自己柔软的那一面。但她同时也承认学会欣赏所拥有的东西需要一段时间。“五年前，我会说：‘哦，他人太好了我不配拥有。’”波比笑道，“这太疯狂了。如果女人这样对自己说，那我想她或许需要给自己做心理建设了！”她说得没错。如果你对一个人没兴趣，可能因为他太温顺懦弱，太笨手笨脚或痴迷《星际迷航》（***Star Trek***），但如果一个人太优秀呢？我们应该感到幸运才是。

让优秀化为你的内力，并显示出自己脆弱的一面。记住，男性和女性都可以分泌出睾丸素和催生素。如果你已经习惯了利用自己的睾丸素，那请你偶尔也屈服于自己的催生素吧。让它发挥应有的作用。让你自己被爱。

事情是这样的：你有份好工作，有抱负，已经充分计划好将来如何好好照顾自己。事实上，只要你愿意，你也可以自己生孩子，同时照顾好你们两个人。然后你的一切愿望都实现了：工作，未来，漂亮的家，宝宝，好朋友，自信，自尊心，所有美好的事——一切都由你亲手完成。此刻，我都快听见你内心的欢呼了。

但也诚实点吧。书已读到这里了，原因就是你不想一个人来完成这些事。这并不是说你不坚强，不是说你不支持女权主义，不想向全世界证明女性可以独立完成这些事。而是说，你想和某个人分享生活中的苦与乐。这并不糟糕，反而是美好。

一旦你向自己坦白，你就离你的目标又近了一步。

4 告诉身边的每个人，你渴望爱情

宝宝饿了会哭。为什么？很可能是因为如果只动动脚趾头的话，你不会马上跑去给他/她拿食物。宝宝知道自己想要什么，他/她才会哇哇大叫，而不是耻于张口。我建议你多想想年轻人是如何追求爱情的。你看，你知道自己渴望爱情，因为你在读这本书。所以我也知道你渴望爱情。但如果除了我们以外，你不告诉任何人，这个世界怎么会知道呢？此刻，你该大声说出你已经准备好迎接你的理想爱情了。

两年前，为了写一篇关于如何发现并追求自己理想事业的文章，我采访了《你的降落伞是什么颜色》（*What Color is Your Parachute*）一书的作者理查德·博尔斯。他开口第一句话是："假想自己在书店里，你会去哪个区域？"博尔斯说，确定自己的业余爱好——历史？园艺？摄影？你就能确定自己理想的职业领域，然后，把你理想的职业写下来。他解释道："把这张纸给你这周见到的每一个人看。"这样做不仅能让你说出自己脑海中的那个理想职业，更重要的是，不停地谈论这件事还能让你把注意力放在这件事上。总之，爱情也是同理。如果你想让约会乐观主义起作用，你就要知道自己想要什么——并且是具体想要什么——然后面对那些询问你在寻找什么的人，你就可以大声告诉他们。这会把你的愿望传递给上帝，同时它也会提醒你，你的理想是什么。

那么，你要如何告诉他们呢？我是这样告诉我的朋友的："我决定了，我要为自己争取一段真正的爱情。"

"很好啊。"他们说。然后便没了下文。也有些人似乎很感兴趣，或是继续问我问题，他们会让我更明确内心的想法。

"不，我是认真的。"我会说，"我要为自己争取一段美好的爱情。"

"真的吗？"他们问，"你要怎么做？"

"要凝神于它，让上天知道我准备好了。这就是我为什么要告诉你们，让你们知道我准备好了。"

此刻，我要直言不讳地给大家提个醒：有些人会满目同情，"噢噢"个不停。对此，你要做好充分的心理准备。"噢，很好，你会找到那么一个人的。""哦，亲爱的，会有人适合你的，我知道！"好消息是，这些话他们只会说一次。所以你可能会暂时觉得自己像个傻瓜，或是孤独难过，但很快这种感觉就会消失。（但据我所了解，他们越认为你疯狂，你就越能改变自己的能量！）所以，扯去邦迪，告诉你的好朋友和家人，采取主动，相信自己即将找到爱情。就让他们为你难过一会儿吧，然后大步向前。试想一下，蜜月时，你和自己的另一半橘子肩并肩坐着，喝着果汁朗姆酒，凝视对方的双眸，在心里感激上天让你们遇到彼此，那时，你还会介意现在的这一切吗？

我第一次告诉别人这句话时，感觉自己太老土了。我是说，拜托，“我决定要为自己争取一段美好的爱情”这句话简直就是陈词滥调。但随着我告诉的人多了，这句话说得也就自然了，我就感觉愈加自信乐观，并觉得我真的能为自己找到梦中情人。这就和健身差不多：如果你告诉朋友你已经坚持做了四个月的普拉提[①]，就为了穿上那条价值不菲的牛仔裤，如果减肥失败，你不只会自己抓狂，也会很怕穿着肥大的牛仔裤面对自己的朋友！所以，把理想告诉自己的朋友和家人会有助于实现理想。

我们以恋爱达人帕蒂为例。帕蒂26岁，芝加哥人，她对自己的朋友从不隐瞒自己的单身生活。“我所有的朋友都开玩笑说我网撒得很大。”帕蒂说，“他们会说：‘帕蒂走的是巡回路线，交往范围很广。’果不其然，我约会对象不断。我不知道这是某种能力，还是我的选择范围真的很广，身边和我约会的人总是连续不断。是的，他们真的说对了，我‘网撒得很大’。”

---

① 一种健身方式。（译者注）

当帕蒂拿定主意，意识到自己想要的不止这些，她把这一切告诉了朋友："我想和理想的男人谈恋爱——不是随便哪个人，我目的很明确。我告诉他们，为了等到那个对的人，我愿意单身，愿意等待。"

一年后，帕蒂正在努力创办自己的公司，计划通过社区服务来向客户提供团队建设活动。在此期间，她参加了一次午宴。在那里，她遇到了大卫，过了不久他就约她。虽然她很喜欢他，但由于某种原因，她感觉自己不需要像以前一样，在约会前做过多准备——她说的是实话。"我们第一次约会时，我还带着前一天的妆。我心想：管他呢，反正我来了！"不到一个月，两个人就开始互相表达爱意了，向对方说着"我爱你"。每当帕蒂谈起他们的感情时，她一遍遍地说"很棒"，"很自然"，"轻松"，"有趣"。虽然她的朋友会想听她讲那些"广撒网"的故事，但他们知道当前是最好的状态。帕蒂说："一切顺利，就没必要和朋友们去分析揣测了。"

对我自己而言，影响最大的是在我告诉妈妈的那一刻。当时是假期，我和她站在厨房里，我们在洗碗机上摆放餐具。我告诉她，最近我和前男友出去喝了咖啡，并且他就住在离我几个镇的地方。他帅气、聪明、风趣，我很希望自己能够喜欢他，但我们气场不和，相差很多。他接吻时就像一只垂涎三尺的叭喇狗，虽然我曾多次教他如何让我满意地接吻，但我们越来越尴尬。我总是找各种借口不和他接吻。但我妈妈很喜欢他家住得很近这一点。而且，作为过来人，她很支持我们恋爱。

“你肯定很惊讶，很多人都会在自己家附近找到爱情，”那天她说，“相似的背景是一段感情的良好开端。”她并不是在固执己见，但我内心深知，她迫不及待地想让自己的女儿找到如意郎君并结婚生子。但现在我在使用约会乐观主义——既然我已下定决心要找到最适合的那个人——我知道她不需要为我担忧。我相信自己能找到白马王子，而且现在就是把一切告诉她的好时机。

“妈妈，”我说，“我想告诉你的是，我为自己的感情生活做出了一个决定。我决定，除非是我理想中的爱人，否则我不会为其他任何人安定下来。”

我看到她的表情在说“啊哦”。因为“我不会安定下来”是已婚人士最不喜欢听到的话。毕竟，他们喜欢说“婚姻有时就是需要你妥协让步、将就”。但对此我会这样回应：“是的，婚姻是妥协让步、将就。但首先，仅限于在小事上如此。比如，谁来埋单，谁来做家务，谁多工作谁少工作。你们双方在日常生活上妥协，在相依为命上妥协，将二人的不同意见、生活方式合二为一。但我不赞成在大事上也要妥协让步。对于那些你不敬重，或者要你为他做出改变的人，你不能将就。对于世界观和你截然相反，需要你每天努力让他振奋，又努力让他冷静的人，你不能将就。还有，看在上帝的份上，那个在余生中你都得躲躲闪闪不让他亲吻你的那个人，你不能将就！”我就是想让我妈妈知道这些。我只能为值得我去妥协的人而将就。

“我下定决心了，”我说，“为了我理想的爱情，我宁愿等上十年也不愿意为那些不合适的人将就。如果这意味着我不得不采用其他方式来怀孩子，那我就会去照做。因为我就是不想随便和哪个人结婚。我想和适合我的那个人在一起。”我想她可能有点失望——十年太久了——或许她觉得应该教育我一番，让我理智点。但她什么都没说。“好吧，”她说，“这样对你很好。”

我最近问她是否还记得我们那次对话，她回复我一大串“是的是的”。然后我又问她，当我告诉她这一切时，她做何感想呢？“嗯，”她说，“我当时想，真勇敢。”当然了，听到此话，我的眼泪夺眶而出。我以为妈妈会对我失望，但她看到的——其他父母和朋友看到的——是勇气。这种感觉，就像拥有了一把强大的利剑，充盈着我的内心。沉默片刻，妈妈又说了句：“我想，我还是认为你有些挑剔。”啊哈！但你知道我现在对挑剔做何感想吗？为了你自己好，为了实现自己的愿望，你有权挑剔。所以在你告诉朋友家人你计划“一意孤行”，决定为自己寻得美好温暖的爱情的时候，你就得勇敢。或许他们会认为你坚强，但固执，理想化而不现实。可是你活的不是别人的生活，是你自己的，对吗？

我对自己的计划胸有成竹，我丝毫不介意别人怎么想——我要争取到理想爱情，无论别人信不信，反正我相信。说实话，他们的怀疑反而让我愈加坚强。我会找到真爱，证明给他们看！我告诉的人越多，我自己就越相信这句话。这是一种很神奇的改变，当你亲身体会时，就明白我在说什么了。

对于一个女人来说，告诉自己的妈妈自己想要什么是一件特别棒的事情。在文迪·福莱斯特24岁的最后几个星期里，她决定不再继续“为了约会而约会”。那时她刚刚研究生毕业，第一次独居，对自己当时的状态很满意。“我当时宁愿晚上独自在家，也不愿随便和哪个人进行毫无意义的约会。要么他很优秀，要么我就单身！”如今，她已做好准备要找到那个值得托付终身的人，并把这些话告诉了她的朋友和妈妈。

“我告诉我妈妈，我准备好了，一定要找到他，无论他身份如何。我不沮丧也不怀疑，我不会说‘我好命苦啊’。我知道只要我想约会，就会有人和我约会。我想结婚，就会有人和我结婚。但是，”文迪说，“我还告诉她，我不过是准备好了而已。半年也好，一年也好，我都不害怕，我就是不想和那些错误的人在一起，浪费时间。”

一周后，文迪的妈妈从拉斯维加斯的家中打来电话说：“我遇到了一个你可以结婚的小伙子！”那天白天，文迪父母和一个叫内特的英俊男子打了一轮高尔夫，18洞过后，文迪的妈妈为女儿要了他的电话号码。文迪听到这些的第一反应是：“什么样的疯子才会把自己的电话给一个

50岁的老太太啊？”第二反应是：“好吧，既然我说过我准备好了，或许我可以试一下。如果他很棒，那就太好了！如果相反，那我就把他从候选名单上划掉。最糟糕的事情也不过是打一轮高尔夫而已，也很好啊。我当时就是乐观思维模式。”

一个月后，文迪从洛杉矶的家里，开车前往拉斯维加斯，同内特进行一场双人约会……和她的父母一起。“我们的发球时间是周六的下午三点，我和内特形影不离，直到第二天早上七点。周一清晨，我不得不开车回洛杉矶。”文迪说到此处声音中流露出狂喜。三个月后她搬到了内华达，最近他们刚刚庆祝了结婚三周年纪念日。他们甚至还开展了约会服务，利用自己的成功经验来帮助高尔夫球场上的人们找到爱情。“内特每天都逗我开心。放心吧，”她笑道，“我妈妈为自己骄傲极了。”

但文迪同时也应该以她自己为豪，因为她获得真爱的原因绝对是把准备好接受伟大爱情这件事告诉了朋友和妈妈。她整整几个月的时间都在思考自己内心的愿望，但没有大声说出来。后来，她真正准备好时，文迪说：“我就大声说了出来，我撒了网。如果妈妈不去问他的话，我们永远也不会遇见彼此！”她说得没错。她在撒网。此刻，你也应该这样做。

5 记得也要在网上撒网

我第一次尝试网恋时，想要把自己表现成一个洒脱时尚的女子，可以接受各种感情：随性的玩伴，或者普通朋友而已。“嘿，”几天后我问伊冯，“为什么这些男人都给我留言说，他们只想要‘随便玩玩’，而不是寻找严肃认真的爱情呢？”噢。因为我也是这样告诉他们的。

如果你要在网上挂出自己的资料，我建议你确保每一份资料都反映出一件，而且是唯一一件事：你在“寻找一段严肃认真的爱情”。这就是我的建议。如果你致力于遇见自己的另一半橘子，那你的资料就应该直接反映出你的目的。

我的单身朋友莉莉勾选掉“我愿接受所有人！”的选项，声明自己只求真爱的那一刻，一大批陌生男性立刻开始给她留言。他们觉得遇到一个清楚自己想要什么的女子很“让人振奋”——莉莉最终承认想要彼此认真承诺的爱情，并结婚生子。当男人们知道她的未来打算时，她心里的一块石头落了地。“真爱”任务启动！

为成熟的爱情做好准备是合乎常理的，有益健康的。自豪吧，去告诉你身边的人（和读你资料的人）——你已经准备好了。

6 你的表达方式决定一切

语调正确和说话内容一样重要。单有语言完全不够。为了你想要的爱情，要让世界知晓你的需求，你一定要把自己变成乐观磁铁。

我之所以这样说，是因为当我们谈论爱情时，你很可能已经习惯了某种完全不同的语调，我对此再熟悉不过了。比如，你在机场滑行道上等了两个小时后会怨言道："我讨厌这样继续等下去，我想快点起飞。"但你不能用同样的筋疲力尽、毫无希望的语气说"我想谈恋爱"。是的，或许你灵魂深处这种感觉很强烈，但如果你的灵魂深处是恼怒或是绝望的，你说出来的话也会是这样。

你一定得用合适的语气，告知自己和世界你想要什么。想想那些你真正渴望、谈论起来又不会尴尬的事，并在感情方面也要尽量模仿这种积极向上的语气。例如，"嗯嗯，我想要奶油泡芙！"或者"天啊，我真想要一张后台通行证去看圣母玛利亚！"或者"两张去罗马的免费机票？我要去"！你找到感觉了吗？请记住当你大声说出这些话时的语调——就是表达感叹时的那种语调。

当你表达爱情愿望时，就用这种语调，这种乐观和意志。"你知道吗，世界？我已经准备好接受我伟大的爱情了！"你说得越多，感觉就越真切——你头脑和身体中的正面感觉就越强烈——你渴望的东西就会更快地被你吸引过来。

你是否幻想过，自己走近一道天鹅绒围栏，准备去参加一个未被邀请的晚会？你可以 (a) 走过去结结巴巴地说，其实你并不在客人名单上。或者可以 (b) 信心满满地走去门口保镖那里，认为自己绝对属于那里（“让我进去，我是专门来参加这场晚会的。”）。或许那些结实健壮的保镖会放你进去，单单是你的态度也能让你通过大门。所以我在这里要对你说：“你绝对在爱情的客人名单之上。你被期待，也应该出现在那里。”“嗨，”你应该这样对世界说，“我来找我的伟大爱情了！”有着此般信心，他们就会抬起围栏，放你进去。

小说家帕姆·休斯顿就选择大声说出了自己对爱的渴望。她在一篇刊登在《欧普拉杂志》(*O Magazine*) 上的文章——《托起来的双手》“The Cupped Hands”中讲述道，在世界努力将爱情带到她身边之前，她会耐心地等下去。当她站在马萨诸塞州普罗温斯敦海湾的岩石上，吹着海风，帕姆对着微风大声说出了自己的愿望。“我想我终于准备好接受一场伟大又慷慨的爱情了。”她在文中记录下自己对落日说出的一席话。“‘如果你认为我还没准备好接受这份爱情，’我继续说，‘那就给我一点小小的浪漫，让我们能继续这样对话……如若我连这都没准备好，那就给我一点提示，告诉我这样的选择没有错。’”帕姆写道。两周后，她在新墨西哥州陶斯市遇见了一位诗人，而两年后，他们依然在一起。“不付诸努力是不可能获得爱情的，”帕姆写道，“事实证明，这份爱情就是我站在普罗温斯敦的岩石上乞求的那一份。”

还有一位女士也实现了自己表达出来的愿望，她就是作家丽莎·博尼丝。她宣布自己已经为伟大真爱做好准备时，还是正在芝加哥做巡演的喜剧演员，同时也是一位离异母亲，带着两个孩子。“我已经准备好去寻找我的白马王子了，”丽莎说，“我当时待在芝加哥寒酸狭小的公寓里，厌倦了单身生活。所以我大声对上天说，我玩够了，准备敞开心扉去吸引属于我的完美男人。一个愿意和我一起成长、享受生活的人。我说了出来，而且很大声。‘真的，我已经不想再约会了。我已经准备好和我的他稳定下来了。就让他出现吧！’”

这样的话丽莎只讲了一次，但她讲话的方式——她使用的语调——激情饱满，当她的话说出口时，明显传递出了正确的能量。她承认，以前自己也说过类似的话，但那些话从未表达出自己灵魂深处的真正渴望。她以前对外宣称自己已经做好准备时，从未同时用思想和内心说出来。“这一次有所不同。”丽莎说，“这次像是一个神圣庄严的宣言。我认为这句话真正的力量在于发自内心，用尽全身力量。”

说出此话后不久，丽莎接到底特律一家俱乐部店长的电话，按计划她本来要在那里进行演出。“他说我的工作取消了，因为俱乐部失火了！所以我继续打电话，联系我认识的所有预约中介，想要填补我行程表上的空档期。”最终，她得到了弗吉尼亚海滩上一家俱乐部的压轴表演机会。但就在如期出发的前一天，她又接到了那里的经纪人的电话。“他说飓风把俱乐部夷为平地了，就这样，我的工作又一次被取消了！”

丽莎焦虑不安，给认识的最后一家俱乐部打了电话，多年前，她就是从家乡的那家俱乐部赚了第一桶金。“我求俱乐部店主让我去做演出主持——或其他什么，随便什么都行！——我还说我会住在我父母家里，不需要店主为我付住宿费。”那周在丽莎家乡俱乐部表演的主演也是一位喜剧演员，叫杰夫·斯威尼。他们一见钟情，如今过着幸福快乐又完美的婚姻生活。“我不会为那次大火或飓风负责的！”她笑着说，但她的确感觉，是上天努力将她带到了自己的梦中情人身旁。

她的经验告诉我们：如果你真的想让那个他——那个在车管所陪你排长队也会很开心的那个人——走进你的生活，那就用丽莎·博尼丝那样的语气，向世界宣告你准备好了。注意，一定要发自内心，真心实意！

你的语气之所以很重要，还有另外一个原因：用合适的情绪大声说这些话，就像是在给予肯定。我一直觉得肯定是件很古怪的事（“我有一百万！我很特别！该死，大家都喜欢我！”），但我现在了解了。它的原理如下：我在前面提到过小脑扁桃体，就是你大脑中储存情感信息的，一个像扁桃形状的微小的神经结构。从某种程度上来说，它就如同你的情感计算机的硬盘驱动。无论你是否想保存这些情感及思维的细节，小脑扁桃体都会将其储存。记得你被自己喜欢的男孩残忍拒绝的那一刻吗？或者你因为自己的鼻子形状、说话方式而被嘲笑的那一刻吗？你的小脑扁桃体都记得。你还记得当你发现自己深爱的帅哥背叛了你，和别人谈恋爱时的心碎感觉吗？没错，你的大脑储存着那些情感记忆，也能够随时将之唤醒，仿佛那些事就是昨天发生的一样；你的身体也会有反应，有如这些记忆全部重新来过。

如今，每当你遇到一个帅哥，你的大脑都会在你的小脑扁桃体硬盘驱动内，按固定路线，把这些信息传送给你，帮你分析当前的形势。很可能你的大脑对这位新来的帅哥进行评价时，会怀疑，会进行自我保护，会退缩，或者就是单纯的不信任：“啊，他看起来感觉不太专一。”

你的大脑径直奔向那些糟糕的记忆，也不足为奇。“我们总是在建立新的神经结构，但负面情感建立的速度会更快一些。”里克·汉森博士解释道。他同里克·曼度斯硕士共同创办了冥想修行和神经科学智慧之源学院，也是《佛之大脑》（*Buddha's Brain*）一书的作者。“正面情感会经过正常的存储过程，但我们的负面情感仿佛拥有一条快速通道。”汉森解释道，“大脑会搜索出负面情感，做出强烈反应，谨慎储存，快速找回。对于负面情感，我们似乎是维可牢[①]，而对于正面经历，我们就是铁氟龙[②]！”他建议那些约会被拒的人，积极乐观地去看好消息，尤其是日常生活中细微的方面。例如，你今天的好消息是什么？比如他今天早上在咖啡厅和你调情了？或者你在网上收到笑脸了？“随着时间的推移，”汉森在他的书中解释说，“这些积极事物经过日积月累，会一个突触一个突触地逐渐改变你的大脑。”这就是我们之前讨论过的——神经元可塑性，也就是重新塑造大脑的神经元路线——实现乐观主义，使自己强大。

肯定自己和积极声明并不会消除那些痛苦的记忆，但会在情感大脑中编辑新的积极回路。这样，你就可以打败存储在其中的痛苦回忆，并且可以提升自我形象、自我价值以及自尊。幸运的是，我们有一个公式，可以准确计算出你需要多少乐观。“我们的情绪遵循一个临近点定律。”北卡莱罗纳大学教堂山分校心理学教授、《积极性》（*Positivity*）一书的作者芭芭拉·弗雷德里克松说，“也就是你的积极情绪与负面情绪的比例值。我称之为‘积极比’。”弗雷德里克松说临界点是3∶1。简

① 一种尼龙搭扣的商标。（译者注）

② 杜邦公司使用在其一系列氟聚合物产品上的注册商标，该氟聚合物主要用于制作防粘锅塑料。（译者注）

单来说，就是“对于每个想将我们拖垮的负面情绪，我们需要三个正面情绪来对付它”。

所以，把注意力集中在每天的好消息上——至少得是你在负面消息上的三倍——同时去设想爱情甜蜜会是怎样的一种感觉。因为每当涉及你渴望的爱情时，你就会远离过去，直面当前，感觉舒适而有力，并积极地去幻想最好的未来。不要说“我从来没遇见过一个好男人”或者“我永远也不会遇到一个好男人”，尽力用一切希望和乐观力量，去冲刷你的小脑扁桃体。你要说“我会梦想成真的”，“我一定会遇见一个好男人”！因为事实就是如此。

我知道，你是不会对着镜子说，或在早晨向众人宣告你的愿望的。但语言是有力量的——尤其是大声说出来的语言会更有力量。当你把这些至关重要的言语，从你大脑中闪烁跳跃的众多言语中揪出来的时候，奇迹就会发生。看吧，你大脑里各种感觉错综复杂——“我害怕”“我想要遇见”“恐怕我永远也不会有孩子了”“我想拥有自己的真爱”。在你大脑中游荡的思想，可能比乐士公司的谷子还要多。我希望你暂时放下恐惧、玩世不恭还有负面思想，摸索出你的乐观思维，大声地说出来。像丽莎·博尼丝一样——说出那些话，大点声，用尽全身力量，说出来：“我准备好接受属于我的伟大爱情了。我准备好接受真实存在的他了。让他出现吧！”这就是你获得理想爱情的正式开始。

第三步 PHASE THREE

如何选种：你想要什么？

HOW TO CHOOSE YOUR SEED: WHAT DO YOU WANT

1 如何选择你的橘子种子

你是否罗列过自己对理想男人的要求？多年来，你或许要求过这些："幽默感""比我高""深色头发，碧蓝眼睛，深深的酒窝""聪明""会和孩子相处""事业有成""有冒险精神"。

好的，听我说："现在把你的这张爱情清单直接扔掉。"是的，把它揉成一团，扔掉。我马上会让你列一张特别的新清单，因为眼前的这张会妨碍你，或是增加你寻找另一半橘子的难度。

事实上，你对男人的要求完全不重要！你甚至不需要男人。你需要的是爱情。让我们回顾一下你可能会列出的几样要求，我来一一解释。

你以为自己需要的是一个风趣的男人吗？不是的。你需要的是充满欢声笑语的爱情，你们逗彼此开心。别人是否认为他有"幽默感"并不重要。这不是重点。我曾经和一位单口相声演员约会过，但要我说实话吗？答案是我很失望。

你以为你需要的是一个和蔼的男人吗？不是的。你需要的是，他对你以及你身边的人和蔼。你想要的是你被温柔对待，因为理应如此。

你以为你需要的是一个“身材高大、皮肤黝黑、外表帅气”的男人吗？不是的。你需要的是自己被吸引到无法自拔的一个人。同样，其他人是否认为他帅气并不重要。他只须对一个人具有吸引力：那就是你。我知道很多女性一开始要寻找某种长相的男人，最终却找了另一种她们认为非常有魅力的人。

你以为你需要的是一个有文身或是骑摩托车，或是开着特别拉风的汽车的男人吗？不是的。你需要的是会让你感觉惊险刺激的爱情，那种生活方式会让你感觉自己正在远离众人所在的世界中心，而你永远也不知道下一刻你们的生活会发生怎样的刺激。

你以为你需要的是一个身材健壮、肌肉发达的男人吗？不是的。你需要的是你和伴侣一起过着健康的生活。（或许你会认为有肌肉的男人很迷人，还是那样，重点是迷人，不是肌肉。）

我要说的关键是，你要开始去寻找你想要的那种爱情，不是你想要的那种男人。因为思考你想要的爱情是一件可以让你付诸感觉的事。感觉很重要。

我凝神于自己有一个可以“一起犯傻的伴侣”。我想放声大笑，想被深情爱护，想被鼓舞激励，想一起去探险，想过健康的性生活，我会因为坚信爱情的想法起了作用而内心感激。我如愿以偿了。我如愿以偿是因为我凝神于自己的宏观愿望，而不是那些我曾经勾画出的一些细枝末节，比如他多高，穿什么样的鞋子。

如果你通过外在特征去选择对的人（外表、工作、西装、神气活现），那你就走上了岔路。我曾在一间屋子里挑出那些个子高挑、深棕头发的男子，去问他们是否单身。屋子里还有很多红头发、光头、脏兮兮的金发或是留着莫霍克头的男人，或许他们都想得到我的爱，但他们不在我的雷达范围内，因为我完全忽视了不是棕色头发的人！是的，我听说过有些女人会要求自己的男人，比如说，要有小货车或滑雪季通行证，她们最终也如愿以偿了——我不是说这些事不可能实现。事实上，本书中提到的一些约会乐观主义者也经历过这样的事。我是说，如果你针对自己理想的男子，列出了一系列的详细清单，而某个男子只是有些许差别，你就把他排除在外，这也许会是件挺遗憾的事。

记住，并不应该由你，从头到脚去设计你的完美恋人，你只需要弄清，你想在爱情中得到什么样的感觉——是欢笑，被爱，努力，健康，刺激，严肃还是愚蠢——然后你只需要让世界给你带来大大的惊喜。

利用约会乐观主义，你可以免去向别人描述你钟爱什么“类型”的流程——而且我猜，你肯定有那么一个钟爱的类型。我也把自己的选择范围缩小到某一个“类型”。因为这么多年下来，和无数的人交往后，我们最终知道了自己想要什么，不想要什么，知道了哪一种是合理的。然而，我们也可能更多地通过外表特征去判断（“我不喜欢银行家类型”或是“我不喜欢白肤金发的男人”），于是将我们的未来变得模式化。模式化就像是把你的视野从漏斗中过滤。试想一下：过去，你的视野如漏斗开口较大的那一端，而如今，你将视野放入漏斗，让其进入很小的缝隙之内。要让一个家伙头骨毫无损伤地挤进去，这绝对不可能。你要让自己的思想重新开放起来，意识到男人的外表不重要，重要的是你们两人在爱情中的状态。

“我没有规定某个特定类型。”你或许会这样说，“我只有在见到他时才能确定。”你应该制造一个判断真爱的新工具：那就是你在理想爱情中的感觉。你可以将它视为专门用来找到另一半橘子的蝙蝠声呐：记住，你不再需要用眼睛去判断，而是用心去看。用甜美的声呐能够彻底改变从今以后你看待一屋子陌生人的方式。

现在让我们一起来弄清楚，你在自己的理想爱情中，想要的到底是什么感觉，这样你才能开始去凝神于它。

2 明确你的理想橘子类型

约会了四次甚至十几次后，很容易迷失掉自己内心的愿望。那么，我们先从第一步最简单的着手：环顾一下四周你羡慕的那些爱情，说出自己喜欢它们中的哪些方面，包括重要的和微不足道的。比如，以下是我看到的一些方面：

我羡慕我父母对彼此的终生承诺——他们的婚姻已经经历 42 载，不仅经受住了时间的考验，而且因时间的考验而更加坚定。我也想要这样的感情——稳定、忠诚、终生的结合。

我羡慕詹妮弗和山姆总是叫彼此的昵称，比如“亲爱的”。而且，他们见面或分开时，总是互相拥吻。我想要这样的感情——爱意满满的爱情。

我羡慕安娜和保尔能够平等地，才华横溢地讨论人生和文化。我想要这样的感情——我们彼此激发智慧。

我羡慕安迪和卡洛琳一天里打很多次电话互相汇报情况。他会打电话给她，简单快速地告诉她一些事情。当她打给他时，他也会很开心。我想要这样的感情——没有游戏，而是经常联系。

我羡慕索菲娅和赖安融入彼此的社交圈，形影不离。他们的生命融为一体，实现了他们的结婚誓言。我想要这样的感情——我们是爱人，也是朋友。

我羡慕萨拉和彼得带着孩子一起去旅行。我想要这样的感情——家庭成员像一个团队一样一起去旅行。

在这些例子中，你可以从整体角度看到自己渴望的爱情。你不仅仅是在思考自己理想的伴侣是什么样子，也在思考和伴侣在一起时你是怎样的状态，这与前者同等重要。事实上，思考自己能为爱人提供什么，是确定自己理想爱情的另一种方法。“我认为，人们经常忘记自己想要在爱情中扮演什么角色，”夫妇研究所创始人之一伊琳·贝德博士说，“当你把你的白马王子理想化时，你越是把精力放在另一个人的形象上，你自己付出的努力就越少。其实，你也要对自己的角色有一定的把握，这至关重要。”或许你想成为一个可爱、低调、信任、敬畏、礼貌、助人或是善于交流的人。那就把这些感觉添上去。

最后，我希望你去思考一件事，那就是你自己想要的东西和你需要的东西有所不同。密歇根大学心理学教授考琳·赛福特博士说，遇见自己命中注定的男人后，她才懂得了她曾认为自己需要什么背后的真相。

“我曾以为，我想找一个比我更疯狂更神经的人。”赛福特说，“于是我就去追求那些近乎狂野、变化多端的男人。但事实证明我需要的恰好相反——一个面对紧急事件镇定自若、泰然处之的人。我才是那个发疯的人，而我需要他让我镇静下来！”她说，丈夫齐克使她冷静是“我们爱情的关键，而我以前从不知道要寻找这样的人”。

事实上，赛福特的经历充分解释了为何你对理想男人的要求清单会妨碍你前行。其原因就在于，我们自认为想要的东西和自己的真实需求毫不相干。相反，你要把注意力放在你想要找到的感觉上。如果你集中精力于喜得一位爱人，他能让你灵气活现，做到最好的自己，那么在你遇见他时就能迅速把他辨识出来——即便是没有遇见，也能胸有成竹。“我和我的妇科医生相处了一段时间，”赛福特说，面无表情地表达着自己的幽默，“当他告诉我，他从没有去过K市场[①]也从未听说过‘汉堡自助’[②]，我就意识到我们不会有什么结果。我简直无法忍受！这是阶级问题。终于，”她说，“他觉得我们无法长久下去，我终于松了口气，因为我也有同感。”

从以下三个角度，考虑一下你希望自己的橘子种子包含哪些方面：

1．你欣美的那些爱情里究竟是哪一点给了你温暖？

① 美国一家大众化廉价超市。（译者注）
② 一种包装好的汉堡食材，可以用来自己制作汉堡。（译者注）

2. 你想做一个怎样的爱人?

3. 你需要什么?注意不是你认为自己想要什么。

你可以吸引自己想要的任何一种爱情——只要本质是爱就可以。

娜丁是纽约一家杂志社的高级编辑，今年42岁。两年前，她告诉我，她认为自己的理想爱情中，有一样东西必不可少。“我曾写过一个关于一对很酷的权力夫妻的故事，我也渴望成为那样的人。”娜丁说，“他们两人都承担着有创造力的要职，他们在同一个圈子里交往，彼此征求意见。每当我遇到一个男人时，我都会想起这些——我是多么渴望成为权力夫妻中的一员啊。”

很好，这绝对可以说是向前迈了一步：娜丁确定了自己渴望拥有其他夫妻的某样东西。当她刚刚告诉我这些的时候，我对她表示了赞同。但她追求的，是我和其他单身女性愧于追求的——并不是她希望在爱情中拥有的感觉，而是其他人如何看待他们。例如，是什么造就了所谓的“权力夫妻”呢？是他们经常拥抱，给彼此发幽默诙谐的短信，清晨互相说着“我爱你”然后再挖去对方的眼屎吗？天啊，对此我闻所未闻。

相反，“权力夫妻”综合了以下几点：高收入工作或被人高度认可的工作；写满重要日程的社交日历；他们的名字会出现在《纽约邮报》(*New York Post*）的“第六页”八卦专栏；照片刊登在杂志上。当然了，这很让人羡慕。但如果你的注意力都放在成为一个努力工作、可以互相咨询意见、备受尊重的队友上，那么，你还有多少精力去成为一个充满爱意、鼓舞人心的爱人呢？或许你也渴望成为后者，但你很可能会在不经意间就把后者忽视了。你知道对爱情的渴望得不到重视会发生什么吗？你表达出来的意思就像是说，你更想和你的另一半成为事业成功、腰缠万贯、有影响力的权力夫妇，同时你也——呃，好吧——想要爱意满满。

我必须告诉你的是，你所追求的任何事情，如果不是基于彼此和睦美满的爱情，都应该只是装饰物，就像是为了点缀冰激凌的那颗樱桃。你希望通过爱情获得的金钱、权力或是成功都应该是赠品——就像是你在凌晨两点花 12 美分订购的魔术扫帚套装里免费的超级海绵一样……它只在当时显得很有价值。

你不需要让某人拜倒在你的石榴裙下来提升你的地位，你只需要把生活变得美好，自己做自己的赠品。在德鲁·巴里摩尔[①]主演的电影《情话童真》（*Ever After*）中，她饰演了一位不会去顺从他人的意志和期待的女性。在《洛杉矶周刊》（*L.A.Weekly*）的一次采访中，德鲁·巴里摩尔解释了为什么这类电影会如此吸引她。她的回答和我的观点很贴切。

① 美国电影明星。（译者注）

“这部电影最吸引我的是，它表达了我对生活真谛的理解，”巴里摩尔说，“不要等着被拯救。你应该主动拯救自己。”

不要渴望成为权力夫妻的一员，或是半遮半掩地希望自己能嫁给一位富翁，去思考你在远离众人目光与他独处时，你想从爱情中获得什么：是信任和亲密，还是充满爱意？关切的礼物？挑战智力的对话？支持和安全感？欢声笑语？或是去思考在与成功男士的恋爱中，你最迫切的爱情需求，把它变成你理想爱情中的需求。例如，“我想要一段爱情，我羡慕他的工作，还有他奉献终生的事业”。还是那句老话，然后只须等着世界把大大的惊喜带给你就好了。

“多年后，我意识到，”娜丁说，“我对爱人的需求，就是和他在一起时，我感觉很安全，而他也想和我在一起。我需要的是安全感，彼此的爱还有忠诚——这才是爱情应有的样子。”

给你的种子施施肥

孩子因素

娜丁给我讲述她的故事时，她还提到一件事。我想那些处在怀孩子或是养育孩子阶段的人，应该也需要考虑一下这件事。你想要孩子吗？诚实地回答我。假设一位神仙能够毫无条件地满足你的所有愿望，你想要孩子吗？

我这样问，是因为我遇到很多单身女性，她们刚刚告诉我："我喜欢单身！"转身就会说："我是说，我曾以为我想要孩子，但我不知道。我是说，我现在过得很好，所以，是啊……谁又知道呢？"好了，如果你不知道，那就想一下。现在就找到答案。

如果你的答案是不，那很好，你立场明确。并不是每个女性都要有孩子。事实上，那些选择不要孩子的女性经常会受到指责，花很多时间去维护自己的决定。但抚养孩子确实会改变人生轨迹，你有权利选择自己的人生道路。如果你不想过被孩子牵绊的生活，你可以告诉那些催促你要小孩的人，让他们放弃这个念头。

相反，如果你的确希望做母亲，也很好，那就去做！你思考、凝神、感觉的事，都会被你吸引过来。所以，如果你想要孩子的话，你今天就要开始大声说出来，否则上天不会知道要把孩子带到你身边来。下次有人问你是否想要孩子时，诚实地回答他们："是的，当然了！"

以前娜丁还未坦然面对自我，她一直告诉别人不想要孩子。"我想我之所以压抑自己的愿望，是因为我担心自己不会有孩子。"她说，"我就是觉得我不会有自己的孩子，所以为了不让自己失望，我就认定自己不想要。"最终，她承认自己内心是想做母亲的，如果你也有这样的愿望，你也要大声说出来。如果你渴望得到自己的另一半橘子，他让你舒心，想和你建立自己的家，那就去渴望。试想一下，你和爱人偷看一眼在婴儿床里熟睡的宝贝的情景，或是推着孩子荡秋千的情景。唤醒那些让你感觉你们是一家人的情景，并凝神于之。

3 种子归你所属，所以不要再想它“应该怎样”

当你思考自己理想爱情的细节时，要记住一件事：爱情是你的，不是别人的。假设你明天起床后，就要搬到南极洲的一个小木屋里去住——远离工作，远离他，远离家人，远离你的社交圈——届时你会希望从感情中得到什么？去思考一下，一旦抹去所有的“应该”后，你会需要什么。比如：你认为你应该需要什么，应该和谁恋爱，或是应该和谁结婚。

我永远也不会忘记那天在《魅力》杂志社，我的朋友金姆走进我的办公室，轻轻关上门，对我说：“如果你告诉我，我哪里做错了，我就告诉你，你哪里做错了。”我哈哈大笑，但我立刻明白她在说什么——我们糟糕透顶的感情生活。是的，我们都三十出头，过着凄惨的单身生活，上一次聊天时，我们还讨论过借精生子以及单亲妈妈的利弊。

呵呵，我同意了。我尽全力分析了她的“问题所在”（她太小瞧自己了，去和那些根本配不上她的人恋爱，随后又因此记恨他们），然后她也给出了她的意见。

“你，”金姆说，“应该多和‘塞卡其色长裤的人’恋爱。”

“和什么人恋爱？”

“塞卡其色长裤的人。你知道吗？就是那些穿着卡其色长裤，把衬衫塞在里面的人，最好扎腰带。可能那些男人更善良可靠。”她说，“他们都是在寻求爱情。”她的话有一定道理。

于是我听取了她的建议，和几个“塞卡其色长裤的人”约了几次会。

其中一个叫兰斯，长相颇似马修·摩迪恩[①]，在一家新闻杂志做政治作家。他礼貌睿智，还有一位单亲父亲住在布鲁克林。我们第一次约会时，他逗得我开怀大笑，给我讲了很多我尚未听闻的发生在巴尔干半岛的战争（还有，呃，巴尔干半岛的准确位置）。但是和他在一起，我体内没有太多荷尔蒙产生，我知道我要给它时间，因为他是那么优秀。约会结束，我们互相吻别，各自回家。后来我们又约了两三次，我试图让体内产生荷尔蒙，试着去期待和他见面，但其实，我当时并不为这种备胎类型的男子着迷。

“我应该去喜欢他，”我一直这样对自己说，“但我为什么偏偏不喜欢呢？”最后我们分了手。几个月后，他遇到一位瑞典的新闻记者，

① 美国男演员。（译者注）

疯狂地爱上了她，如今二人在布鲁克林幸福地生活着。我刚刚听闻这个消息时，我承认，自己后悔不已。哦不！为什么我当初放了手？究竟这个瑞典女孩爱上了他哪一点，却被我错过了？后来我意识到，什么都不是。我和兰斯只是并非命中注定。我们放开彼此的手后，又重新打开心扉，才让那个对的人走进我们的生命中来。

不要再去说那些“应该”。你要么喜欢他，要么不喜欢他。你要么有感觉，要么没感觉。你要么想和他继续约会下去，要么不想。即便是只有那么一秒钟，你试着告诉自己应该喜欢他，或是应该有感觉，又或是应该去想他，这样都是不对的！如果只是因为有其他女孩喜欢这个正和你共进晚餐的男孩，这并不意味着你也必须要去喜欢他。虽然我也曾认为自己应该和兰斯有一段美好的恋爱，但他就是不适合我。如果你听见自己内心在说“是啊，我就是应该喜欢他”，请赶紧把他放回到展架上，然后大步走开。

顺便说说，金姆和她家的那位睿智帅气、事业有成的“塞卡其色长裤”的男子坠入了爱河，他们结识很多年了，如今孩子已经3岁。她如愿以偿找到了自己的另一半橘子。所以，你应该向全世界宣布，不再为了约会而约会。因为违心约会，只能妨碍你们两人找到各自应有的归属。那个你认为自己应该继续约会下去的男人，他也会和别人过得更好。给你自己，也给他一个机会，去找到那个对的人。

4 你的目标——当下和将来都要幸福

身为僧人的作家托马斯·莫顿曾说过：“人类面临的最大诱惑就是安于现状。”我不会让你这样的，你值得拥有更多的爱。何况你未来的幸福就取决于此。心理学家、哈佛大学讲师塔尔·班-夏哈在著作《更幸福》（*Happier*）一书中解释道：“在生活中做抉择时，你一定要权衡当前和未来的体验。”他说，享乐主义者，会选择眼前的快乐而无视未来的苦痛（就爱情而言，就是被一时的兴奋冲昏了头脑，而选择了性感的坏男孩，后来才发现，他无法给予你需要的持久爱情）。被班-夏哈称为“竞争类型”的人，会选择目前苦楚，未来幸福（他们或许会选择家财万贯的呆瓜，希望将来这些钱和安全感能够保证自己的幸福，以此来证明当初的选择没错）。班-夏哈说，虚无主义者会选择当前苦楚未来也苦楚——没有生活欲望，这种人“认为幸福无望”。那些幸福的人儿呢？他们会选择当前快乐，将来也快乐。这就是在爱情上你应该抱有的态度。

如果你和不适合的人结婚安定下来，你会暂时感觉很不错，因为你不再单身。一旦你在婚礼后寄出赴宴感谢卡片，陷入平平淡淡的日常生活，你就会发现，没有真爱、尊重以及真挚的情感维系着你们的感情，似乎并不值得为此稳定下来。相反，我希望你去渴求爱情，它能让你当前幸福无比，将来也有很大的发展潜力——一种万年不变且在各个层面都超出你预期的感情！现在，我允许你对它充满期待。

渴望完满，对我来说有些困难。从小到大，我一直接受天主教教义，父母让我每天穿着海军制服和及膝长袜去上学，我学着去感恩我拥有的每一样东西——你懂的，对礼物不能吹毛求疵。（儿时我就十分确定自己将来要做修女，所以对索要很多诵经念珠和经文而言，我并不愧疚。）当然，这样的生活方式很美好，但当涉及爱情方面时，我错把感恩当作了稳定。毕竟，我沐浴在爱之中：来自家人和亲密朋友的爱。虽然我也想要爱情，但我不想因为渴望一段完满的爱情而显得对自己已经得到的爱和关心吹毛求疵和不知足。做人不能太贪心，对吗？于是，我感谢我的家人和朋友，感谢上帝，能让我遇到如此多的友善之人……然后，我一边看 You Tube 网站上的搞笑视频，一边喝下去整整一瓶酒。但当我开始运用约会乐观主义，我才意识到我欺骗了自己，用错了感恩。

玛丽今年 39 岁，是一家大型网络电视台的新闻编辑，我们在洛杉矶的一个夜晚结识。她活力四射，爱用“偏执狂”等生僻的字眼，身上散发着栀子花般淡淡的清香。她也是单身。她说她热爱自己的生活，努力地去感恩这一切——但她就是这样被困住了。

“我感觉自己能拥有这一切十分幸运，我不应该索要更多，”玛丽对我说，“所有的宝贵事物我都拥有。父母健在，我身体健康，上司表扬我工作表现优异，好点子不断，我知道自己风趣幽默，大家都喜欢我。生活对我十分友善，所以我觉得自己不能再有更多奢求。拥有这么多，还有额外要求，会让我感觉自己很自私。”

事情是这样的：是的，你理应对自己拥有的一切感恩戴德。但你不能让感恩阻止自己有更多渴求——尤其是爱情。渴望拥有世界上最美好的爱情丝毫不自私，因为你理由充分。每个人都应该诚挚地去爱，以及诚挚地被爱，这是最最健全、最最美好的要求！

当你和那个对的人在一起，你有很多感情要去给予。所以，如果你随便和某个人安定下来，你们的大爱就要被浪费了。索要更多的爱其实是一种承诺，表明你会充分利用它。你送给某人一个礼物，你知道他们会每时每刻都心存感激，你知道这时你自己会有多开心吗？比如说，你请筋疲力尽的好朋友去按摩，送不禁寒风的外婆一条羊毛围巾，送一辆婴儿车给某位经济不宽裕的新生儿妈妈——没有比这样给需要的人送礼物更美好的事了。

好了，上天把爱送给需要的人们就是这样的感觉。如果你索要某种基于爱的东西，你本身就是在把世界变得美好。思考一下：如果你感觉自己每天都沉浸在满满的爱意里，那么你每天也会变得更幸福更优秀，善待他人，并更能传播世界上的美好。所以，如果你索要的东西源自爱，那就去索要。

事实上，当论及索要爱情时，最好是索要超大号的爱情。大胆索要一次吧！渴望超大号的爱是健康的！为什么？因为当你渴望更多时，你会感觉更有激情，是吧？如果你只想喝一口微温的、淡而无味的苏打水，你就不会感觉十分享受，但如果你去设想一大杯冰镇冒泡的美味可乐摆在你面前，你一定会兴奋不已。

记住，你对自己的梦想越有激情，你渴望实现梦想的感觉就越强烈，它就能越快越容易地来到你面前。

索要一份活力四射的大号爱情并不自私，而是慷慨！遇见自己的毕生真爱，会带来最好的自己。它将使你变得更坚强，更优秀，更可爱，它会让你希望利用自己收到的礼物，完成更伟大的事业。你理应获得大大的爱情，世界也理应让你得到它。无论你意识到与否，这个世界，以及你认识的许多人，都在竭力为你争取，那是专门为你而存在的爱的力量！让它来支持你的使命，找到属于你的另一半橘子，他应该来到你身边。

5 把“只是”一词从你的橘子字典中删去

在你挑选橘子种子的过程中，我不允许你把自己的标准降到常人的最低标准。你应该知道我在说什么。

我单身时经常会非常沮丧，于是便会对自己说“我只是想找一个有正经工作的人”，或是“我只是想找一个我喜欢他，他也喜欢我的人”。甚至，你可能会想我只是想找一个正常人！

嗯，你猜怎样？一路走来，我实现了这些目标。但至于我想找的那个“有正经工作的人”？他是个十足的花花公子。“我喜欢他，他也喜欢我的人”？他喜欢我的样子就像鸭宝宝跟着妈妈似的。而那个“正常人”？他沉迷于各种派对，不知停歇。你明白我想说的意思了吧？

使用“只是”这个词，就意味着向世界宣告，你要达成最终妥协。你认为自己无法实现全部你的要求，或不值得拥有，所以你就只要求几项。如果你索要的比内心真实渴望的少，你就无法创造出实现全部愿望所需要的兴奋感和注意力。如果你希望梦想全部实现，那就说出来——你希望梦想全部都实现，这样你才会实现所有愿望。

我的约会乐观主义实验刚刚开始时，我痴迷于一位通过朋友认识的饭店老板。虽然我在生理上并不为之所吸引，但我喜欢他的陪伴。他聪明睿智，和蔼可亲，随和友善，加上他经常接触一些杰出人士，我在他身边时，心情不知不觉就变得妙不可言。

我第一次走进他开的饭店时，他穿了一件非常特别的短袖衬衫，我不禁被衬衫上 80 年代的涂鸦图案吓到了，但他的热情将我的惊吓一扫而光。后来，见过几次面后，我就喜欢上了他——真的很喜欢。每次见面他都愈发惹人喜爱，我开始觉得或许我们能继续发展下去。他也明确地说他喜欢我，于是我想：如果我也能从心底喜欢他，我们就会是天造地设的一对。我就这样开始了一段冒险旅程，一段充满了各种复杂信号的旅程。

饭店老板会邀请我周二晚上过去，然后我们会一起出去逛逛。我到店里后，我们会相拥在一起，打情骂俏，谈论一番饭店之外的生活。他会说“我们应该去那家饭店尝尝”或是“去听这场音乐会肯定很有趣”。我叫他给我打电话，他说他会的，然后……就没有然后了。没有电话，没有邮件，没有短信。无线电中断。

一周后，我会和朋友“恰巧”走进他的店里。“你去哪儿了？”他会一边吻着我的面颊，一边说。“我以为我们能一起出去玩呢！你说你会给我打电话的！”我突然觉得有点尴尬，然后话锋一转，“等等，”我放轻松地说，“我以为你会打给我的。”然后我们又消除误解，喝上几杯，但他从未邀请我出去过。

我随时随地都会因一点点希望而情绪高涨。又一次周末，饭店老板来我在海滩附近的家看我，我们在一起待了一天，共进午餐，去城里逛街，一起看电视。但我们连手都没牵过。回到市里，他最要好的朋友把我拉到一边，诚心诚意地对我说，饭店老板非常喜欢我。“他总是提起你，”他们会说，“他需要一个你这样的女朋友——你最适合他了。”

但他本人似乎并不这么认为。真是让人羞愧，因为我又开始循环问自己：“他是喜欢我，还是不喜欢我？我是否应该继续坚持下去？这样会有什么结果吗？”

我并没有意识到自己无法实现愿望，相反，我去重新审视我的愿望。例如，就他的工作本质而言，他每晚要工作到将近凌晨四点，即便是他没在饭店里，整天谈论的也是饭店里的事。好吧，我会想：或许我并不是大部分时间都需要爱人陪伴，只要白天他能陪我就够了。毕竟，我喜欢独立，喜欢享受一个人的时光。当饭店老板说他永远不想结婚，我说：“我也不需要结婚。我们依然可以有自己的孩子。”我们击掌赞同。我以为我们会有机会。

最终（也很尴尬），我们暧昧了几个月后，我听说他开始和一位录音师进行真正的约会了。我很失望，但某件事情更令我抓狂。“等一下，这不公平，”我对朋友说，“我一开始甚至不喜欢他，记得吗？”啊，再也没有比这个男人“逼”你喜欢上他后，又把你打发走更让人不悦的事了。

但他的打发其实是一种赠予。它迫使我停下脚步反思自己，当前在做些什么，说些什么，考虑要为什么样的人而安定下来：只是偶尔一个电话，只是和他在一起待几天，只要孩子没有婚姻。从根本上来说，我以为我有了这些“只是”，我就会开心了。但一天下午，我突然想到：

不会的！我要找到自己真正的另一半，我不只想要那些“只是”，我想要的很多很多，我要他符合我的全部要求。

6 制订属于你的大爱清单

既然你已经知道了，自己渴望的橘子种子的特定元素，那就把它们写下来，因为当你集中精力于自己的愿望时，你使用的感官越多，你就越能够记得自己的愿望。清单顶部写上“在我的理想爱情中，我希望感觉到”，然后根据自己的意志填下去。不管用什么方式制订出你的大爱清单都可以，只要你自己感觉舒服就好：在电脑上打出来，写在日记里，或是潦草地写在便笺纸上。无论你采取何种方式，你都会发现，当你的笔尖触碰到本子，或是指尖触碰键盘的那一刻，你看到你渴望的橘子种子写在大爱清单上时，它就会变得更加清晰可行。当你去读它，去凝神于它的次数越多，你就会制造出更多能让你实现这些愿望的能量。这一点我们会在后面谈到。

你的大爱清单就好比你交给房地产经纪人的清单。你是否感觉到，当你寻找一所倾心的房子时，就像现在寻找爱情一样徒劳？毕竟，如果真能找到一个采光好、铺有硬木地板、配两个停车位、古老典雅，而且距离单位只有十分钟车程的房子，这简直像中了彩票！通常情况下，当你把列出的要求清单交给经纪人后，你都能找到一个满意的住处！因为事实证明许多人只需要一个车位，有些人喜欢新式建筑胜过古老典雅，而且我们每个人都有自己中意的地点。

看见自己写下的清单，就能清楚地表明你梦想中的房子是可以找到的。当你在大爱清单上写下自己的橘子种子类型，并把它交给爱心保育员时，你也会有同样的发现——专属于你的种子也是存在的。你的梦想绝对不仅仅是一个梦想，它是你完美爱情的蓝图，你可以借此构建美好未来。你的理想爱情——你的理想橘子——就在你的掌控之中。你只需要种下种子，赋予它生命。

第四步 PHASE FOUR

如何种下种子：凝神，通过想象去感受它

HOW TO PLANT THE SEED: FOCUS AND IMAGINE FEELING IT

1 制造橘子式兴奋

我们都有过减肥冲动。我假定你和我一样，已经懂得这样的道理：如果你想减肥，你可以通过克制欲望，选择有助减肥的蔬菜汤和小扁豆，放弃炸鸡，把自己“想”瘦。但在有些时候，如果你真的想让减肥见效，你就要进一步采取行动：你就要踏上跑步机，抓住把手，不停地向前踏步。因为，你越是全身投入，减肥就越有成效。道理很简单，把注意力放在爱情方面也是同理。如果你只去思考自己的另一半橘子，你也一定会实现愿望，但如果你全身心投入，你就能早一些遇到他。

当我在思考自己渴望的橘子时，真正做到了改变自己的身体，这个过程主要有两个步骤：你的微笑方式和呼吸方式。我来告诉你如何做到这两点，在体内产生橘子式兴奋，这种感觉和你恋爱时一样美妙。

2 橘子式微笑

我要教你的微笑方法，叫作“杜兴式微笑”。它以 19 世纪法国神经学家纪尧姆 · 杜兴的名字命名，被认为是人类最“真实”的微笑。杜兴式微笑通过 FACS（面部表情编码系统）检测得出结论，“真实”微笑和“虚假”微笑有一个最大的区别：虽然这两种微笑都是拉伸嘴边两侧的颧大肌，从而向上拉起面颊，但“真实”的微笑同时还会收缩起另一块肌肉，即眼睛两侧，太阳穴上方的下眼轮匝肌。它在凸出双颊的同时，还会让你眯上眼睛。

试想一下：如果别人要你说声“茄子”，尽量大笑，你很可能会收缩嘴巴周围的第一组肌肉，像卡通人物一样笑起来。但你心里没有笑。好了，这样试一下：你一边很用力地大笑一边呼气，你看一下，是否能激活那块能拉起鱼尾纹的肌肉。它应该能让你的耳朵动起来。这种能够激活这两块肌肉的微笑，对你大脑来说就是“真实”的，也是唯一能让你产生橘子式兴奋的微笑。

如果你想大声笑，就尽管笑出来好了，让你的笑容继续下去。这就是微笑俱乐部的本质。这家俱乐部在 20 世纪 90 年代中期，在印度孟买首次成立，如今已经发展到世界各个角落。如果你第一次这样做时，是挤出来的笑容，那也没关系，至少它启动了你的情绪。因为快乐和微笑的联系是双向的。研究表明，不仅快乐会让你微笑，反过来，微笑这一行为也会触发微笑肌，它会向人的大脑发送信号，于是可以产生快乐的感觉。

德国科学家（F. 斯特拉克，L. 马丁，S. 司迪普）曾做过研究，要求试验参与者一边看卡通片，一边用三种方式拿着笔。第一组用牙齿咬着笔——不经意间使得他们面部肌肉动作和微笑相似。另一组撅起嘴唇叼着笔，因此面部肌肉很像是生气。第三组用手拿着笔。那些用牙齿咬着笔的“微笑”参与者，比另外两组的人更觉得动画片有趣。他们的面部表情在向大脑传递信息，表明他们在微笑，因此他们也就更快乐，这就使得他们感觉卡通片更有趣。但参与者并未意识到这些。知名心理学家、研究员、前斯坦福大学心理学教授罗伯特 · 扎乔克博士发现，人在微笑时面部肌肉会收缩，改变大脑血液流速，因而改变情绪。（他让志愿者通过重复长元音“i:”来“微笑”。）有趣的是，扎乔克发现，强迫面部表情微笑，会减缓附近血管中的血液流速，降低血液温度，因而降低脑部中管控情绪的区域的温度。

我知道这有些危言耸听，但我希望你能明白，微笑绝不是一个不起眼的动作。你自然微笑也好，强迫自己去笑也好，都在改变你的大脑状态，并在你需要之时，引发一种积极的情绪状态。所以，请你假戏真做。

它会改变你的人生。

丽贝卡·麦考密克是阿肯色州温泉市的一位旅行作家，大提琴手，被任命为牧师。在她决定迎接自己的终生爱情时，她已经有六年时间未谈过恋爱了。于是，她在一个破旧的螺旋笔记本上，写下了自己的大爱清单。她想要真诚、富有爱心的感情；他要尊重他人，包括孩子、服务员、出租车司机等；他要有作词家或是诗人的深度。每天早上，丽贝卡都会重复同样的事情。“我会走进卫生间，化好妆，对着镜子，大声朗读我写的清单，然后，仍然看着镜子中的自己。我会微笑着说：‘我想知道他今天是否会出现！’”她用热情的阿肯色口音解释着。丽贝卡说，她会很自然地浮现出笑容，因为一想到可能会遇到自己的另一半，就激动难耐。“这和其他事一样，比如去旅行——如果你很期盼，这种期盼就会让你精力充沛！”然后她会把清单收好，开始一天的工作。“我并没有十分正式地去找。”丽贝卡说。她的计划和我一样，就是让爱情奔向她的胸怀。

六个月后，在去参加一次商业会议的路上，丽贝卡遭遇了一场瓢泼大雨，且身上没有带伞。当她在办公楼大厅里，一边走一边拍落身上的水滴时，她迎面撞上了一位头戴安全帽、身穿牛仔裤的男人，他叫迈伦。他问了她的电话号码，两周后给她打了电话，那时她正在客厅地板上气喘吁吁地做俯卧撑。迈伦说：“我不知道你是否在和别人交往，但……”

“你在开玩笑吗？”丽贝卡直言不讳地说，“我已经有六年没有谈过恋爱了！”

迈伦和她一起大笑起来，然后又讲了几个关于自己的笑话，这让丽贝卡感觉非常舒适自在。“我妈妈会很喜欢你的。”她这样告诉他，并故意把“喜欢”这个词拖得很长。

他们的第一次约会，是在一个温暖的六月的傍晚，约会很是顺利。迈伦和丽贝卡两人都承认“感觉自己又回到了年轻时代”，于是这次约会比预期长了六个小时。四个月后，他向她求了婚。第二年三月，两人结婚。那已经是八年前的事了，但她说：“我们感觉现在仍像是在度蜜月！”是的，她清单上列出的要求全部实现了。他热情，有爱心，对每个人都十分敬重。但据丽贝卡说，最有趣的一点是“他是个疯癫般的诗人，经常会在浴室的镜子上用牙膏给我写情诗”——就是她曾经独自对之微笑的那面镜子。

3 橘子式呼吸

我不知道你是怎样，但就我个人而言，在我处理邮件的过程中——我会先挑出比较紧急的邮件迅速回复，然后再读有趣的——然后我经常发现自己已经一口气连着读了四封信。当然了，我还是吸入了一定空气的，但就好像是用鸡尾酒吸管呼吸，而不是用肺部吸入满满的新鲜空气。是的，有时生活压力也会让你窒息。下一次，当你匆匆忙忙赶去工作，或是在商场里大扫荡时，停下一秒钟，检查一下自己是否在呼吸。事实上，现在就来检查一下呼吸：你刚刚在喘气吗？如果是的，呼吸有多深？有时，你也许会发现自己已经有数小时没有深呼吸了。好了，此时你就需要进行橘子式呼吸了。

橘子式呼吸，就是健康的深呼吸，要花上几秒钟时间，将空气吸入整个肺部，并扩充你的整个身体。特别是，它有点像逆式呼吸。这不是身体自然的微小浅式呼吸，它的吸气过程分为两部分：首先，要肺部吸满空气直至肋骨下方的腹腔鼓起；然后，继续吸入空气，直至胸口起伏。当我做橘子式呼吸时，我的腹部和胸膛会膨胀起来，这会使我的双肩向后拉，下巴抬起，让我感觉整个人都打得更开。这就像是在做瑜伽山式姿势抬起双臂时，故意深呼吸一样。如果你深呼吸困难，心理学家里克·汉森博士这样建议："把肺部空气全部呼出，迫使自己深吸气。"一旦你学会了完全橘子式呼吸，你走路时可以做，开车时可以做，坐在牙医诊所的候诊室里也可以做。

橘子式呼吸，这并不是传统的呼吸方式，会使你的身体吸入更多氧气，凝神于之会让你镇静下来，感觉到身心放松。满满地吸一口气，有如那是一个大个儿橘子，满怀希望，积极向上；然后慢慢吐出一切压力，消除一切恋爱疑虑。满满地吸一口气，感觉自己活力四射，即将拥有一份大大的美好爱情，然后慢慢吐气，想着即将实现愿望而心满意足，轻松自如。于我而言，这样连续呼吸两三次，就能让我在 15 秒内改变心理状态。

微笑与快乐是双向的，逆式呼吸与镇静亦如此。如果你压力颇大（比如说，一只老虎在追赶你，而你必须向前跑才能逃生），你就会呼吸紧促，或是慌慌张张地屏住呼吸；相反，如果你缓慢地深呼吸，就会给大脑发送信号，表明你不是在被老虎追赶，这就会使你全身放松，镇定下来。这就是你在凝神于橘子种子时应有的精神状态：镇定，放松，快乐。

4 将两者结合，制造橘子式兴奋

当你思考遇到自己的另一半橘子时，你可以同时进行橘子式微笑和橘子式呼吸，进而在体内产生一种兴奋感。我将这种正能量的活跃，称为橘子式兴奋。

关于这种兴奋，我听说过许多不同解释，我非常喜欢的一种解释是伊丽莎白·吉尔伯特在《一辈子做女孩》（*Eat, Pray, Love*）一书中提到的，那是她在一位巴厘岛药师身上学到的一句话："让你的五脏六腑笑起来。"

请你试着感受一下，想象你的身体在微笑，发自内心最深处的微笑。

我发现，如果我真的试着让自己的五脏六腑笑起来，我会感觉更加轻松快乐。与此同时，我脸上还会浮现出一丝微笑。如果你能让你的身体从内而外地微笑，你就成功了。如果你产生了一种貌似体内血清素正在猛增的感觉，那你就达到目的了：这些血清素的猛增会向大脑传递信息，激起乐观思维，这样，便会将你渴望的东西吸引过来。如果你能启动橘子式兴奋，你就能有效地改变大脑活动、身体反应，以及你身体内外的能量。

来自威斯康星大学麦迪逊分校的心理学、精神医学教授，同时也是神经学家的理查德·戴维森博士有一项重要发现。他提出，大脑的一个区域——左前额皮层——在冥想过程中，尤其是藏族僧人，进行冥想时会显得非常活跃，而这样的大脑活动，会提高人们的乐观性和幸福感。在一定意义上，你的目标就是要实现这种神奇的力量，达到内心彻底平静，思绪凝聚，拥有满足感。

对于丽贝卡来说，她在镜子中的微笑和诵读大爱清单的声音结合在一起，就在她体内产生了一种兴奋感。“当我听见自己说话时，”她说，“感觉就像是在对我大脑进行编程。”她说得对。就是这样。如今我们了解了情感大脑的工作原理，这就像是对大脑进行编程。“一旦你将情感和心联结起来，那种感觉就会油然而生！”丽贝卡说，“就像是一个程序。就像是一颗种子——你将它种下，但你不要期待它明天就能发芽。

要有一个等待过程。但我没有消极等待，而是大声说出来，并因此而兴奋起来！”

这种兴奋和期待就是橘子式兴奋。

你的目标就是寻找到自己去唤醒它的独特方式。微笑，呼吸。呼吸，微笑。站在镜子前，或是闭上双眼。找到你特有的橘子式兴奋启动方式并持续 15 秒钟，给你的橘子种子好好浇浇水。“不要走神去想其他事，”心理学家里克·汉森博士在《佛之大脑》中，讲到乐观思维时写道，“凝神于你的情感和身体感觉……它会帮助你释放大量多巴胺，进而让你更容易注意力集中，增强与内隐记忆的神经联系。”

纽约的那位编辑娜丁，通过利用“床头柜上的水”找到了自己的兴奋感。我们来看一下她是怎么做的。

“每天晚上睡觉前，倒满一杯水。”娜丁解释道，“就在你临睡前，喝半杯水，再想一下，如果你拥有了自己的理想爱情会是什么样的感觉。喝水时，你好像已经恋爱了一样。”娜丁建议：“不要给你渴望的爱情定下条条框框：比如他不能是白人，印第安人，或者不能是黑人，甚至不能是男性或是女性。用心去感受你在爱情中的感觉，最后把它喝下去。”早上起来，再取来床头柜上的水，将剩下的半杯喝掉，同时再重复之前的步骤。对于娜丁来说，每天早晚强迫自己去想象理想爱情，对她产生了深远影响。她产生了橘子式兴奋感。

“在进行喝水方法之前，”娜丁说，“我总是想，我已经40岁了，我永远也不会结婚了。但当我早上去上班的时候，突然之间，情绪就变得高涨起来。早上就像恋爱了一样。于是我每天都诚心诚意地这样做。我状态好极了，开始在街上被经常搭讪！有一次还在出租车上被搭讪。还有一次，我在水磨村度周末，一个家伙在沙滩上和我搭讪。虽然我年过40，披着浴巾，但我表现得很友善，所以，他迷上了我。”当然，这和她最美的相遇依然无从比较：六个月后娜丁遇到了她的另一半橘子。

喝水方法之所以能成功，其原因有两方面。首先，这是事先预定好的凝神时间，给你的橘子种子15秒时间。其次，晚上进行此事时，因为你将要入睡，睡眠的催眠效果能让你更好地吸取积极建议，你会充分利用到这一点。“在某件事上集中注意力15至30秒钟，能够让你在睡眠时，将大脑神经元彼此连接，并让大脑去复习这些事物。”汉森说，“睡眠过程中，大脑会对习得的事物进行加强巩固，对信息进行深层记忆。”于是你就能推出它的工作原理了：积极神经元连接越紧密，就越容易产生橘子式兴奋，你就会感觉更积极，你发出的积极能量便越多。

有些女性利用能放在床头柜上的其他东西将这种“兴奋”提升到了——嗯哼——一个全新的高度。我要提醒大家：纯真少女可能想要略过这一部分，但勇敢之人应该继续读下去，因为它能提升你整个人的状态。有一位女子，姑且叫她格温好了，她一直单身。很长一段时间里，她一直沮丧不已，因为她真的非常渴望有一个男子能够“得到”她。她承认，有一天晚上，她情欲高涨，又没有对象，于是她一边自慰，一边想象着自己正被一个性感迷人的男人所占有（是的，她是说真的自慰，直到高潮）。她推荐大家尝试一下。

全身心放松，平躺，像格温一样做：把注意力放在传遍你全身的高潮和暖意上，想象和你的如意郎君在一起，你会感到非常美妙。虽然她还没有找到自己的理想爱人，但她的这个习惯，让她的生活比找到爱情还要满意。这种满足欲望式的方法真的会起作用。我还认识一位女性（她也希望能够匿名……我想我知道原因），她采取一种类似的方式，两周后遇到了自己的丈夫。

虽然这个方法对于有些女性来说可能有些过头，但对于我而言，却完全可以理解。这些女性将幸福带到自己的，嗯，手中。当她们凝神于自己的理想爱情时，体内产生了一种纯粹快乐的橘子式兴奋。这就像是巴甫洛夫理论：你的思想和身体学会了将理想爱情的意识与体内的快感建立联系。从心理学角度，这一方法能起作用还有另外一个原因：丹尼尔·阿门博士通过 SPECT 大脑扫描发现，性高潮能够极度降低大脑深层边缘系统活动——从根本上降低大脑的情感温度，使你平静下来。

阿门博士发现，与爱人发生性爱关系，也能对女性产生一种情感纽带效应，原因就是情感大脑中会产生神经化学变化（这证明了“滥交”

并不会产生这样的效果）。所以，依我看来，自慰就是和自己最爱的人做爱，它能够与你的理想爱情产生一种情感上的纽带效应。一旦你们两人的命运交织在一起，你就很难退而求其次了。

5 想象爱情

你一定听说过积极想象：在你的头脑中，产生一种渴望看见的积极结果的景象，然后让自己朝它走去。这是很多高管、运动员、演员以及许许多多的其他人，为了实现梦想而采取的一种治疗方法——想象的确会起作用。

人们怎么称呼比尔·盖茨和史蒂夫·乔布斯的？说他们是预见家，他们预见了未来人手一台电脑的情景，虽然在当时，那个世界并未存在。阿尔伯特·爱因斯坦、克里斯托弗·哥伦布以及马丁·路德·金都预见了尚不存在的未来。他们尽一切努力，让自己的愿景变成现实，而且，他们都如愿以偿。是他们的想象改变了一切，所以我们要效仿一下成功人士的秘诀。

劳拉·威尔金森是奥运会十米跳台金牌得主，她将自己的成功归功于自己的内心想象（在她并没有进行实际训练时）。“我的想象体验很棒。”劳拉于2008年对《健康女性》（*Women's Health*）杂志记者说道，

“它有助我更好地掌握跳水动作，所以当我去跳水时，我会感觉已经练习过很多次了。奥运会水平的运动员，个个身体健硕，跳水技艺高超。但只有在关键时刻发挥出来了才算数。至少对于我而言，想象让我达到了那个境界。但我第一次尝试想象跳水时，我无法直立入水。我做不到。它需要练习，和跳水一样。我不得不要有十足的耐心去进行练习。”

难道你不希望爱情亦如此吗？你也可以做到。它的工作原理如下：大脑和神经系统无法区分对某一行为的思考与实施。但你的运动技能能在大脑中产生新的神经回路，让你变得愈加优秀（比如说，挥动网球拍），仅仅通过想象自己做同样的动作，也能产生类似的效果。

哈佛大学医学院神经学教授阿尔瓦罗·帕斯库尔-勒奥纳于20世纪90年代初期进行了大量实验，以确定大脑学习到新技能的过程。其中一项实验，有两组被试人员，他们从未学过钢琴。他教他们如何演奏一串音符，向他们展示如何移动手指，并让他们仔细听发出的是哪些音符。然后，让他们每天练习两小时，共练习五天。其中一组切身实际地用手指去练习演奏。第二组人员在“心里”想象自己演奏这一串音符，并想象它们发出的音调。结果呢？五天结束，那些通过心理练习的学生和那些用手指练习的学生演奏得同样准确。大脑扫描表明，两组人员的大脑发生了相似变化。

2007年，德克萨斯农业机械大学医学研究院做了一个实验，研究医学专业的学生在学习静脉穿刺（从静脉中抽血）时，内心进行演练的益处。在进行演示以及三十分钟的实际练习过后，一组学生再进行三十分钟的实际练习，另一组学生再接受三十分钟的引导想象，第三组学生不进行任何练习。该研究结果与帕斯库尔-勒奥纳得出的结论相类似：进行心理练习的人和进行实际训练的人训练效果一致——且两组人员都要优于那些不加练习的人。

还是那句话，当你经常进行心理想象时，神经元可塑性就会发挥作用，通过意识的力量来改变你的大脑。“实际学习会改变大脑。”杰弗里·施瓦兹硕士在《心灵与大脑》（*The Mind and the Brain*）一书中写道。他引用了心理学家威廉·詹姆斯的一句话：“神经回路重复使用……这些回路就会加深、扩展、变强，就像是车水马龙的乡村小路上的车辙一样。”

当你思考自己的理想爱情时，利用约会乐观主义就可以改变你的大脑。你渴望拥有一段充满乐观情绪的理想爱情，通过对这些情绪的想象、感受，你就会加强已经产生的积极神经元连接，产生新的连接。甚至会让那些你曾经思考爱情时，已经产生过的、被埋没许久的积极连接回路重新复活。

比如，你在通过墨西哥海关的那一刻，回想起高中时学过的一些西班牙语，这就是让埋没许久的回路重新复活的例证——你利用约会乐观主义也能做到这样。因为你曾经对爱情满怀希望，以前的神经回路可以得以再次连接，于是那些温暖幸福、爱意融融的感觉便从你的体内复活了。

记住，你也可以让那些陈旧的爱情观念，像磨损的细线一样彻底断掉、消失——比如，你永远得不到爱情，爱情会与你擦肩而过，你将孤老终身等。于是每当你想起爱情，就能带来一些积极情绪，你对未来的新感觉和新愿景，永远地改变着你的思想和大脑。

正如劳拉·威尔金森所说，要想擅长想象，这需要练习。当你使用爱情想象的次数越多，你就越能将自己想象为一位可亲可爱的女性。这种被爱的感觉会成为你的第二属性，你与另一半橘子的爱情也会顺其自然地来临，因为你一直在为你的爱情做练习！

就像劳拉·威尔金森想象自己以完美角度跳入水中一样，你也曾目睹过其他人在奥运会上做过同样的动作。但找到自己的另一半橘子是你从未经历过的，所以，你要问："究竟要怎样去想象它呢，对吧？"

笨蛋，你在地铁站台见过抓紧彼此的年轻夫妻吗？在公园里见过牵着手的年迈夫妇吗？或是见过你的闺蜜凝视男朋友的眼神，那眼神让你想缩成一团，嫉妒地哭泣吗？好吧，我见过，你也见过。那也就是说，你能够想象。你需要做的，就是把那些恋爱中的女人形象换成你自己的形象，想象爱情丰收的样子：想象你和爱人一起坐在公园长椅上笑着，或是一起在厨房里一边喝上好的红酒，一边烘焙鲜美多汁的甜点。

你也可以用爱情想象，弥补约会时可能会犯的错。如果你见到优秀的男子，就会变得焦虑不安，或是目瞪口呆，下一次就通过想象做好准备。想象你经常会在哪些方面出错。比如当一位男士问你的身份时，你会说些自我贬低的话："哦，我不是什么重要人物，茱莉亚的朋友而已。"然后，让这个虚构的男士再问你一次。这一次，你要试想自己放轻松，微笑着，等上一秒钟，然后看着这位优秀男士的眼睛，发自内心自信地对他讲话："我是茱莉亚的朋友，很高兴认识你。你和她熟吗？"

你越是对爱情想象多加练习，那些神经回路就会变得越有力量，然后将你的爱情想象变成你的大脑、身体以及内心的第二属性。毫无疑问，下一次，你会自信地和帅哥对话。毫无疑问，你终将会坐在公园长椅上，与你的另一半橘子温柔对视。因为此时，你正在心理上将自己训练成今后在美好爱情中的那个角色。还是那句话，你的思维在改变你的大脑，大脑改变你的身体，于是改变你的世界观以及你吸引来的事物。毫无疑问，它是行之有效的。

不计其数的医生、心理学家、神经系统科学家都在利用思维的强大作用治愈疾病。早在20世纪90年代，新闻工作者比尔·莫耶斯就在公共广播公司系列节目以及他的《治愈与心智》（*Healing and the Mind*）一书中，对心理神经免疫学进行过深度探讨。在此期间，他先后走访了多位医生、科学家以及神经生物学家，他们都曾帮助病人利用意志去控制生命能量，以此达到改善，甚至是治愈慢性神经疾病以及肌肉疾病的目的。通过想象自己具有健康的体魄能够改善身体状况。而且，通过想象自己是一位幸福自信、优雅可爱的女性，即刻就能把你变成这样的女性。还是那句话，只要从内而外地打扮，你就会成为自己渴望找到的那一半橘子。

既然清楚了它的工作原理，我们就来想象一下自己的理想爱情吧。看一下你写下的理想爱情清单，弄清希望自己在理想爱情中想要有怎样的感受。然后，下次在商店排队时，设想一个形象，凝神15秒或更长时间，那么这一天你都会感觉内心更加坚强，未来更加明亮。你的想象越生动形象，越细致详尽越好，因为你“看到”的越多，你就会感觉更加强大。

我们先来想象一下，十年后的一个周六。依据我给你提供的选择，跟我一起补充你自己的理想细节，想象出某一个特定场景下鲜活的爱情。

这是十年后随便一个周末，你已经遇见你的另一半橘子。此时此刻，他在你的生命中，陪伴在你的左右，宠爱着你，就好像你从未被宠爱过一样。

你身处何处？用一分钟设想自己周围的环境。你是住在后院带绿色草坪的小房子里吗？还是一处现代公寓？还是你梦想中的其他类型的住所？此刻你的另一半橘子在哪儿？他带着外卖在回家的路上，还是在修理房屋一侧的排水沟？或者是他在室外陪着你们的两个孩子玩耍？

你们今晚要进行什么娱乐活动？待在家里依偎在一起看电影，玩纸牌，还是和另一对夫妻出去吃汉堡？

你们明天起床后做什么？一起去跑步，还是睡个懒觉，做一天的爱？因为即便是十年后，你们依然彼此要不够。

在这个场景里停留片刻，每次这样做时，都加进去新的细节。如此想象就好比给你的理想爱情施肥，这就是为什么我称之为“给你的橘子种子施施肥”。当你真正用心去感受你对另一半的温暖幸福、积极乐观的感觉时，你就给了你的种子一个更好的成长机会。

从现在起，我要给你一些提醒，让你凝神于你的理想橘子。你可以在等红灯时，或是乘电梯去办公室时凝神 15 秒钟，关键是你一定要确确实实地去做。因为约会乐观主义发挥作用的关键在于，你的愿望必须是你日常凝神的那样东西：每一天甚至是每隔几个小时都在为其做准备的那样东西。

这样，经过一段时间，你就会改变你大脑中关于寻求真爱的神经回路。如此下来，你不会再想象拥有婚姻和孩子这种只会让你情绪愈加低沉的徒劳目标，相反，你会将爱情等同于你将要找到的那个人，他可以带给你积极幸福的感觉。这种积极幸福的感觉会从你的内心流露出来。你的约会乐观主义会变得像动画片里刚刚烹饪好的馅饼一样。它们散发着诱人的气味，飘出窗子，钻进路人的鼻子。气味越浓，你的另一半橘子就越容易循味找到你。

我知道，使之成为你日常生活的一部分或许很难。但这些关于“给种子施肥”的提醒，会帮助你更好地凝神于你的橘子。在读完此书之前，它就会成为你的第二属性。这就是让它发挥作用的关键力量。

6 制作一个理想橘子画板

我们接下来要进行想象的下一个阶段，向你展示一幅每天都能欣赏到的真实图画，这幅画代表了你对理想爱情的种种要求。

于我而言，这就是制作一幅关于爱情的“梦想画板”——一幅贴满我从杂志上剪下来的图片的海报，这些图片表明了我对理想橘子的种种要求。

它的原理是这样的：事实表明，我们的潜意识会对视觉刺激产生更多回应。比如广告商和营销商通过打出广告牌，利用潜意识情绪来刺激和影响我们的选择，这就是他们做“潜意识”感官调研背后的真相。(“哈，当然了，我很勇敢，一定会珍惜这个‘喝水不碰瓶嘴’的机会。”[①])

---

① 美国一家厂商做的饮料广告，广告中人们举起瓶子喝饮料时瓶口不碰嘴。（译者注）

你也可以做一个专属于你自己的视觉刺激，提醒你自己的梦想。

我承认，一开始我对制作梦想画板很防备。我的朋友陶德告诉我，他的一位朋友多年前做了这么一个画板，后来取得了巨大成功。我当时说我可以接受，但我没有真的制作的打算。后来，一个阴雨的周末，陶德走进我们的海滨小屋，摇摇晃晃地搬着三块从文具店买来的光亮巨大的橡树板，还有胶棒，一把剪刀以及一大包为我们三人准备的杂志。看着桌上这些学龄前儿童用品，感觉就像是参加《蓝色斑点狗》（*Blues Clues*）节目①。但当我们打开 iPod 放点音乐，开了一瓶酒，花时间去做这件事时，就成了一件有益又有趣的事，我们收获的远远超过之前所付出的努力。

那么你要为梦想画板剪取些什么呢？

首先，剪下一些你喜欢的夫妻交流的图片：缠绵于床上，十指相扣，并肩坐在沙滩，骑单车，在空中欢跃而起，划小皮艇，亲吻拥抱，干杯，或是一起摇摇篮哄宝宝入睡。

---

① 幼儿电视节目。主角是一只动画狗，每集的格式都是一样的：主持人向小观众介绍一个和蓝色斑点狗有关的谜。为了帮助孩子们解开这个谜，蓝色斑点狗留下了一连串的线索，这些线索上都有蓝色斑点狗的脚印。就这样，主持人和蓝色斑点狗将孩子们带上一条探索之路，直到每集最后，回到小狗房间里，主持人坐在那张会思考的椅上想出答案。（译者注）

然后找一些你想要和你的另一半橘子一起去体验的生活图片：或许你会剪下一艘帆船，一条徒步路线，一顿龙虾盛宴，一张放声歌唱的嘴巴，一架飞机，一对网球拍，一瓶香槟，跑步鞋，或是一家博物馆。

或者，你也可以找一些，你希望你的另一半橘子如何爱你的图片。或许你会找到一张图片，图中的男士正递给女士一杯茶；或是男士正在家里做饭；或是男士目光温柔感性，就好像他真的在倾听你讲话；又或是一位男士手里拿着一份包装好的精美礼物（比如说，一个蓝色盒子）。看到这些图片会有助于提醒你，你最近一直短信联系的、直到午夜前都没有时间陪你的男子……嗯，他们可能不会为你沏茶，或是专心听你讲述家里的事情。

至于要剪什么外貌的男子图片，尽量不要只因为图片上的男人和你理想的男人外表相似，就去剪下来——比如，不要因为你想找一个黑色头发的男人就剪下四位留着帕特里克·德姆西发型的家伙，或是因为你喜欢某种特定类型的男人，就剪下穿着华丽西装的男人图片。记住，你不再需要通过这些外表特征来找到你的另一半。

从现在起，你要用你的心去看，凝神于你和你的白马王子在一起时的感受。但你可以剪下那些，能够代表白马王子带给你什么感觉的图片：骑着单车的男子会让你联想到健康，乘私人飞机的男子会让你联想到旅行和冒险。这样做的目的是给你一个有感觉的视觉画面，而不是让你自己被限制在他的体貌特征上面。

你也可以剪一些你渴望的，和终身伴侣共度美好时光的图片。例如，一片田野上，清风轻抚着野花，这样的场景代表你希望和另一半橘子在一起时能有开阔自由的感觉。或许你会剪下一个花园，里面种满鲜绿色草药，代表你希望获得健康；或许你会剪下湍急的科罗拉多河的景色，代表你希望感到精力充沛；或是平静的蓝色海洋，代表你希望和伴侣在一起时感觉身心放松。

除了画板上的视觉刺激，你还可以剪下一些，自己喜欢的词语或是广告标语，比如说“爱”“健康”“旅行”“知足”“感情”以及“真实”。例如，我在我的画板上就贴上了“幸运女孩”“永远在一起”“非他莫属”“生命”“妈妈”还有“家人孩子”这些词。

最后，剪下一些关于你对未来打算的图片。这些图片不是必须包含一对夫妻，或是一位伴侣，而是你和另一半结为夫妻后你希望得到的东西。你可以剪下一些，看上去有点像你的可爱的宝宝，科德角风格的房子，一辆吉普车，或是一个壁炉。

我明白，或许你不是那种心灵手巧的人，你也不想做一个心灵手巧的人。说得好——我听见你的心声了。剪纸手工也许不适用于每一个人。如果你感觉和那个来自长岛的27岁单身女孩萨拉很像——“我不是对此持怀疑态度或是怎样，只是‘梦想画板’不适合我”——那么与之相似、简单一点的方法可能会奏效。我希望你记住这一个方法，在墙上挂一件在视觉上提醒你去渴望爱情的东西，也是非常有用的。

比如，你不需要填满整张海报。相反，你可以考虑仅剪下几张图片或是文字，粘贴在笔记本或是日记本封面上，或是硬纸板上。我认识的一位艺术家就把图片粘到了调色盘上，立在了书架后的墙边。

对于那些会说“不，说真的，你没听懂我的意思——我不会去做梦想画板”的人，或许你可以迈出一小步：从面前的杂志或报纸上选取一幅图片。在J. 克鲁[1]宣传册上撕下夫妻一同躺在游泳池边晒太阳的图片，或是从《明星》（*Star*）杂志上撕下一张夫妻在塔吉特商店购物的图片。总之，你只需要找到一张图片，它能以某种方式提醒你，发自内心极度去渴望爱情，然后把它贴起来。这样，当你看到这张图片，从书桌或是冰箱那里凝视着你时，它就会起到提醒作用（“哦，就是这样！”），提醒你去思考并凝神于你和另一半橘子在一起时的感受。意义就在于此。无论你选择何种方式去坚持到底，都要帮自己一个忙：去做！这样的视觉刺激真的非常有用。

克里斯汀·达克特是佐治亚州亚特兰大市的一位护士，她做了一张关于自己理想的视觉梦想画板。上面有性感的牛仔，一匹马，一辆红色

① 一服饰品牌。（译者注）

奔驰以及家人和孩子。她并不是真想嫁给一位骑马的牛仔。她说，她希望她的爱人拥有传统价值观，热爱户外运动。至于车和家人、孩子，这些她都想拥有。大约一年后，她在酒吧做服务员时，一位男子主动来和她打招呼。

“宝贝，你就是我的下一任妻子。”他用浓重的南方口音对她说。“他看上去就像是蒂姆·麦克洛[1]和托比·凯斯[2]的结合体，”克里斯汀解释说，“但我绝不想成为某人的‘下一任’妻子！”但当她听说，塞米参与设计了她的理想座驾——奔驰的配件时，她目瞪口呆。

克里斯汀发现他风趣幽默，但只适合做朋友，所以不是她梦中情人的类型。但塞米并没有灰心丧气。几个星期后，他走上卡拉 OK 舞台，唱了首电影《都市牛仔》（*Urban Cowboy*）中的歌曲《寻找爱》（*Looking for Love*），随后向整个房间里的人宣布他爱上了她。但克里斯汀依然觉得他不适合自己。后来，克里斯汀回忆，塞米提议和她定个协议。他说：“也许你应该和我试一次，如果你还是不喜欢我，那我就永远消失。”她笑着说：“六点来接我。”

晚饭时，克里斯汀感觉很奇怪，她竟被他的真诚打动了。当他请求

---

① 美国乡村歌手。（译者注）
② 美国乡村歌手兼词曲作家。（译者注）

吻别时，她答应了。“他亲吻了我整张脸，感觉就好像是在演《脱线家族》（*The Brady Bunch*）[①]，瞬间火花四射。”克里斯汀说，“然后，我跑回公寓，开始哭，告诉我的室友：‘我要结婚了！’”四个星期后她和塞米订了婚，一年内结为了夫妻。

结婚一周年纪念日时，塞米给她买了——除此以外还能有什么呢——一辆红色奔驰。又过了两年，一个男人走进他的汽车商店，提出要把马场卖给他，于是塞米买了下来。至于孩子，塞米做了结扎复通手术，克里斯汀和塞米生了两个孩子，现今一个6岁，一个7岁。多位医生对此不敢相信，说这简直是天方夜谭。医生说他们怀孕的概率只有2%，而且需要两年时间。31岁的克里斯汀三个月后就怀孕了。“我不会去听别人的质疑，”克里斯汀说，“我从不说任何违背我意愿的事。至于我希望的事情为什么会发生，我能给你找出二十个理由！”

是的，克里斯汀粘贴在梦想画板上的一切梦想都实现了，有这样的坚定信念以及视觉提醒支撑着它。相信你也能实现梦想画板上的愿望。

哦，还有在缅因州长大的作家、婚礼摄影师安妮·维奥莉特，她在一张30英寸 ×40英寸大小的帆布上绘制了自己的理想爱人，放在了自

① 一部美国家庭喜剧片。（译者注）

己的卧室里。“他没有面目，因为他长什么样子我都接受，”安妮说，“但他要肌肉健硕，穿着超人衬衫，手里捧着花——代表他强壮又浪漫。”四个月后，定居佛罗里达的安妮回家乡进行一场婚礼摄影。婚礼后出去喝酒时，她开始和自己结识的一位男子聊天，而且他也住在佛罗里达。他们做了数月的朋友，后来，在他们第一次正式约会时，“我们开车走错了30英里，原因是他竟然一直在盯着我的腿看”！那已经是一年前的事了，六个月后，她搬去了这位肌肉发达又性感的男友家里。平日里他很宠她，几乎每晚都要为她烹制美味佳肴——还有，是的，他还会送花给她。他们目前正在计划结婚生子，安妮将这一切归功于内心的乐观以及画在帆布上的那幅画。“因为我的乐观态度还有我画的画，我才遇到了我的灵魂伴侣。我不急迫，也不绝望。我只是画在我的海报上，然后继续我的生活。”

梦想画板有时会出其不意地给你带来惊喜。玛丽·康奈尔决心要制作自己的梦想画板时，正在自己家乡科罗拉多州和一位男士恋爱。玛丽和男友去西雅图旅行后，讨论要搬去那里，于是她剪下一幅西雅图太空针塔的图片，贴在了自己的画板上。她还剪下一枚钻石订婚戒指、一幅传统女仆的图片，因为她很讨厌做家务。“我把画板摆在办公室里，这样我就能一天八个小时地看着它。”她说。但伤心的是，她的爱情并没有照此发展下去。“他不想做出承诺。”她说。分手过后，她欣然接受了自己的单身生活，并开始网上相亲。第一波联系她的人中，恰好有一个来自西雅图。“当时我想：哦哦哦，这太奇怪了！”她说。更奇怪的是，他们两人感情急速升温，一年后她便搬去了西雅图——搬去他的家，而且他家一直有家政工人来打扫房间。又过了两个月，他拿出一枚戒指向她求婚，她幸福得忘乎所以。“我找到了我的一生挚爱，”玛丽说，“因为我相信这件事完全会发生。”

梦想画板也帮我实现了梦想。虽然我一直住在纽约乡下，一栋战前修建的没有电梯的公寓里，但我在梦想画板上贴满了棕榈树，一望无际的海洋还有开满粉色花朵的墙壁。我还贴上了飞机、孕妇以及一些可爱宝宝的图片。最终，我在墨西哥的海上同我的另一半橘子完成了婚礼，如今居住的社区里满是桃红色的葛藤花。当我写下这段话时，我正望着办公室窗外的两棵棕榈树。我不知道画板上的孕妇和两个可爱宝宝何时出现，但我有十足的信心——就像我对爱情有着同样的希望与肯定——将来也一定会成为我生活的一部分。

7 给你的种子 15 秒神圣时间

如今你已种下你的橘子种子，你需要给种子 15 秒的神圣时间，因为它和你喂养的其他东西一样，需要你的关注才能成长。但你不需要一下子就倾注你的全部关注。这也是要一点一滴积累完成的，就像人们常说你平时应该多加餐一样。每次你凝神于自己的种子时（淋浴时，吹头发时，开车上班时，或是等待会议开始时），花上15秒钟时间，在体内启动橘子式兴奋，然后挂上橘子式微笑，进行橘子式呼吸，唤醒身体，再进行几分钟爱情想象。你随处都可以给你的橘子种子施肥。相信我，你值得这么做。

在这个娱乐至死、信息爆炸以及新闻泛滥的时代，我们已经习惯同时思考和关注很多事情。众多思绪没有孰轻孰重，因为实在有太多思绪同时出现在我们的头脑中。我们的众多思绪扩散成一条扁平的线。

如果你渴望爱情——确确实实地渴望——你就要改变形式。你要给自己的理想更多思考以及注意力，它应该优于其他任何事。你需要在生活的某一特定时刻，给予它强烈意图的视觉信号，这样上天才能明白你渴望得到的那样东西。记住，世界只会注意到你最强烈的情绪，对吧？它只会把你给予了最多注意力的东西交给你。所以，如果你每天花五分钟去想象自己渴望的爱情，花六个小时在你的工作上，那你觉得世界会先把什么东西带给你？

我不是说让你工作懈怠。事实上，工作做得好，会让你自我感觉非常良好，这样会有助于你产生积极情绪。但如果你每天有六小时在全身心地思考工作，你就必须把更多的热情和关注，放到你渴望获得的爱情上。

心理学家有一个术语专用形容这样的情况，他们称之为“资源冲突”。当你同时有两个或两个以上目标时，你就是在同一个资源槽里吸取资源，实现这些目标——在这种情况下，就是让你的大脑同时把精力放在工作和爱情上——你最终就会面临资源冲突。同时把强烈的感情放在两件事上，并不会让你先实现哪一个目标。所以，如果你渴望爱情，你就需要在思维中制造一个倾斜点——就像是医院的心率监控器上的尖状物一样。上天需要感受到天平的倾斜。

还记得我的朋友莉莉吗？就是那个总能事业有成的作家。我知道，她之所以找不到自己的另一半橘子，有一部分原因就是她全身心投入出书，没有一丝心思留给其他事。我向她保证：“只要你的日常心思不像激光聚焦一样，完全放到你的书上，你就会有无限空间。把注意力放到你的另一半上，然后你的另一半橘子就会感受到你发出的信号，他才会知道自己随时可以悠然出现在你的生活中！”

正是天平的倾斜，才让按摩师、工作坊主席娜拉·费尔南德斯吸引来了白马王子。28 岁时，娜拉感觉自己总是吸引来同样的男人，只不过他们换了个皮囊。“那些男人都不愿意做出承诺。”娜拉说，“他们都是玩一玩而已。”她不打算和他们玩下去，于是开始了自己所谓的“约会节食”。“我不再和任何人约会，”她说，“我只和我自己约会！”某一些夜里，她独自热爱着自己的生活。而其他晚上，她承认：“我真的很孤单。我会想：我好失败，我竟然在周六晚上独自一人在家。”为了帮助自己进步，她决定列一张清单，写清自己对理想爱情的要求。对于娜拉而言，她需要一个至交，一个无所不谈的人。渐渐地，娜拉不断地往清单上增加诸如此类的条目，她的大爱清单长达十二页。

但最重要的不是她的清单有多长，而是她并没有把它收起来放在抽屉里，甚至把它遗忘。相反，娜拉倾斜了天平。“它就在我的床头，我每天都要看上一遍。”她说，“每隔几周，我都会添加一些东西在上面。有时我还会把最重要的内容读上几遍。我觉得如果某件事很重要，它就配得上这样的优先权。”娜拉感觉到，为了真正实现自己的梦想，她就得每天都把精力放在寻找爱情上。“如果你认为‘随便他什么时候出现都行，无所谓，没什么大不了’，那这一切就不会奏效。你一定要说：‘这很重要！我是一名时刻为三项全能运动做好准备的运动员。’就要做到这种觉悟，有这种付出。”

而且她越是集中精力于自己的清单，她越能感觉到自己会实现愿望。“我开始感觉这是必然结果。”娜拉说。事实证明，的确如此。两年后，她通过相亲网站结识了约翰尼。“不到三个星期，我们了解了彼此。不到三个月，我怀孕了，我们欣喜若狂。”如今他们已经度过了九年的婚姻生活，有一个 8 岁大的女儿伊莎贝尔，而约翰尼是娜拉认识的最健谈的人——健谈到他们在旧金山湾区城里成立了工作室，专门帮助其他人寻找到爱情。如果你真的极度渴望爱情，那就像娜拉一样，给你的橘子种子 15 秒钟神圣时间，给予它足够的重视。

8 要有冲劲

你的目标是给你的橘子种子施肥，并尽可能经常达到一种良好状态——就是说，你得感觉到有冲劲，感到未来明朗，让你的乐观处于加足马力的状态。如果某些时刻真的很艰难，那就去证明那些感觉都是无中生有，运用你已经掌握的情况让自己心情好起来。这种感觉就像是，如果你要驾驶一辆止步不前的车，你就得突然松开离合器。我知道大家现在基本都是开自动挡车，但你可能会听过，在标准紧急情况下要采取这样的方法：如果你无法启动处于静止状态的车，你首先要给它一个冲力，然后在车前进时松开离合器。嗯，你也可以像这样以你自己的方式来启动约会乐观主义。

能让我心情好起来的一个可靠法宝，就是音乐：朋克乐队的《再来一次》（*One More Time*）和碧昂丝的《疯狂爱》（*Crazy in Love*）都能让我的积极情绪立刻爆棚。我会播放这些音乐，然后心情立即好起来，准备好去思考、凝神于我的理想。

还有没有其他可靠法宝？那就是给我最好的男闺蜜——美发师陶德

打电话，告诉他我需要赞美。“你是世界上最美的女孩！”他会说，“哪个男人不想和你这样秀发蓬松的女人在一起？”很快，我就会眉开眼笑（觉得自己简直貌美如花），准备好要松开离合器，冲劲十足地去思考我渴望的爱情。

试一下：找一件让你心情大好的事，然后利用这个兴奋劲头，去给你的橘子种子施肥。你可以做瑜伽，或是吃个桃子。或是沿蜿蜒小路驱车而上，窗子打开，热浪扑面而来。或是去喜剧俱乐部看一场让你开怀大笑的剧。让你的情感大脑冷静下来，提醒你，你和自己的另一半在一起时就应该这样开心幸福。

给你的种子施施肥

关于“想你”的图像

你见到某样东西，它会让你想起你的另一半橘子，你想让他知道你在想他。你会给他发短信说：“我好想你，么么哒。”完了你会收到一条俏皮的回复吗？你会给他打电话说“我爱你”吗？你会给他的语音信箱发一条有趣或是性感的信息吗？那么他呢？他会在白天想你时马上给你打电话，或是往你的邮箱发一个搞笑视频吗？

无论你们采取哪种联络方式，你都可以发自内心，且不加犹豫地去告诉他。光是想想就觉得多么美妙。他希望收到你的消息，不管他是在开会也好，还是在隔壁房间等你也好。你也想收到他的消息。此时，恭喜你们的爱情达到了完美平衡状态。

9 心存感激

我在单身阶段寻找爱情时，每当我失去信心，我都会照例去做一件事。我会问我自己："这位小姐，你觉得12岁的你会对你现在的生活做何感想？"继续下去，问类似的问题：年少的你会为现在的你而自豪吗？拜托，她当然会！那就把原因列出来。你是否找到了自己擅长或喜欢做的事——有偿工作也好，受益匪浅的爱好也好？你是否会花时间，帮助那些不如你的人？你是否成功度过了一段艰难时光？你是否比儿时坚强了，勇敢了或是聪明了？

对于我自己来说，我花很多时间在纽约市里走来走去，我把这当作一个感恩的好机会：我感谢能够生活在我热爱的城市；我感谢自己身体健康，能够用双腿走路；我感谢我正在去见闺蜜们的路上，她们很关心我；

我感谢阳光大好；我感谢生活富足，能够独立生存。

然后我会一边感恩一边微笑，深呼吸，直到感到自己的肝脏都在微笑——直到我的体内产生了快乐幸福、积极向上的兴奋感。那一刻——就是我的身体产生橘子式兴奋的那一刻——我会感觉，我在给我的橘子种子施肥：很快，在这样的日子里，会有人和我一起并肩行走。我知道我会遇见一个男人，他会和我一样幸福、感恩，我们能够拥有如此美好的生活。

有时，我们需要换一个全新的角度去看待事物，泰·本·沙哈博士在他的哈佛大学积极心理学课上就传授了这样的思想。一次课上，他给学生们展示了一幅图，上面画着一些几何图形，让学生们去数共有多少个图形。他开玩笑说自己也不知道准确答案。然后，他让学生说出图片中钟表上的时间。老天，他们根本没有注意时间。“我让你们把注意力放在了截然不同的事情上，”本·沙哈对学生说，“那是事实的另一部分。”事实上，有很多种不同的方式去看待你的生活。近来，你可能将注意力一直放在自己生活中的不足上：恋爱对象。但那就是你看见的全部内容：不足——空半杯的水。但与此同时，还存在另一部分事实，它也在那只半满的杯子里。幸福是相对的。你的生命里一定有值得你感恩、兴奋的事情，它可能是你的工作，可能是友谊，可能是你的自由时间、你的爱好，也有可能是你的健康体魄。把注意力放在这些上面，能够让你重拾对生命的信心，在你体内产生积极能量。然后，还是那句话，它会帮你吸引来积极事物。

10 去吧，到你最幸福的地方去

这是我每周末都会使用到的一个非常有用的方法：去我最喜欢的地方，一个让我感觉最幸福、最平静、最热爱生活的地方。因为我是这样想的：如果我在寻找可以和我一起犯傻的恋人——我的另一半橘子——他也会和我一样热爱这个地方。

如果你热爱滑雪，你能想象你的另一半对雪讨厌极了吗？如果你热爱海滩，你能想象你的另一半厌恶阳光吗？我的临床学家妈妈曾指出，当然了，你可以为自己的白马王子放弃最钟爱的地方，“但这着实是放弃了太多。因为这样意味着，你要抛弃自己的一部分”。也许，你可以通过妥协和放弃换来爱情。但这听上去就不像是理想爱情了，对吗？

我最钟爱的地方，是位于蒙托克的迪池平原海滩。我从达斯蒂队长公司那里，租了一个小木屋，租了十年了。这座房子是一个单层小屋，一直破损没人修，70年代的木制墙面，客厅挂着橙色窗帘，每个桌子上都摆着渔家灯台，屋子里有一台洗衣机，每到下雨时，洗衣机就在一尺深的地下室积水中漂浮……但我很喜欢这间小屋。

在我进行爱情实验的四个月期间，我开始每天一大早就来迪池喝咖啡，头脑中萦绕着我的约会乐观主义。我会光脚站在沙滩上，看着阳光照耀下的水面，像钻石水晶一样闪闪发光。然后我会用橘子式呼吸，吸一大口海滨的空气，聆听波浪冲刷海岸的声音。注视水面是我最幸福的时刻，我感觉身心自由，生活中的各种可能性如地平线般宽广无垠。就在此时，我会去给我的橘子种子施施肥：我会想象我的终身伴侣就站在我身旁，感受着脚趾被埋在流沙下的感觉，他也像我一样热爱这片沙滩。

当然了，你的梦想的样子、感觉、味道可能与此有着天壤之别，那就去想一想你在世界上最喜欢的地方。是在你最喜欢的得克萨斯烧烤点的野餐餐桌旁，还是植物园？篮球赛现场？让你凝神屏气的俯瞰大峡谷的长椅上？父母家里？半地下酒吧？或是在一家五星级饭店，你手中拿着香槟鸡尾酒？无论是哪个地方，你都要去。对，就是字面这个意思。坐在或是站在你钟爱的地方，产生橘子式兴奋：一边深呼吸，发自内心地微笑，一边想象找到你的另一半橘子，并且他和你一样热爱这个地方，你会多么幸运。

密歇根州一位32岁的高中教师艾琳最爱的地方是西班牙。是的，就是那个辽阔富裕的国家。她和学校的西班牙语班一起去西班牙短期旅行过后，艾琳在大学期间又去格拉纳拉度过了七个月。西班牙让她生龙活虎，她说。那里让她感觉生气十足。

这和她在家时的感觉形成了鲜明对比。在家里，她 15 岁就开始和一个男人恋爱至今。“他人很好，但我们除了住得近，毫无共同点，我们的生活观念和目标也各不相同。”艾琳说。尤其是，她丈夫想要孩子，而艾琳不想。其次，她丈夫不像她一样喜欢旅游。“每当我多赚了些钱，或是加了很多班，我就会想用这些钱去旅游。但他喜欢待在家里。我知道，很多人告诉过我，婚姻需要牺牲，但究竟要牺牲多少才对呢？要牺牲到你已经不是你自己吗？”

23 岁时，艾琳的丈夫向她求婚后，她回西班牙拜访了自己的朋友。她在那儿认识了一个叫伊格纳西奥的男人，他让她魂不守舍。“这貌似很俗气，但我就是感觉天旋地转。我当时质问自己：‘为什么我会在马上结婚时，对一个自己完全不了解的男人产生这样的感觉呢？’”她把这一切归咎于胆怯——即将踏入婚姻殿堂的她，被一点点积累起来的紧张吞噬了。然后，她回家结了婚。四年后，艾琳和丈夫离婚了。虽然分开的痛苦不可避免，但他们依然保持了友好的关系。“他甚至对我说：‘如果你五年后还住在这个镇子，我就把你踢出去！’”她回忆说。接下来的几年里，艾琳谈过几次恋爱。“但我告诉所有人，我不会结婚的，除非有一个家伙真的把我踢出去。”

所以，艾琳并没有把精力放在约会恋爱上，而是放在认清自我上。她的方法之一，就是回到她在世界上最爱的那个地方。“我单身时环游了西班牙的每个角落，而且环游了五六次。”她毫不费力，是的，西班牙确实使她产生了橘子式兴奋。每一次旅行都是在她心中一点点的积累，让她意识到，在密歇根这个小镇上继续生活、教书完全不能满足她的愿望。“我最近翻了翻自己当年写下的日记，看见自己当时写道：‘我要在这儿再坚持一年。我知道我应该去着手做其他事，我知道那件事马上就会实现。’”

嗯嗯，这听上去很像是一个女人积极地把所有精力，都放在让自己的生活充满新事物的故事，是吧？和其他人一样，对未来充满希望，做好充分准备迎接各种机会，以至于机会都快把持不住地直接来到她面前。就像我那个寻找各种机会去旅行的姐姐一样，和我寻找爱情的故事也如出一辙。

其实，艾琳的故事的另一方面也同我们相似——她告诉了大家她的详细计划。

“一年前，我告诉我所有的同事，我会让我的教师资格证两年期满后自动失效，我要强迫自己去尝试一些新的事物。”艾琳说道。回想起大家的反应时她笑了：“他们以为我疯了！但我一直说：‘我就是知道上帝那边还有个世界，但我不知道它是什么样子。’我无法做出解释。我只是感觉十分乐观，打算坐着等它自己出现。”

或许你会注意到，艾琳并不知道自己会如何引发新事物的出现。她只知道自己急须改变，也下定决心要实现梦想。有那么一瞬间她曾想到要背起行囊永久移居西班牙，但调遣方面——辞职、获得签证、开始新的生活——让人望而却步。

艾琳单身大约四年的时候，她给西班牙语学生们讲一本书。故事里的主人公叫纳求。一个学生说，肯定不会有人真的管自己叫纳求。“我对学生说：‘说真的，我就认识一个叫伊格纳西奥的人，他就特喜欢别人叫他纳求。’”她在回家的路上一直在想这个人。哇哦，伊格纳西奥。她已经有七年没见到他了。

然而，没过24小时，艾琳就收到一封邮件，除了他，还能是谁发的呢？就是伊格纳西奥。“我的心一惊！”她说道。因为他的邮件只是简单的几句话：“我不知道你是否还用这个邮箱地址，我只是想要确认一下。”

于是，艾琳和伊格纳西奥感情一路升温，他们每天要煲四五个小时的电话粥。“在我们把精力完全投入自己的生活和自身的时候，我们重新取得了联系，然后——嘭！——你极度渴求的那个人，就这样出现在了你面前。”他们的相同点数不尽数，从热爱旅游到恋爱史到政治观宗教观。在一次促膝长谈过后，艾琳坦言自己不想要孩子，伊格纳西奥释然地出了口气。“我也是。”他说。他也不想要孩子。四个月后，伊格纳西奥在西班牙北部向她求了婚。又过了一年，艾琳搬去了位于拉里奥哈的洛格罗尼奥，在那儿一边做私人英语家教，一边完善婚礼细节。“他是 mi media naranja。”艾琳用地道自然的西班牙语说道。没错，他就是她的另一半橘子。

“如果有人一年前告诉我，我会为一个男人而搬走，我肯定会笑死，”艾琳听着自己口中讲出来的故事时说道，“我从来都没有想过，会为一个男人做些什么。虽然，其实，”她继续说，“我做这些也不是为男人而做，而是为我自己而做。我感觉自己的一生都在为了成为他的妻子做准备。我知道这听上去就像是一个俗气的爱情故事，但这是我的真实感受。相信我，我曾经对那些浪漫爱情电影嗤之以鼻，但现在我终于明白了它们的真谛。我感觉自己终于停下不停寻找的脚步，过上了真正意义上的生活。”

艾琳前往西班牙前，给她的前夫发了一封邮件，提及他说过的那句——五年后他会把她踢出镇子的话，着实有些让人好笑。这又是一个积攒信心的例子，艾琳实现了自己的所有愿望。一切都是天意。

11 去到你被爱的地方

如果你不打算去你热爱的地方，还有一个好办法：去你能感觉到被爱的地方。我在进行爱情实验头几周时就是这样做的。让我告诉你为什么：当我去俱乐部或是酒吧的次数多了，渐渐地，我就感觉在那些拥挤的屋子里，我身边的那些陌生人，和我内心感受到的积极乐观的兴奋感彼此不相容。于是，我开始选择和我的闺蜜们、姐姐、父母出去玩。他们会让我感觉自己备受宠爱——他们的爱真真切切地与我内心的温暖和谐一致。就像是启动汽车时，你可以松开离合器一样，你也可以驾着车，去你被爱的地方兜兜风。

在这一点上，还有一些深层原因，那就是与你大脑中储存的情感记忆有关。当我们还是小孩时，我们可能认为，只有棍棒和石头会让我们伤到骨头。但事实上，无论我们是否有意识地意识到了，语言和行为都一直追随着我们，并终将影响我们对自己的态度。如果你从小到大，人们一遍又一遍地对你说，你身体肥胖还很懒，那你觉得我们会开始相信什么？如果你遇到的男人们每次都对你说，你不适合做女朋友，那你觉得你会开始赞同什么？

当然了，你要感谢自己有小脑扁桃体，就是我们之前提到过的，它在大脑中会储存你的情感记忆的那一部分。在我开始运用约会乐观主义之前，我就认为走出家门至关重要——出去约会，参加派对，因为派对可能会认识一些新朋友；出去见朋友，因为他们可能有朋友也是单身。但当我并未成功捕捉到他人的关注时，这些起到了反作用。如果我在派对上，试图接近一位优秀男士却被回避，我会比出门之前感觉更糟糕。

我记得有一天晚上，我去一家新潮酒吧参加活动，恰巧遇到了我曾经的一位同事。他身边站着一位他认识的帅气的电视新闻主持人，当我走过去和我的朋友打招呼时，他给我们做了介绍。

“嗨，”我一边说一边伸出手，“我是艾米。”

这位主持人只说了句“嘿”，然后向我点了点头，但并没有和我握手。

我的这位男性朋友很大方体贴，他想要缓解尴尬。“艾米是一位作家，”他说，“我们曾经一起工作过。”

“真的吗？”主持人问道，眼睛却看着其他地方。

“真的，”我说，“那是，大约，五年前吧？我们曾经一起——”

“嘿嘿嘿！”主持人叫着旁边走过去的另一个家伙，然后抓住他的手，猛地拉住给了他一个拥抱。这位主持人转过身来，朝我们微笑。“是啊。抱歉，你刚才说什么来着？”他说着，目光还是略过我，似乎还在找谁说话。

“哦，没什么……没关系。”我说，“我只是，嗯，在说我们以前——”

“哦，嗨，美女！”主持人又朝一个走过来的金发女郎大叫道。他大胆地吻了她，凝视着她的眼睛，还拉着她的手。

后来我放弃了和他交谈，感觉自己就是个大傻瓜。我走进这个派对时，还信心满满，看到老同事亲切的面孔也很兴奋——结果却被他朋友的粗鲁举动给破坏了，虽然他的奚落也许并不是针对我——我是说，这个家伙甚至都不愿意花上5秒钟去了解我一下。但我依然是被拒绝了，这种感觉很糟糕。如果你也有过很多次这种经历，那么这种挫败感就会反馈给你一些消极念头——“你不值得别人注意”“你很无聊”“你不够可爱”“你看上去无趣透了”“我宁愿和别的女人说话也不愿和你说话”——而且会一直阴魂不散地跟着你。

给你的种子施施肥

警惕崛起中的男人

当然，有很多男人压根就配不上你。但在你运用约会乐观主义的过程中，依照你的大爱清单上列出的条件筛选男人时，某一种男人很可能会突然出现在你身边，所以我劝你把眼睛睁大点。这种男人似乎在形象、权力或是声望上超众卓群，看起来各个方面都很杰出。问题在于，这种男人觉得他就是夜空中最闪亮的星，觉得自己的价值远超于你，并且还在不断崛起。因此，我称之为崛起中的男人。

崛起中的男人在一步步爬向事业顶峰时衣着华贵，目光坚定，果断自信，认为在自己爬坡阶段时，应该拥有一位光彩照人、富贵荣华或是赫赫有名的女人，同他一起站在顶峰。如果你不够漂亮或是不够富有，或是不是名媛出身，无法帮助他实现超众卓群的长期规划，那就不值得去尝试。没错，他很乐意用自身魅力去取悦你，并在你的爱慕当中欣然自得，因为他认为这一切是他应得的。一旦他从你这里得到所有想要的东西——成功赢取你的爱慕，或是一夜情，或是被介绍给某位能助他事业平步青云的人——他就会去寻找下一位优秀女人。

坦白说，起初要拒绝这样的男人并不容易。毕竟，他们事业有成，雄心壮志，还有着让我们甘愿为他们服务的高超手段。

一旦你学会使用新方法来辨识你的另一半橘子——用心去看，而非眼睛——你就能够更快地把这些男人筛选掉。因为崛起中的男人不会让你感觉自己很特别，感到被爱或是有价值，他们根本不值得你去追求！而且崛起中的男人只关心他们的事业，根本不在乎作为伴侣的你是否幸福，他们压根就不适合你！和一个崛起中的男人在一起，你无法拥有集中精力的那些感觉——感觉被爱，备受欣赏，美好，聪慧，可笑的是，他自己倒是成功拥有了这些感觉。

我明智的妈妈凯瑟琳和她的医生同事们称这些男人为自恋狂。“顺便说一句，他很可能毫无安全感。”她说，“虽然他外表英俊，但正由于他的自恋，他只想和那些可以给他长面子的女人在一起……比如金发碧眼的美女，或是上流社会的名媛，因为他需要体面的形象，否则人们就不会注意到他。”

我多么希望当时就能够懂得这些话。但当时的我至少明白一件事：当我和那些忽视我、让我相形见绌的男人在一起时，我体内无法产生橘子式兴奋，哪怕是一丝丝令人振奋的希望。我只感到自己很失败。

我们会将自己想到的、凝神到的、感受到的人或事吸引过来，对吗？所以，我意识到，如果我无法对自己积极乐观，那就对自己的单身状态起不到任何改观作用！如果你也身处这样的水深火热之中，那你的做法就对自己毫无益处。

让你的魅力帮到你。去你被爱、被欣赏的地方，让那些感觉充斥你的身体。被爱是全世界最佳的良药，沐浴在爱里片刻，你就会意识到自己愈发值得被爱。你正穿上那身装束，拉起拉链，每一天都在向那样的可爱女人迈进——又一次，你正从内而外地打扮成那个角色。不要等着去爱，或是被你的另一半橘子爱——现在就为爱而温暖。

这和那些纠结于无法生育的女性所面临的问题一样。我相信你一定听说过有些不孕的女性，但当她们收养孩子的那一刻，试纸上就显了阳性。我了解到，养一只小狗的话也会发生类似的事情。

我的朋友卡丽同丈夫结婚四年后决定要孩子。除了年龄（她当时已经三十五六岁），加上这是他们的第一个孩子以外，他们还有一个更大的阻碍：他们把全部思想集中在负面因素上，比如流产，“来不及了”，“我们应该早点要孩子的”以及“我们可能怀不上孩子了”。

给你的种子施施肥

亲友画面

你可以想象一下，你和你的另一半橘子，还有你最重要的家人聚在一起。在阿姨家的家庭聚会上，大家在地板上，像印第安人一样围坐在一起；或是你们和最要好的朋友在一起，一边蘸着菠菜酱吃皮塔饼，一边笑着怀旧；你的另一半橘子坐在哪儿呢？他是坐在你身旁搂着你吗？还是在厨房里为你倒饮料？还依照你的习惯给你多加了一片酸橙？他怎么和你爱的这些人交流的？他和大家一起闲聊吗？还是和他身边的亲戚朋友轻声聊天？你找到的另一半能同你深爱的人相处如此融洽，这是多么美好啊！他们喜欢他，他也喜欢他们。看到这一切，你是不是更爱他了？

很明显，从心理学角度讲，他们大脑内思绪万千，而他们却无从确认。但从情感角度讲，我看到的是极度膨胀的消极磁力。他们全神关注着什么，就得到了什么：失败。我知道这让人痛彻心扉，因为他们是真心想要孩子，但他们每晚注入激素时，每一次都克制不住地说害怕会“失败”。他们试了两次试管授精，结果都没能成功。

在他们为此不断努力时，朋友们建议他们养一条小狗。第二次试管授精失败时，他们同意了。至少有一些东西能让他们去爱，让他们不再去想那些苦楚。嗯，从他们把小梅杰带回家的那一刻起，他们的态度来了个一百八十度大转弯。他们竟然开始抱着小狗说："我爱你，小家伙！""我们会照顾你的，小不点！"后来不到五个月，卡丽就自然受孕了。我相信，正是有这条狗可以去爱护，他们才产生了和孩子在一起时想要拥有的感受。他们从内而外地扮演着父母的角色。正因为做小狗的父母，他们才成为自己理想中的积极、平和、幸福的父母。

所以，去你被爱的地方，做理想的自己吧。我知道，要你大步走开，不再去寻找另一半，你对此心有疑虑。我曾经亦如此。我当时和妈妈一起去苗圃采摘植物时，不止一次地想：我是不是疯了。"我是说，我是不是应该出去偶遇我的毕生真爱，而我却在和妈妈一起玩？"我会大声质疑。事实上，你要做的事就是渴望美好爱情，这就够了。你不需要弄清如何去使它发生。去到你被爱的地方，愉快地去感受就行了。

额外的好处？你越是将自己置于被爱的环境，你自身的"被爱值"就越高。心理学家苏珊娜·西格斯特姆博士认为，"被爱值"可以有效衡量自己在爱情中的被爱程度。就我而言，任何一种健康的爱情或是感情都能够提高我的"被爱值"。当你的"被爱值"提高，人们（约会对象、男人、你的另一半橘子）就会越喜欢你——认为你是一个可爱无比的女性。

12 闻一闻，尝一尝你的橘子

我们使用的感官越多，习得的过程就越快。当你在训练情感大脑去感知一段健康爱情时，你运用的感官越多，结果就越好。单单嗅觉就可以起到很大作用，因为嗅觉可以直驱大脑的情感中心——即深层边缘系统——嗅觉与情感一起被加工。难怪味道与感官的联系似乎如此紧密。（我现在仍然闻不出黑色达卡[①]的味道，除非我再深情地回忆一下高中时代的男孩们。）

所以，现在，你可以利用嗅觉的优势，让你在橘子式兴奋的状态下，与那些让你感觉积极和幸福的人或事建立起联系。

当你走出家门，一边呼吸刚被割过的青草的味道，或是松树的迷人气息，一边幻想和另一半橘子一起去探寻户外世界会是多么美妙；当你在星巴克排队，呼吸，微笑，在咖啡的香气中，想象周六清晨和爱人一起，坐在床上喝热咖啡；当你和朋友一起出去吃辛辣菜品，幻想一下，他和你去一口一口地尝试新事物会有多棒。也许你无法因为某种特别的气味而平静下来，那就在你凝神于理想爱情时，大口吸入那令人舒适的气味吧。

① 一款男士香水。（译者注）

我曾经常带着笔记本电脑去咖啡馆，一边品尝拿铁，一边微笑，吸气，想象在我写过一段文章后，我的爱人会走进咖啡馆来找我。我会望着窗外，幻想听见他为自己也点了一杯拿铁。然后，我会去想，我要告诉他，我这一天发生了哪些大事小事——因为这个男人也正是因为真实的我，而爱我的点点滴滴。

我还会幻想一些具体的日常恋爱场景。嗯，比如，“对了，亲爱的，我觉得我们应该咬咬牙去 J. 克鲁买下那双平底鞋”。我会这样告诉他：“我是说，我在宣传册上第一眼看到它们的时候就喜欢得不得了，而且过去三个月了我还没买。他们刚刚搞过促销，我穿的号码马上就要卖光了，如果不买我一定会后悔的，因为我知道我一定会一直穿的……”

然后我就会在咖啡馆里真的微笑起来，因为我知道那个爱我的男人一定会说：“好啊，那就不要在这儿发牢骚了，宝贝，我们现在就去买！”

13 在你的家里和心底腾出一些空间

有一天，我在研究一篇关于风水的文章时读到，每一个渴望爱情的单身女性，都应该在家里挂一些情侣图片。啥？

我环顾一下我的房间，看看自己都挂了些什么。虽然我从未多想过，但我挂的画惊到了我：我在门厅处挂了舞蹈演员玛莎 · 葛兰姆，还有歌剧演员玛丽亚·卡拉斯的一些黑白照片；卧室里挂着我在尼斯一家旧货市场买的《巴黎竞赛》(***Paris Match***)周刊上撕下来的碧姬·芭杜①的照片；客厅里挂着我姐姐画的画，画中一个裸体女子正在床上读着书。我之所以挂这些女性画像，是因为她们坚毅的脸庞以及迷人的生活，让我倍受鼓舞。但依然是四幅单身女性画像！厨房里还有我花大价钱买的一只很漂亮的酒杯。又一次，孤孤单单的一只。鼓舞人心？拉倒吧，呵呵。让我拥有情侣般的心情？并非如此。

所以我开始考虑挂一些自己最爱的情侣画像，于是就着手去办了。我在一家海报商店买了一幅《一个男人和一个女人》（***A Man and a Woman***）的电影海报。这是一部我很喜欢的法国电影，单单名字我就很喜欢。我把它挂在了沙发旁边。这样，看着一对情侣亲吻，就能暗示我，我也想有一个人那样亲吻我。

和你贴在梦想画板上的夫妻画像一样，你在家里挂的画像，或是放的小摆设也能向你传达同样的潜意识情感信息。非洲沙漠上的两只动物画像也好，在时代广场上接吻的情侣画像也好，或许给家里添一些二重奏的东西也是极好的。如果没有空间能让你的另一半融入你的生活，那就腾出一些空间。

---

① 法国著名性感女星。（译者注）

14 欣赏情侣们秀恩爱

从现在起，我希望你能用愉快的心情，而非眼红地去看待其他情侣。相信我，虽然我知道这很难！我单身时看到情侣依偎在一起，我不会为他们高兴，相反，我会很难过，有一点嫉妒，甚至是恨。他们究竟有什么是我没有的？为什么那个人会和她谈恋爱而不是和我？这看上去很不公平。似乎全世界的人都成双入对，只有我形单影只。我究竟做错了什么？

如果你在思考这些问题，那么你并没做错什么。但你把注意力放在了错误的事情上，宝贝。如果积极能量吸引积极事物，那么你就应该用积极的态度看待那些情侣。你不能把那些情侣当作超人的氪石，而是当作大力水手的菠菜。让这些情侣来滋养你。看见一对幸福的情侣在做着你希望和另一半橘子做的事情时，不要悲伤，不要嫉妒，把它当作你的理想爱情存在的证据。这绝不是无稽之谈。

如果你看见一对情侣在博物馆外的长椅上依偎而坐，看着他们，想象你的理想橘子：闭上眼，深呼吸，微笑，设想你自己就坐在那张椅子上，你的另一半橘子就在你的身旁。

如果你在机场看见一对恋人拉着情侣行李箱，戴着巴拿马草帽，脸上挂着灿烂的笑容，你就想象你的理想橘子：幻想自己正和爱人在登机前一起买冰饮。

如果你在《美国周刊》上看到一张照片，上面一对有魅力的名流夫妇一边在黑莓手机上打字一边亲吻——一对繁忙的夫妇依然守护在彼此身旁——看着他们，想象你的梦想：你也可以这样。

如果你看到一对夫妇，在地毯上彼此依偎，和宝贝一起玩耍，想象你的理想橘子：一边微笑，一边幻想你自己就坐在那张地毯上，或是草坪上，身边还有一个可爱快乐的宝宝。

来自圣地亚哥的人生教练、业务教练劳拉·鲁宾斯坦踏上寻找另一半的旅程时，她将目睹的其他夫妻的甜蜜填满自己柔软的内心。

“我开始去寻求和情侣们出去玩，让他们感染我。这会培养我的内心。我会去看街头上成双成对的情侣。如果我看见了，我就可以确定稀缺的爱情依然存在。我打骨子里知道，如果它们存在，那我就一定会拥有。”劳拉还花时间和那些坚信爱情的女性待在一起，而不是和那些阻止她追求爱情的消极女性在一起。

劳拉做的另一件事，就是用“角色扮演”的方法严肃对待生活。自从她渴望获得浪漫爱情，劳拉说：“我决定，从现在起开始浪漫的生活。我会给自己买花，为自己和朋友烹饪美食。”她感觉，“如果你想要被拥抱，被滋养，想要拥有浪漫爱情，那就不要去痛苦挣扎。把滋养放在首位，看看世界会发生怎样的改变”。

一年后，劳拉在午饭时认识了一位朋友的朋友，他英俊潇洒，但她感觉他并没有在寻找爱情。后来得知，他那天刚刚在离婚协议书上签字。但八个月后，他加入了她的瑜伽班。劳拉感觉他有些喜欢自己。有件事是她可以确定的——如果他们真的有所发展，也是顺其自然的事。她已经过了那个“热烈盼望男性的到来”的阶段。劳拉说：“那纯属浪费精力。我们是卵子，他们是精子，所以，他们会在我们之后到来，是吧？卵子应该保护好自己，在自身环境中舒适自如，然后当精子到来时挑选出最合适的那一个！”

于是劳拉和其他男人约会恋爱，并深信“如果他们真的会有所发展，也会是顺其自然的事”。九个月后，他终于请她去喝咖啡。他们谈了两年恋爱，如今共同度过了七年的婚姻生活——他们的感情是劳拉经历过的最滋润、最浪漫、最温暖的感情。事实上，劳拉和她的丈夫可能就是你在公众场合看到的夫妇之一，他们拥有充满柔情蜜意的爱情，你能从他们身上获取很多正能量。

看见他人秀恩爱，可以使你确信你的理想爱情真实存在。如果他们拥有，那你也可以拥有！

15 去盼望，次次如此

按时给你的种子施肥的最佳途径，就是提醒自己尽可能多地去思考，去感受自己的愿望。最好的办法是什么？我经常会利用诸多“许愿”机会去给种子施肥。我会闭上双眼，面露微笑，深呼吸，然后想：我希望我的另一半橘子快快来找我。

例如，当你看见一颗流星，你可以许愿。当你掉了一根睫毛，有人告诉你把它吹走，你也可以许愿。当你吹灭蜡烛时，也可以许愿。我的话，当时钟走到11：11时，我就会许愿。我甚至把自己的网银密码改成了……嗯，就是和爱情相关的数字。这样做的意义就在于，如果你带着橘子式兴奋生活、许愿、走路、呼吸、微笑，你就会感觉无与伦比。身边的人看到你变得如此幸福快乐、平和满足，他们也会大吃一惊。至于你的另一半橘子呢？相信我，他会最爱你这一点。

16 不要再保护你的内心——树立希望

在我的爱情实验进行了数月时，我认识了一位男士，他在一家活动策划公司工作，帅气可爱，发愤图强到极致。我们一起去喝饮料，不到半小时，我就开始幻想我们两人的未来——每个晚上都和艺术家、设计师们交际，周末去迈阿密、洛杉矶短途旅行。但当我的朋友问起我对他的感觉时，我并没有吹捧他，而是贬低。

“他人很好，”我说，“但我是说，他工作太忙了，很可能是个工作狂。但管他呢，我不在乎。他看上去有点像花花公子。而且，从某些方面来说，他也没有那么好……”

我的策略是，如果我会对朋友说我才不在乎他是否继续约我。如果他真的没有继续约我，我就可以假装自己无所谓。我已经习惯了这样自我保护，我已经不敢先透露内心的真实想法。而且我当着男人的面也会如此：我会说我不是在寻找稳定感情。一旦男人说他没有寻找稳定感情，我就可以给自己留住面子，不至于被伤害。事实上，我永远也不会知道谁在寻找稳定感情，谁不是在寻找稳定感情，因为我总是第一个落荒而逃的。

事实上，我很在意那个活动策划师是否再约我，我也很在意，他是否想要和我严肃对待感情。但我转念又想：我真的不想又一次告诉全世界我的梦想破碎了，我感觉自己越来越让人嫌弃，这样究竟有什么好处呢？我更喜欢妄称这些男人可怜。总之，我非常努力地压抑自己的希望。这简直是个荒唐可笑的后退策略——而且完全不起作用！

结果证明，这位活动策划师就是一位花花公子，而且工作繁忙到完全没有时间来看我或是给我打电话。（但有趣的是，他竟能在深夜有很多时间给我发短信。）总而言之，他就是一位崛起中的男人。

“看到了吗？”我对我的朋友说，“他正和我想的一样，没什么大不了，我早就预料到了。”

但事实是我很失望。我想成为让他回心转意的那个人，让他觉得一夫一妻制很合理的那个人。当我意识到自己的真实感受时，我将那种感觉永远地抛弃。我究竟在做什么？如今我已经是一个约会乐观主义者。我应该对未来乐观，充满希望。我要树立希望，而不是压抑。

从那时起，我开始对自己的理想诚实。我告诉朋友，我多么希望能够和约会对象牵手成功，但我还总是遇到海斯曼（有些男人会一边从你身边逃跑一边伸出手掌去挡着你——就像橄榄球奖杯的形状，我和我的朋友把这种人叫海斯曼）。我的闺蜜如今知道我很失望，虽然这有些尴尬。但我在做真实的自我，每一次失败，我都可以把希望置得更高。

一味地保护自己，防护你的内心，准备好接受最糟糕的事情，以免自己伤心失望。那样根本没用！如果你渴望爱情，不能只把内心露出一条小缝给大家看。你一定要敞开心扉。如果受伤，就勇敢地去受伤，但你要对自己诚实，即便是只给大家看一个小缝。如果被拒绝，你也会受伤，虽然受的伤会少一些，但你依然受到了伤害。

你知道自我保护的实质是什么吗？是情感大脑。“被拒绝后的苦痛会通过情感大脑或是边缘系统产生自我保护的自动反射。”彼得·皮尔森博士说，“这并不是有意识的选择，而是自动反射。当你一次又一次地失望，你就不会再去想要拥有什么，而是尽量不让自己因为希望越大而失望痛苦就越大。”皮尔森说，这根植于我们的内心。“与人交往是我们固有的本性，但遇到危险时自我保护也是我们天生的本性。这并不是需要去解决的问题。这需要我们与之和谐共生。我们永远永远也不会解决这一问题，要正视它们的存在。”

我相信，在你的童年时期，你一定满怀希望，能够拥有一段轰轰烈烈的爱情，或是一场盛大的婚礼。但过去了这么多年，因为一个差劲的男人，或是一连串糟糕的约会让你失望透顶，于是你决定降低期望值，这或许比承受得不到的痛苦要轻松些。降低期望值就是为了不受伤，但你知道它还意味着什么吗？意味着它在对你自己说谎。你在假装自己并不是真正渴望去实现理想。这简直是疯了！

那些你所期望的一切，你都值得拥有。为了实现这一切，你要孤注一掷。你需要重拾儿时的希望和勇气。树立起希望，高高树起。如果你渴望真爱，就要重新探索这个充满希望的可怕世界。你渴望实现一切愿望，你值得拥有一切，记得吗？所以，要大胆地去希望。只有这样，上天才能知道应该把你的礼物放在多大的盒子里。

这个例子可能听上去有些奇怪，但你知道我最佩服谁吗？是那些去参加《单身男士》（*The Bachelor*）和《单身女士》（*The Bachelortte*）节目的女性。摄像头悬挂在她们上面，麦克风别在衬衫领口下面，或许还有很多女性在吸引着自己的心仪对象。不，这当然不是遇见终身伴侣的最明智或是最简单的方法。但这些敢于上电视的女性心中积极乐观：她们都在大声说——不仅是对自己，还是对她们渴望的单身男士以及对数百万的观众说："我想恋爱。我想要找到真爱。"从这一点来看，我觉得她们干得漂亮！

她们一路走下来肯定会渐渐明白，要想加足马力完成此计划，她们必须把警惕抛在风中，卸掉"我很坚强"的防备盔甲，显示出自己脆弱的一面。当然，在她们迈出这一步的那一刻，注定她们最终要乘着豪华汽车一路哭着回到家，但我尚未见到任何一位参加相亲节目的女性说自己后悔尝试恋爱。打开心扉，受益无限。当然了，如果你心怀大大的希望却未如愿以偿，你会感觉万分失望，痛彻心扉。但如果你在寻找大爱，要么怀有大大的希望，要么卷铺盖回家。

我过去常说，我不是那种热衷于钻戒的女孩——或是一定要有盛大婚礼的女孩。但其实，就在我还没运用约会乐观主义寻找真爱时，. 我记得有次走进一家珠宝商店，去帮一位朋友询问她和丈夫喜欢的那枚钻戒的价钱。我永远也不会忘记，当我站在商店里环顾着玻璃柜台下的钻石时的情景。我当时感觉很尴尬，但我不得不承认我确实被那些闪亮美丽的钻石诱惑了，打动了，那种感觉是如此强烈清晰。

一年后，我和陶德、伊冯一起制作梦想画板时，伊冯开始在她的画板上，粘贴许许多多的钻石照片。当她问我为什么我的画板上没有钻石时，我和平时一样回答道："因为我不是那种喜欢钻戒的女孩。我真的不在乎办不办婚礼之类的。我只是希望有个爱我的人，不需要那些花里胡哨的东西。当然，如果有个男人给我戴上一枚纸戒指，我也会很开心。"

她翻了翻白眼。"这可是梦想画板。"伊冯说道，提醒着我曾一直对她讲的那些话，"不是你说的吗？现在不是你觉得只要能得到什么就够了，而是在你最狂野的梦想中去设想自己最渴望得到的一切。这才是关键。"她说得对。我并没有采取我自己的建议。我不应该为"就够了"而安定下来。我应该拥有大大的梦想，最美好的期冀。

突然之间，我发现杂志广告页上的钻石都变得奇美无比。是的，必须的，我要贴一些在这上面。我翻的页数越多，我的"梦想"就越是融入我的内心，我就越发地意识到，尽管这有些老套，但我还是有点想要一枚钻戒的。或者，更诚实地说，我希望能有个人想让我戴上钻戒。我希望有个人能深深地爱我，会希望送给我一切美好的东西，无论我是否觉得那些东西很实用或是愚蠢抑或是一文不值。我希望有人深深爱着我，他才不介意这些是否老套——他只是想给我创造一个童话世界。

我知道并不是每个人都有这样的愿望。说真的，如果我的朋友玛丽莲读到这里，她一定会大笑不止，然后一个劲儿地嘲笑我竟会被那些烂大街的钻戒广告骗到——更别说我居然认为需要用珠宝来代表忠诚了！但其实，无论他人做何感想，我都要忠于自己以及自己的梦想。

我并不是说每个认为“钻戒不适合我”的女性都是在自欺欺人。我们当然是不尽相同的个体。我只是承认，我意识到自己在自欺欺人，其实我想要钻戒。还是那句话，我是在有意保护自己。我想要保证万一我无法实现这个愿望，不会有人认为我可悲可怜。相反，他们会看着我，心里想：她没有钻戒，但这只不过是因为她不喜欢钻戒！她好酷。我真希望自己能像她一样不在乎物质。

让自己去期待梦想，不要再让生活或是实用性等小事阻碍你前行的脚步。伊冯的一番话过后，我把那些虚幻美好的事物都贴到了梦想画板上：去非洲旅行，折篷汽车，冷冻冰箱，等等等等。我还找到三枚华丽的订婚和结婚戒指：一个有一颗独立宝石，两侧镶了两颗稍小的钻石；第二个就是一枚简单的扁平戒指；第三枚戒指镶了一圈极小的钻石。伊冯说得对，我要期待拥有全部，有最美好的期待！

短短的几个月后，我遇到了我的另一半橘子，我鼓起勇气把我的梦想画板拿出来给他看。他仔仔细细地看了个遍。让我惊讶不已的是，他说上面有几样也是他的梦想。

又过了八个月，他拿着一枚镶了一圈极小钻石的戒指向我求婚，还计划用我曾祖母的钻石给我设计一枚两侧镶有两颗小钻石的独立宝石戒指。当然，那一刻我惊得目瞪口呆，他在选择戒指上给我留下了极其深刻的印象。

“你是问我姐姐了吗？还是问我闺蜜了？你怎么知道我想要的就是这种戒指呢？”

他觉得答案再明显不过。“它就出现在你的梦想画板上啊。”他回答说。

请允许我再强调一次：希望，真的是一个强大的武器。

第五步 PHASE FIVE

呵护你的小苗：直到开花结果过上幸福的生活

NURTURE YOUR SAPLING TO BLOOM: LIVE A HAPPY LIFE

1 不要把约会放在生活的第一位

信不信由你，作为一个约会乐观主义者的我，我想说，其实约会并不是生活的头等大事。

“等一等……你说什么？约会难道不是头等大事吗？”

嗯，绝对不是。还记得吗？我告诉过你，你的任务不是去了解怎样才能实现你的愿望，你的任务只是单纯地保持你内心的向往。另外，约会的一个弊端就是，有时它会变成一件耗费心力的麻烦事，从而让你丧失把握全局的眼光：你会忘记先把橘子种子培育好。

我不是说你不应该去约会，而是想说，你只需要在约会使你开心的时候才去约会。如果认识新人可以让你玩得开心，如果你享受初次约会中那种惊喜的感觉，如果约会可以让你浑身充满正能量，那就赶紧约起来吧！

然而，如果出门参加单身聚会，在交友网上注册，或者去相亲，诸如此类的事情令你内心充满负面情绪，那就立马打住。拽着自己出门约会，就像在你做出了“多吃甜点、享受人生”的决定之后，连一块涂着腐烂糖浆的水果蛋糕也要逼着自己吃下去一样。

“看我过着多么逍遥舒畅的日子？我正在吃一块好大的蛋糕。”你对朋友们炫耀说，“这简直——咬上一大口——太棒了。”所有这些换来的卡路里，这些你苦苦伪装的努力，都是为了一些你根本不会开心的东西。也许，你做出这样一些荒唐可笑的事情，是你自己都无法想象的，对吧？如果一件事情无法让你开心，就不要去做！

还记得有一天晚上，我和几个闺蜜出去玩。我总是感觉自己没有她们看上去那么放松。后来我突然被事情的真相击中：她们当然都可以轻轻松松地坐在那里，因为她们都已经名花有主了！我想，如果我真的迫不及待地想要得到爱情，我就必须走出那个地方，融入一些单身人士的活动之中，做一些目标明确的事情。

正如苏珊娜·西格斯托姆博士在其研究中发现的那样，乐观主义者都是行动派。他们会坚持不懈，因为他们坚信只要坚持下去，他们的辛苦努力最终都会换取一个积极正面的结果。但是我想为你卸去肩头的重担：不要认为自己不去约会就是做得不够。

我可以向你保证：只要坚持执行“另一半橘子”计划，你就是在做出努力。改变你的观念，就是你能做的最重要的一件事情。

在你的感恩节购物清单上，最重要的一样东西是什么？是火鸡。乐观主义最重要的是什么？是改变你的思维方式。

记住，你想要，也需要使橘子式兴奋尽可能地长时间持续下去。想想猫咪发出的咕噜声吧。每一天，你那充满积极能量的咕噜声越多，你吸引来的正面事物也就越多，这个世界也就越倾向用积极的结果来做出回应。因此，如果约会令你感到浑身紧张、沮丧失意、压力重重，那就说明它与你理想中的恋爱生活南辕北辙！是的，你是出了门，把握住了机会，约了几次会，但是你对外界输出的是一种什么样的能量？“这感觉糟透了。”“我好累。”“我不喜欢这样。”“我就知道这样没用。”“无可救药了。”“我比昨天感觉还差。”“再次证明世界上根本不会有好男人。”那么，这样一些想法会给你带来什么样的影响呢？这些令你厌烦、疲倦、反感、无望的情感状况会让你觉得一天更比一天糟。所以，如果你开始感到了恐惧，或者更严重地说，你感觉到了渐渐产生的绝望和沮丧，那就赶紧终止计划！

当我突然意识到，我想要的只是一段恋情时，我便开始放弃了和一些朋友、家人或亲人的相处时间，因为我觉得那可能会占据一些重要的“遇到某个男人”的时间。我之前提过，我在蒙淘克有一栋小小的海滨别墅，一个我十分眷恋的地方。

那么，问题来了。我在那边只有屈指可数的几个朋友，除了几个男同性恋，就是一对夫妇了。这就意味着，每个周末我都必须得做出一个抉择：要不就在沙滩上和朋友们玩玩；要不就待在纽约，跟一个潜在的结婚对象见面。在那些我选择去蒙淘克的周末里，朋友们都会用一种决断式的口吻对我说："噢，你真的不打算跟男人约会了吗？出去见见男人怎么样？" 我想：他们说的都对，我没打算出门跟男人约会。

一个周末，当我必须在好友的沙滩生日宴会，与布鲁克林的一场单身聚会之间做出选择时，我在头脑中听到了这样一些声音："难道你不要去见男人吗？出门见见男人怎么样？"男人还是得靠自己留意，不是吗？我必须得尝试和一些男人约会。所以，我推掉了生日宴会，奔向了布鲁克林……但是很快，我便知道自己做了一个大错特错的选择。那里为数不多的几个单身男人根本就不是我的菜。

太好了，什么都不用说了。我就是从那一次，总结出了我自己的金科玉律：约会不是目的。做你喜欢做的事才是正经事。你懂我什么意思吧？

至于原因嘛：

你为什么要约会？为了遇见某个人。

为什么你想要遇见某个人？为了跟他展开一段恋情，也许能和他组建一个家庭。

为什么你想要一段恋情和一个家庭呢？为了得到幸福。

我要告诉你的是，不要再守株待兔，不要再指望通过约会和遇见某个人去成为最幸福的人，现在就开始做一个最幸福的人吧。

给你的种子施施肥

幻想一天结束时的景象

此时你刚刚忙完了一天的工作。想象你跟你的另一半橘子在一起的画面。他回家的时候会不会带一些烹饪晚饭的食材？他会不会提议你们俩先出门散个步？你们会用什么样的方式给予对方问候？也许你们会给对方一个大大的亲吻，然后说“嗨，宝贝儿”，或者他会将你一把拉进怀里，紧紧地抱着你说“噢，宝贝儿，可想死我了”。享用晚餐或小酌红酒的时候，你们会不会跟对方聊起一天的琐事趣事？你们会不会相拥着陷入沙发里，漫不经心地听着电视机低沉的哼鸣？你们会不会爬上床去，随便翻一翻床头的书？尽情享受你们陪伴彼此的舒心感受，满怀着同一种期许：跟一个你最熟悉的人一起，释放压力，享受轻松。

2 朝着幸福，阔步向前

不要再单纯地以幸福为目的，请转向于那些能够使你灵魂哼起小曲、身体充满暖意的事物。它就像灯塔的一道明亮而美丽的光束，将你对爱情的渴望之心发射到宇宙天际。要达到这个目的，你就要做一些令你发自肺腑快乐的事情，去一些让你的灵魂得到满足、感激和充实的地方，在那里你会感受到自己最好的样子。这种幸福有一个名字，叫作“终极幸福感”。从本质上来说，“终极幸福感”（一个可以追溯到柏拉图和亚里士多德的术语）是一种表达幸福的状态，一种可以使人感到最真实和满足的自我幸福感。积极心理学家马丁·塞利格曼博士在他的《真实的快乐》（*Authentic Happiness*）一书中指出了两条获得“终极幸福感”的方法：愉悦自己，满足自己。

愉悦是获得“终极幸福感”的重要感官要素，通常包含一些“原始的”冲动和兴奋：狂喜、性高潮和安慰感。比如说出去疯玩一整夜，畅饮小酒龙舌兰；或者在你最爱的灵魂料理[①]餐厅点一盘卤鸡、一份马克罗尼

① 灵魂料理（Soul Food），是美国料理的一种，非洲裔居民的传统菜式，与美国南方料理有着极大的联系。（译者注）

奶酪和一个玉米面包；也可以花一个小时浏览推特，追追你最喜欢的名人推特消息；或者对很多女人来说，约上一个性感火辣的男人，享受浪漫的一夜情也是不错的选择。在寻找方法来忘掉自己是单身的过程中，愉悦自己，常常就是一项必杀技，因为它的效果立竿见影。所以，当你需要一个短期、暂时的提神醒脑办法时，就潜心下去愉悦自己吧。但是你也许会发觉，等到愉悦感结束之后，你会和之前一样空虚。

获得“终极幸福感”的第二种更令人满意的方法，就是满足自己。与获取一阵转瞬即逝的愉悦感为目的不同，你可以将自己长时间沉浸在满足之中，并且它还可以在后续的时间里，经年累月地持续着。为了达到这种效果，你可以阅读一本好书，着手做一次四个小时的玛莎·斯图尔特[①]食谱，出门试一次长途自行车骑行，或者玩玩园艺。但你也不必一个人做这些满足自己的事情：你可以跟别人打一场网球，和好朋友来一次促膝长谈，或者志愿参加一场抗癌游行。社会学家契克森·米哈赖指出，这样的活动可以让你觉得处于“流动”状态，你会发现自己进入了一块可以完全沉浸其中的领域，做着你完全想做的事情，并且希望它永远不要结束——这种感觉，会为你身上最棒的自我更添一份光彩。

---

① 玛莎·斯图尔特（Martha Stewart），美国家政女王。（译者注）

在大多数情况下，满足自己的活动都是一些附带目标的活动，而数不胜数的研究也已经发现，目标实际上就是令我们最开心的地方。威斯康星大学的理查德·戴维森发现，大脑的活动模式显示，当我们朝着目标靠近的时候，就是我们大脑思维状态最积极活跃的时候。你还是单身，对吧？那么，不要再顾影自怜，沉湎于忧伤压抑之中了，快把这段时间加以利用，去学学 Photoshop，或者跑跑马拉松，找点儿能够充分发掘你的潜力，能够在头脑中给你一个目标的事情吧！（噢，不，完成《全美超模大赛》[①]式马拉松可不能算作一个目标。）如果你正在培养一个最优秀、最真实的自我，正在实现一个个或大或小的目标，那么，你在体内创造出来的正能量绝对可以将那个“他”吸引到你的身边来。

斯蒂芬妮是一名 39 岁的节目策划人，从小在芝加哥长大，多年来在多家大型企业的人力资源部门工作，包括迪士尼公司和氧气公司。前者将她带到了洛杉矶，后者雇用她当了人事部门的主管。那是一份高强度、高压力的工作，需要投入大量的时间，于是她在工作上的强硬作风也渐渐渗透到她的约会生活中。

---

① 《全美超模大赛》（*America's Next Top Model*），近来最热的一套以模特评选为题材的真人秀节目。（译者注）

“我变成了约会杀手，基本三次约会就能定生死。”斯蒂芬尼说。她不喜欢跟一些明知不会有结果的男人一起出去约会。相反，她更愿意用自己的闲暇时间，做一些令自己快乐的事情。斯蒂芬妮让自己快乐的方式，不是试着展开一段恋爱，而是直接朝着快乐大步向前，因为她知道，只要自己快乐，恋爱自然会不期而至。而她不知道的，是她做出这些令自己开心的选择，恰恰成了她“终极幸福感”的构成要素。

斯蒂芬妮朝着快乐跨过去的最大一步，就是收养了小狗噜噜。我的朋友凯莉和她丈夫（他们曾经尝试体外受精失败）的生活也是以同样的方式得到了改变。萌宠往往会玩这样一些花招：它们钻到你身体最柔软的部分里，让你享受生活中充满爱意和温馨的部分，忘却困难和戏剧般的纷纷扰扰。听起来恰好也就是你所希望的爱情的感觉，对吗？

是的，看着自家的小狗，在狗狗公园里上蹿下跳，在家里的地毯上滚来滚去，笨拙地学着坐立，那摇摇晃晃、歪歪斜斜的样子，令斯蒂芬妮深陷其中，无法自拔。带着噜噜一起出门散步，对斯蒂芬妮来说，就好像是一场小型的旅行；她一边跟周围的街坊四邻打着招呼，一边越来越深刻地感受到：不论她是否出去约会，她都可以感到快乐。生活就是如此美妙！而且，就在斯蒂芬妮跟狗狗遛弯儿的多个夜晚里，她意识到了自己一直期望的生活也不过如此。实际上，她十分痴迷于自己在态度上的这种转变，从而使她的生活也渐渐发生了变化。

氧气公司宣布即将关闭在洛杉矶的办事处，而斯蒂芬妮也被告知必须前往纽约才能保住她的工作。然而，虽然纽约是一个繁华热闹的大都市，却也是斯蒂芬妮当时最不情愿去的一个地方。所以，她辞掉了那份肥差，在一家酒店谋得了一份侍者的工作。

六个月之后，斯蒂芬妮跟一位帅气的同事詹森走得越来越近了。几个月前她就已经注意到了他，但他们还只是像朋友那样相处。虽然她没有感受到任何浪漫，但一周之后，她还是接受了他的约会邀请。入夜几个小时候之后，斯蒂芬妮说："当我身体里出现一种奇异的感觉，我便知道他就是我在等的那个人。我就是知道。"他们迅速地开始了恋爱，后来步入了婚姻的殿堂。而现在，斯蒂芬妮成了一名高级会务经理，就在她后来工作的那家酒店。他们结婚两年半后，斯蒂芬妮生下了他们的第一个孩子奥莉维亚，对自己丈夫和家庭的满意程度简直打一百分都不够。

你的"终极幸福感"可能会以不同的方式降临。

对于经常对约会感到悲观的帕克来说，在生活中做一些有趣的事情，简直就是在挑战自己。"每个星期，我都会尝试去做一件令我感到不舒服的事情。"她说。不论是报个写作班，还是参加一场新的音乐趴，帕克都决定坚持下去。她觉得这样不仅仅会自己受益，跟她互动的人也会大有裨益。"这就相当于日常生存的自救手册。"深谙此道的帕克说道，"尝试新鲜事物本身就是一个让你充满魅力的方法，是吧？如果你都不读点儿什么书，不去些什么地方看看，你怎么会成为有趣的人呢？如果你想找到一个具有冒险精神的人，那么，你身上的哪一点可以展示出你自己的冒险精神呢？男人们也在寻觅某些东西，所以，如果你不能拿出点儿什么露露身手，他们凭什么喜欢你呢？就算你不会烹饪，在你约会时，跟他讲讲你烹饪时创造的灾难，也比你说‘根本没有试过’要强一百倍。”

3 抓住现在，及时“约会”

在电影《爱是妥协》（*Something's Gotta Give*）里，哈里（由杰克·尼克尔森饰演）问埃莉卡（由戴安·基顿饰演）要不要跟他一起去沙滩散步。她支支吾吾，犹豫不决，直到他最后忍无可忍地说：“就是散个步而已，埃莉卡，不是要跟你求婚。”

试着用同样的方式审视一下你的约会。约会不是一份长期的责任……它就像是喝杯拿铁一样稀松平常的事情。所以，就一步一个脚印地来吧。你知道拉丁语的“carpe diem”意为“及时行乐”吧？但我现在不要你“及时行乐”，而是要你“及时约会”。其实，我曾经在这一点上也是十分纠结。

有一回，我跟一个在网上认识的男人约会了。他在网上贴的照片虽然被大片阴影遮住了，但是又酷又有文艺范儿，对我来说有着极强的吸引力。在去往跟他见面的餐厅的路上，我就在想：噢，也许我们可以一起经营一种充满创造性的酷生活呢，他搞搞艺术，我写写文字。就这样，在离餐厅还有一个街区远时，我心中的小鹿就已经开始乱跳了。噢，我希望他就是我命中注定的那个人！我希望我能立刻感到火花四射！然后，我就看到了正坐在餐厅外面的他。我当时的内心是崩溃的。他骨瘦如柴，面色苍白，下巴上还有一撮像初中生那样的绒毛。我失望透顶，恨不得立即转身回家。

然后，这件事情触动了我：我一直相信，我正在通过乐观主义的吸引力，将我生命中的爱人慢慢吸引过来，而且我也肯定，我可以遇到我的另一半。如果这个观点正确的话，我就不得不相信这次的约会，肯定在冥冥之中有着充分的缘由。我对我自己说，我知道梦想中的恋爱正在来的路上，并且相信这个世界是以某种神秘的方式进行运转的。每一件事情都在将我引向我的另一半，包括这次约会。

于是我款款坐下，开始享受这次约会本身的样子：迈出找到另一半橘子之旅的第一步。那并不是求婚那么严肃的事情，只是在这样一个温暖的夜晚，喝上三两杯淡酒，仅此而已。我告诉自己，保持微笑，全身放松，享受这段旅途。

4 保持一切向上看……呃，就是字面意思上的“向上看”

除了你的情绪之外，还有其他一些可以帮你保持乐观主义心态的东西，比如散散步，看看天。我知道，这可能听起来有些小儿科，但是这里的关键在于身体的具体动作。再强调一次，不要只是将心思投入进去，要将整个身体也投入进去，因为你身体的姿态会切实地影响到你的精神和精力。所以，扬起你的下巴，让你的视线勇敢地望向前方，或者，如果在户外的话，让你的视线穿透整个苍穹。

查克，一名成功的商人和电影剪接师，曾经这样对我说过：“你散步的时候，尤其是抬头看天的时候，永远不会感到抑郁。因为当你向上看的时候，你就和整个世界融为一体了。”

查克说，这是他多年前从表演教练乔治·莫里森（莫里森以教过金·哈克曼、斯坦利·图齐和伊迪·凡尔克等人而著名）那里学会的。他说得没错，因为“向上看”体现的是一种朝着更美好、更光明、更多样的事情奋力拼搏的状态。

我们抬头向那些我们仰慕的人看去。

我们抬头向灵感和启发看去。

而且，当生活仿佛要变好起来的时候，我们会想：事情真的是好势头，向上看呢！跟微笑的双向效果（当你开心的时候，你会微笑；而当你微笑的时候，你也会感到开心）一样，向上看也有同样的作用：如果你想让事情向上看，那你自己首先就应该向上看！

“好好考虑一下吧。”查克说。情绪消沉、沮丧低落的人看起来是什么样子呢？他们的姿势是弯腰驼背，他们的下巴无力地垂着，他们的视线看着下方。而你从他们那里看到的东西，也差不多跟他们的心态如出一辙：泥垢、油脂、臭虫、泥巴、混凝土上的裂缝。但是，想想你抬头可以看到的东西：鸟儿自由自在地飞翔；树枝向着蓝天伸展腰肢；太阳用水彩般的色块点亮云彩；飞机在三万英尺的高空上呼啸而过，载着归家的人们，或者将他们送往梦想中的目的地。

澳大利亚的土著人曾经会做一种叫作“短期丛林漫游”的灵魂漫步。现在，这个词指的是进行一种自我发现的漫步，一种让你觉得自己跟大地联系更加密切的旅程。无论你现在所在的地形如何，你今天仍然可以这样尝试。无论你是漫步在郊区的一条林荫街道，还是穿行在两侧电话线杆林立的城市街区，抑或是徘徊在你家房子周围的寂静小路，散步对于你的灵魂来说总归是好的——只要你一边散步的时候，一边抬头望向天空。更不必说，当你抬头望天的时候，也会是一个让男人看到你漂亮眼睛的好方法。

电视剧《丑女贝蒂》（*Ugly Betty*）里的女演员贝基·纽顿在接受《第六页杂志》（*Page Six Magazine*）采访时，对我讲述了她与丈夫相遇的故事。贝基还是个年轻姑娘的时候，总是梦想着有一天可以登上百老汇的舞台，于是她最终兴致勃勃地搬到了纽约，在时代广场谋到了一份工作……虽然只是在时代广场的啤酒厂当服务生。但是她总是抬头仰望着明亮的灯光和纯黑的天幕，梦想着自己成为大人物的那一天。有一天，在地铁里，她正抬头环顾着人群，这时，她的眼神和身边一个擦身而过的可爱小伙子相遇了。他们相视一笑。最后，他走上前去，跟她打了个招呼。原来他是一名演员，正在百老汇上演的《一脱到底》（*The Full Monty*）中扮演主角。他邀请她前去观看演出。她去了（呃，她十分喜欢那出戏），不久之后两个人就开始了约会。贝基认为——我也十分赞同——所有的缘分都是她吸引过去的。她不仅得到了她命中的男人，克里斯·迪曼托波罗斯，同时也在离她的百老汇梦越来越近。不久之后，她跟这位梦中的男人结了婚，也终于让自己的大名出现在了电视光彩夺目的屏幕上。

跟贝基好好学习一下吧，出门多抬头看看天空。“不低着头走路的唯一一个遗憾，就是你可能会错过掉在地上的钱。”查克说，“但是，”他咧嘴一笑，“就算捡了钱，估计也不会有什么太大用处。”

5 约会的事情别拖延——现在就行动起来！

很长一段时间以来，每当我想为自己的厨房添置一些漂亮的盘子时，我总是会打消这个念头。为什么呢？因为我一直抱着这样的想法：等我结婚了，我肯定要挑选一些漂亮盘子，现在急什么呢？让我来告诉你们为什么：将一些可以给你的日常生活带来快乐的事情无限期推后，这就是一种不善待自己的行为。

看看你手头上只欠东风的事项清单，现在就开始一条条地实现吧：给自己买一张大号的床垫；学会冲浪；或者，像斯蒂芬妮那样，养一只宠物。猜猜这样做的原因是什么？推迟一些事情，意味着你在将潜在的乐趣从自己身边推开。难道这样听起来不够荒谬可笑吗？简直太荒谬了！你应该现在就开心起来的，而不是遥遥无期地等待未来某一天真爱降临时才去享受这一切。

帕克的朋友们给了她一张捷蓝航空公司的礼品卡，而过了相当长的一段时间，她却迟迟没有动身，因为她一直在等待找到一个伴侣，再去将礼品卡兑现。“我一直在等啊等，磨啊磨，因为我希望能够和一个男人一起使用这张礼品卡。”她说。但是最后，兑现期限仅剩三个月的时间了，要么用了，要么扔掉，而眼下都没有什么潜在的约会对象，帕克才终于鼓起勇气，预定了一趟前往墨西哥的旅行，全程都是她自己一个人。

“我最担心的事情就是一个人吃饭，就是那种不得不说出‘我要一张单人桌’的尴尬心情。但是每当我觉得不自在的时候，我就会想起我那个无所畏惧的朋友金姆，我特别希望自己能跟她一样。她用了一年时间独自一人环游了世界。所以我觉得，我应该也可以在沙滩上成功度过一个星期！”最终，帕克放松下来，读读书，在海里游游泳，早上吃点儿鸡肉青豆玉米饼，晚上和旅行中结交的朋友喝点儿科罗纳斯啤酒。“我真是为自己感到骄傲。”帕克说，“这件事提醒了我，那些我生命中一直存在却被我忽视的美好，而我也发现自己可以做到的事情，真的可以超乎自己的想象。”

有一天——也许早，也许迟——你的生活也许会发生翻天覆地的变化。也许你会找到你梦想中的丈夫，生下一个你期待已久的宝宝，而这时候，你想要来一次说走就走的旅行就没那么容易了。

我有一个朋友曾经开玩笑说，她嫁的那个男人，第一次邀请她去佛罗里达州波卡拉顿的父母家度假时，她给了他一个白眼，说：“我有句话说了你别不高兴，跟你父母待在波卡应该不算是度假吧？”现在，他们有了一个两岁大的宝宝，每个假期都是在位于波卡的父母家度过的，因为那样真是又轻松简单，又不用花一分钱！

有些事情，在你能做的时候，千万记得去做。你是想要以一个单身女人的身份，在生命里无谓地消磨时间呢，还是想把你的时间花在认真感受生命上？

6 去做你想做的……而不是你认为男人可能在做的

约会乐观主义讲的是你自己的事情，不是男人的事情。我知道，说一些你为自己而做的事情，会比较容易开口。但是有时候，你所做的事情不过是因为你觉得你将会遇见一个可爱的家伙罢了。相信我，你的那些小心机我都一清二楚！而我想说，你根本不应该对自己施加这种压力！

在我的恋爱经历中，有一次我接了写一篇故事的任务，内容是花一个星期去挑选男人。我的其中一项内容，就是去一家厨房商店参加一个烹饪班的培训。我猜想整个过程肯定会跟浪漫喜剧片里写得一样：打着我要写一个故事的旗号，和一个可爱的男孩在轮流搅拌酱料、相互眉目传情的过程中，我便最终会和他结成伴侣。但实际上，当我走进商店的时候，发现里面只有三排塑料折叠椅，围着一台烘箱。与此同时，椅子上坐满了十几个中年妇女，还有一个二十多岁、已经订婚的女孩，咯咯傻笑着说自己报名是为了学习几份食谱，这样才能做一个好妻子——这些都不是我所期望听到的。

记住，你的意图并不是你想象中那么隐秘。它们实际上就是激活大脑的能量因子，并且影响到你身体的每一个细胞。所以，你以为自己可以怀着可能会邂逅的心情，闲晃到探戈培训班去，然后在万不得已时，装作若无其事的样子侥幸脱身？

去做一些让你快乐的事情吧，一些让你的心灵歌唱的事情，而不要去管这些事是不是跟男人有关。

举个玛吉的例子吧。她是多伦多的一位公关，曾经在寻找爱情的路上经历过不少坎坷，包括一次失败的婚姻。那时候玛吉住在纽约，过着她的单身生活，决定和一位朋友报名参加一堂长达八周的品酒课。授课老师是一名著名的品酒师。当然，虽然她这样做有一部分原因是觉得有趣，而更坦白来说，她想的是：噢，也许我们能从中认识一些可爱的男人呢！出乎意料的是，玛吉说："才上第一节课，我就不小心遇见了我的前男友，带着他的新女友来上课了。而最后他们还结婚了。"

几个月过后，玛吉被工作压得喘不过气来，只得跟自己的老板说："我现在感觉心如死灰，我得做点儿什么来救救自己了。"于是她策划了一次去法国待一个月的旅行，正好去那边学学法语。但是这一次，虽然是为了自己而旅行，但她内心深处还是怀揣了浪漫主义的梦想。

"我承认，我觉得自己可以在法国遇到适合自己的人，或者最起码，可以认识一个帅气的法国男人。"玛吉说。然后，她开始放声大笑："但是我大部分时间是待在一间挤满了各色人种的教室里，里面有一个来自奥斯陆的孕妇护士，一个基本上不会说英语的日本男人，还有一个想学会法语用来找工作的妇女，等等。我们在一起确实度过了一段欢乐热闹的时光，但是这些人里面肯定没有我的追求者啦！”

对于这次旅行，玛吉一点儿都不感到后悔，因为除了她内心想要寻觅男人的小秘密之外，她也感受到了自己获得的勇气。“还记得自己在机场的时候没有带电脑，那是我唯一一次不带电脑的旅行，但是我笑得嘴巴都咧到了耳根后。后来我才发现，那是我这辈子最为美妙和精彩的一次经历。”这次旅行也给了她一个大大的教训：她决心以后都要根据能否让自己精神焕发来做出决定，而不是跟男人有没有关系。“越是做一些让我自己开心的事情，比如跟闺蜜一起旅行，我的感觉就会越好。”所以，当她准备和闺蜜去租一个沙滩别墅，度过 2005 年的夏天时，便全身投入了策划之中，并最终将它实现。

一个七月的下午，她从外面散步回来，刚要开始跟闺蜜一起制作晚餐，丹尼尔就走入了她的视野。他是作为她一位室友的客人从多伦多被邀请过来度假的。起初，玛吉并没有过多地关注他，只是觉得他看起来人很友好，但是有一点儿不太起眼。

“他看起来跟我之前约过的所有男人都不一样。”她说，“之前我不断遇到的那些男人，都是精明强干，却恐惧承担责任的类型。”但是那晚快要结束的时候，玛吉已经忍不住要去注意丹尼尔了。“我真是做得太对了，不然真是差点儿就错过了我人生中的真爱。”

丹尼尔答应约她一起出去。一周半之后，他飞回纽约，真的约她出去用餐。“晚餐期间，我们就那样面对面坐着，当时我就心想：哇哦，也许我们将来会结婚。”从那之后，他们立即就确立了恋爱关系，两人在纽约和多伦多之间飞来飞去。

“这段感情跟我以往经历的任何一段关系都不同。”玛吉说，“我身体的每一个细胞都清楚地知道，这次我们是玩真的了。”到二月的时候，他向她求婚了。四月的时候，玛吉已经搬到了多伦多。他们把婚期定在了七月，而在婚礼前一个月，她发现自己竟然已经怀孕了！玛吉和丹尼尔现在已经结婚三年多了，有了一个 3 岁大的女儿，起名为阿比盖尔。

“我完全相信，我的爱情故事绝对是跟我自身的舒适感有关，当然还有坚信与他邂逅的乐观心态”玛吉说，“你得顺应自己的运气生活。”

你的目标应该是成为一个快乐、知足、冷静的自我，做些只为自己而做的事情，而不是去刻意创造遇见男人的机会。这也正是“暗淡之处的光辉”现象起作用的原理。

7 暗淡之处的光辉

在城市里，晚上有两种疯玩的方式。第一种，你精心策划的晚上。

你干干净净地淋了个澡，仔仔细细地刮了体毛，上好了蜡，吹了头发，蹬上一双最性感的高跟鞋，吸着肚子挤进一条低胸露乳沟、紧身显曲线、让男人意乱情迷的裙子。第二种，你慵懒随意的晚上。你没刮腿毛，还穿着醒来时就一直穿着的那件 T 恤，配上一条好几个星期都没有洗过的牛仔裤，头发绑成一个低低的马尾，这样就看不出你的头发到底有多油腻了。

现在测试来了：在以上哪一种夜晚，你会在黑暗的角落里吻上一个火辣的男人，并且还让那个男人忍不住要把你带回家里，扒掉你的衣服，将你肆意蹂躏?

呃……答案是第二种。就像是可以产生潮起潮落的月亮所拥有的引力一样，当你真的毫无准备的时候，反而会对男人有一种强烈到尚且无法估量的吸引力。朋友们，这就是“暗淡之处的光辉”的神秘魅力。

在每一个单身女人的生活中，总有那么一个时刻，你会突然领悟到它的威力。曾经有一个朋友这样对我说过：“这次聚会我根本没有合适的衣服可以穿。但是我知道，如果我出去，胡乱花钱买点儿什么装饰的东西，我保证就真遇不到任何男人了。”并且，在我开始使用约会乐观主义之前，我会严肃地争论要不要刮一下我的腋毛，以防我的咒语失效，但帕克将我的想法称为“为赴厄运而梳洗打扮”。

“暗淡之处的光辉”的魔力作用并非偶然。听起来可能有点复杂，你瞧，当你过于精心准备，刻意装扮，迫不及待地扫视着房间里每一个能够欣赏你良苦用心的男人，反而证明了你对于“无论你什么样子都可以被你的另一半橘子找到”的不确定。

在那样的晚上，你可能在内心里呼唤着：“来吧，男人们，注意到我吧！看看我今晚多么火辣/可爱/性感吧！难道你不想要跟我约会吗……不想爱我吗……不想跟我结婚吗？”这些想法都来自于你内心的恐惧，你担心自己如果不够招摇显眼，就不会找到真爱。实质上，你是在发送“今晚我想找点儿刺激”的信息素。它散发绝望和焦虑的臭味，让你闻起来就像是隔夜虾饭里的大蒜；它会放大你的孤独感，让你的生物钟咔嗒咔嗒地响得更加刺耳。你知道你的生物钟响声过大时会发生什么吗？男人会把你误以为是一个炸弹，唯恐避之不及地跑得远远的。

那么，那些你并无准备，以你最自然的状态走出去的晚上呢？那些晚上恰恰就是你浑身闪耀着光芒的时刻。在那些晚上，你可能会想，今晚我这个样子显然不是去见男人的，我只去跟朋友们享受欢聚时光，欣赏欣赏音乐。那么，猜猜你的身体会向外散发什么样的讯息？答案是，你在散发一种你很热爱生活的信号。你的积极观点会向上天投送一种你冷静、自足、幸福的积极感受，甚至你可能都没有意识到，你那发自肺腑的微笑会自动爬上你的脸庞。这才是你在一段恋爱关系中理想的样子，对吗？当你真正感受到自己的美丽时，不论你化不化妆，都会浑身散发魅力。而这就是你应该作为目标的样子，要从内在装扮自己的形象。

埃莉卡，27 岁，是劳德代尔堡的一名教师。她刚刚经历了一段五年半的恋情破裂。在那段关系中，她为了讨他欢心，被迫做出过很多改变。当她正要重回约会的游戏中时，一天晚上，一个邻居喊住了她，说："噢，埃莉卡，听说你还是单身，我有个很棒的男人要介绍给你！"邻居跟她讲了讲亚当的情况，说他是一个帅气的消防员，比她大 9 岁，还怂恿埃莉卡一定要赏他的脸，去跟他喝杯咖啡。

亚当不久之后就给她打了电话，并约她周五下午见面。"我心想，如果我喜欢他，并且他也喜欢我的话，那就太棒了。"她说，"但我还是假装毫不在意。我知道，真正适合我的男人应该是一个喜欢真我的男人。"那次约会，埃莉卡并没有刻意打扮，也没有化妆或者做头发，而是用她最真实的自我，从书桌上随意抄起钱包，冲着星巴克就去了，就像是每一个稀松平常的下午一样。"我看起来并不是我最漂亮的样子，我只是在做我自己。"但是她全然不知的是，"暗淡之处的光辉"正在发挥它的魔力。

埃莉卡在星巴克外面邂逅亚当的第一秒钟，就立即感觉到了一种吸引力，而他们本来可以很快喝完的咖啡，也愣是喝了两个多小时。一年之后的情人节那天，埃莉卡从她的公寓中搬了出去，和亚当住到了一起。"我们很快会开始一起寻找一栋新房子。"说到这里，她难掩自己的幸福之情，“他说希望找到一栋我们可以扎根一辈子的房子。我好喜欢这个主意。”

我不是在建议大家都不要冲澡，不要刮腿毛，或者不要上蜡了。如果那样会让你感觉舒服，那就请继续做下去。我所建议的是，你要确保你做的这些事情都是为了自己，而不是为了猎取到一个男人。你的意图十分重要。要从内在美化自己，让自己感觉美丽，那样你会比穿上再好看的衣服都更加魅力四射。

记住，如果你把注意力集中在你梦想中的恋情上，并且能够真切地感觉到你的另一半橘子靠近时会是什么样子，那么他就一定会出现！无论你是不是洗了澡，是不是刮了腿毛，他都会出现！无论你是不是在晚宴上打扮得花枝招展，或者堵在厕所门口排队的长龙里，他都会出现！无论你是不是穿着一件小黑裙，蹬着一双性感的高跟鞋，或者穿着一件运动衫和一条牛仔裤走在去往邮局的路上，他都会出现！并且，他会觉得你美丽非凡，因为他不是被你的精心打扮吸引来的，他是被你浑身散发出来的自然快乐的气质吸引来的。相信我，他可能根本就没有注意到你身上是穿着昂贵的裙衫，还是廉价的运动服，因为他光是忙着看你有多快乐都来不及呢。他心里想的只有：哇哦，这就是我想要每天晚上回家见到的女人。

8 忘掉老套的问题："呃，这个聚会有谁会去？"

每个单身女人都应该明白我说的这句话是什么意思。就我个人来说，在我单身的时候我就一直在这样问，为了让事情更简单明了一些。但我现在回想起感到十分内疚。这番对话通常是这样进行的：

朋友："嘿，周五晚上我叫了一些人一起玩，想不想来？"

单身女孩："呃，也许会去吧，但我不确定。"（这种回答通常都是一个谎言，只是想换得一些时间来拖延自己做出的决定。如果提到了某个潜在的约会对象，单身女孩永远都是有时间的。）

朋友："好吧，要来就告诉我。"

单身女孩："好的。呃，都有谁会去啊？"（这句话通常会以一种十分随意的语气抛出，好像暗示着谁去并不重要，但实际上，这句话可以解读成这样："会不会有一些我没见过的单身男人也去啊？如果没有的话，那跟你们参加活动要花好几个小时呢，就算有趣，也会浪费很多我见男人的时间。"）

一个周末，我收到了一封来自一个叫作瑞伊的熟人的电子邮件。她在信中说，她周末将在公园里组织一场触身式橄榄球赛。瑞伊也是单身，所以我的小心脏怦怦飙到了嗓子眼儿一分钟：噢，也许她会叫一些单身男人参加呢。但是我又不想使自己显得尴尬，就问她有谁会去。命运之手突然插入：“邀请函”（*Evite*）网站上列了五十个参加橄榄球赛的成员名字，其中三十个是男的。

“你要来参加吗？”一周前，瑞伊问我。

“呃，也许吧，还不确定。”我说，“我去的话就告诉你！”

给你的种子施施肥

想象一个度假计划

你和你的另一半橘子决定，是时候该来一场远离喧嚣的旅行了。就你们两个人哦！你们会去哪里呢？你是否心中已经有了一个理想是去处呢？比如一个阳光灿烂的海滨度假村？你们可以并排躺在沙滩上，大口啜饮着沁凉的饮料？他会不会想要带上你飞去一个他一直以来想要让你看看的城市？或者，你们会不会经常走出家门，在周末短假的时候去露营或者花几天来个徒步登山？你们是多么幸运，两人步调一致，共同期待着一次彼此都梦寐以求的假期。一趟只有你和他两个人的旅行，一趟迷失在这个世界某处的旅行。

明白了吧？我之所以迟迟无法确定自己是否会去，是因为我在忙着查看“邀请函”网站上的男人们做出了什么样的反应呢。我在等着看像马克、泰德，还有本之类的人会怎么说。最终，他们的反应是蜂拥而至。马克说：“我和翠西肯定会去！”泰德说：“女朋友不在家，那我跟你们一起去！”本说：“再加上两个人——史密斯夫妇肯定会愿意来的！”

一言以蔽之，最后我那天因为“太忙了”而没有去参加触身式橄榄球赛。但是我觉得自己那样做简直愚蠢透了。现在依然这么觉得。你的新武器应该是去做一些有趣的事，做一些让你感到快乐的事，而不要让客人名单影响你的决定。要记得，你总会遇到你的另一半橘子。无论你是把时间花在了逛街上，还是花在了去玩触身式橄榄球赛上，这都没有关系，只要这件事情令你完全、绝对享受到了“终极幸福感”的感觉。

9 你的爱情有理由尚未到来

这个世界是希望你找到自己另一半橘子的。但是，订购爱情就像从Crate & Barrel[①]订购一件沙发一样：你今天可以订一件蓝色的沙发；或者，

① 美国著名家居品牌。（译者注）

你下周可以订一件米色的铝制腿沙发；但是，如果你想要订那件米色的铝制腿沙发，好吧，那将会花费至少六到八周的时间。事情就是这样。而不幸的是，命运之河里可没有客户服务可供咨询，可以查到你何时可以等到你的命中之爱。但是，既然你已经抱着整个世界上所有的积极能量，来思索你的目标，并且相信，它正在朝你靠拢，那么你就一定会得到。你所创造出来的能量，会使得这份信仰更加坚定。只是，这些缘分的星星需要花上点儿时间，才能连成幸运的一线。所以，放掉所有的缰绳和束缚，让这个世界为你领航，带你和你的另一半橘子慢慢靠近对方吧。

《追求幸福》（*The Pursuit of Happiness*）的作者、心理学家戴维·迈尔斯解释说，乐观主义者会觉得对自己的命运有着极强的操控感。但是，单单具备操控感并不会使他们感到快乐，也不会给他们带来需要的东西。"幸福的秘诀，"迈尔斯说，"是下面几种物质的混合：对希望抱有充分乐观，加上防止自满的少许悲观，再来一些区别控制范围的足量现实。"

你无法控制每一个细节。例如，你无法控制将如何遇见你的另一半橘子，他将会是谁，这不仅仅是它起作用的方式，也恰恰就是乐趣的一部分！只要你已经感觉良好，万事俱备，那么就可以肆意沉浸在自信之中。这个世界将会主动把你的另一半橘子送到你的身旁。记住，小说家帕姆·休斯顿就曾经描述过，自己在放弃了对未来事物的控制、选择耐心静等的两周之后，就遇到了她人生真爱的故事。

与此同时，注意观察你处于单身时光的益处。拿我来说，当我姐姐获得了自己梦想中的工作，可以跟着一支摇滚乐队全世界巡演的时候，她邀请了我陪她一起前行。在那些诸如阿姆斯特丹、法国南部、夏威夷之类我从未抵达的地方，我就依偎在她那些宽大又免费的床上；我们这两个在平时基本没有什么联络的单身姐妹，竟然一起穿越新西兰，做了一次长达两周的公路旅行。如果我当时已经有了固定的恋人，应该就无法那样自由自在了。（三个人睡一张床好像有点儿尴尬……呃，除非你是《欲望都市》里面的萨曼莎。）而且，那场旅行给我的唯一收获，就是坚定了我对理想恋爱关系的一种理念——旅行绝对要占我人生中的一个重要部分。我希望有一个跟我有着共同爱好的人，一起开始我人生中的所有冒险。

你单身时所做的每一件事，实际上都是让你变得更优秀、更快乐、更聪明、更冷静或者更全能的铺垫——等你的另一半橘子到来之际，你会成为一个比之前更加适合他的女人。你的单身生活不是浪费时间，你一路走来跌跌撞撞所经历的糟糕约会，每一场无果的恋爱，都是你所获得的经验。实际上，那些可怕的失败时刻，最终都是对你有益处的，而我之所以能这样说，是因为我也曾经历过颓败，我也曾感受过跌到谷底的感觉。你随便说一种自怜自哀的状态，我都曾深陷其中，无法自拔过。但是事实上，你去感受那些生活中的负面事物，也是很重要的。哭和笑只是同一枚情绪硬币的两面，若要完整地经历其中一面，你就必须跟另外一面也相伴相随。就跟那些不撞南墙不回头的鬼迷心窍者一样，我认为约会中的棘手事情，会让我们变得更加坚强，更加明智，让我们学会同理心，也学会理解伴侣，还获得了对爱情的鉴赏力。经历了约会抑郁症的地狱之后，你会成为你另一半橘子的更好的伴侣。而且，你现在正在做的事情，可能恰好就是上天的魔力之手正打算将你的愿望带到你身边的铺垫。

这也正是 32 岁的赛琳娜忍痛学会的东西。在跟纽约的男朋友谈了三年的恋爱之后，她最终选择了跟他分手。因为她意识到，他无法给自己那种想要的爱情、欣赏和交流。由于她孤身一人，又做着令自己不快乐的非营利工作，于是搬回了位于芝加哥的家乡，和姐姐住在了一起。而她在这一期间，也渐渐想清楚了自己人生中下一步该如何走下去。重返家乡让她重拾了生活的勇气。

有一天，她来到法兰西后裔聚居地的一家餐厅吃午饭。大学期间的几个暑假里，她都在这里当服务员。她和之前在那里的同事再次聚首，还开玩笑说，如果她十年之后再次系上围裙将是多么可笑的一件事情。大家都狂笑不止。“然后我意识到，”赛琳娜说，“等一等……也许我应该在思考出路的同时，先回到这里来工作试试，这样我起码能先赚点儿零花钱，不至于口袋空空。”

三天之后，她在午餐轮班时，一边擦拭着辣椒酱的瓶子，一边在心里想：她的其他工作面试都不太走运，银行里只剩一丁点儿存款，而目前最令人沮丧的是，没有恋爱生活。“我见到的所有男人都是玩玩而已，或者害怕承担责任，就跟我前男友一模一样。”赛琳娜说，“我跟姐姐说，我已经正式宣布放弃那些拿感情当儿戏的男人了。我清楚地记得，我是这么跟她说的：‘我不必非要遇到人生中的真爱，但是我真的想遇到一个好男人，一个可以提醒我“好男人还是存在的”那个人。现在来说，我要求的只有这么多而已。’”

六个星期之后，赛琳娜被安排上了一次夜班。那是她第一次上夜班。而当她穿过大厅的时候，她注意到了乔，一个十年前跟她一起在这个餐厅里工作过的人。“后来发现，乔是世界上最好的男人，而他也刚好重操旧业，为他正在打拼的摄影事业筹集资金。”这种巧合令人震惊，让她的心里突然闪过一丝被吸引的火花。一天晚上，赛琳娜和乔一起出去约了会，几周之后又一起前往意大利参加了他们前同事的婚礼，两个月之后，他们就搬到洛杉矶同居了。这都已经是四年前的故事了，现在的赛琳娜从事了广告业，对自己曾经走过的弯路充满感激，因为那都是将她引向人生真爱的过程。是的，命运陪着她穿越了一段令人心碎的分手，一次令她羞辱的重返故乡，但实际上这都是为她发现乔所铺垫的东西。“如果我没有经历其他的事情，我将永远都不会知道，我要找一个像他那样的男人。”赛琳娜说，“我必须恰好处于人生中的那个位置，我才能意识到，我是真的、真的想要一个好男人——呼声强烈到我就是故意要这个世界听到，我就要他过来找我。”

说出你的需要，等你和你的另一半橘子准备好了，你们便会遇到。我向你们保证，这种等待绝对是非常有价值的。

10 不要刻意创造恋爱关系！

对于恋爱关系来说，是刻意创造好呢，还是静观其变好呢？说到刻意创造，我指的是，你穿上最性感的裙子和最高的高跟鞋，在一个你打听到他会前往的聚会上闪亮登场，却突然看到一个放你鸽子的人也在——噢！我的天啊！真的是他！！！——你忘了他也要去的。

约会乐观主义者从来不会刻意地去创造一段关系。如果真的要发生，那么它自然会发生。如果注定是这个人，那么就会是这个人。如果注定发生在今天，那么它就不会拖到明天。而如果注定要发生在下周，那么好吧，你就不得不任由它去，随它发展。

但这并不意味着，你就不能做一个快乐的单身女人。所以，让我们来为你找到一把标尺，为你将来的行为把把关。下一次当你徘徊不定，不确定是否应该追求某事时，你就向前推它一把，或者创造一种潜在的关系，观察你的橘子种子，问自己这个问题：在你梦想的恋爱关系中，你想要的是否就是现在这种感觉？

如果你感觉快乐、安全、自信，也许还有一点儿勇敢，那么就微微一笑，勇敢追求吧！行动起来，给他打个电话，在餐巾纸上写下你的电话号码，然后丢在桌上。因为，也许就像我的朋友陶德老是跟我说的那样："这样做了，你永远不会后悔，而如果不这样做，你也许会后悔。"毕竟，未来的某一天里，你会需要这样一些疯狂的故事回味和咀嚼，对吧？

但是，如果你紧张兮兮地盯着手机屏幕，内心纠结着自己刚刚发送出去的语音留言，反复思考自己是否把一种腼腆、娇嗔、慵懒的"随便你啦"的语气糅合得恰到好处，这样才能引诱他给你回个电话。（因为，非常坦率地说，你的留言已经过去两个小时了，现在天都已经蒙蒙亮了。）那么，这是你梦想中恋爱应该有的感觉吗？是让你怀疑自己吗？是为了让你惴惴不安吗？让你感觉无法真正展现自我吗？下次当你发现自己在质疑是否应该追求什么，或者是否应该再进一步的时候，好好查观一下你的橘子种子。它会给你指明道路。

11 做一个非同寻常、古灵精怪、不完美的自己

我们都值得拥有伴侣的爱情。他应该像我们最好的朋友那样爱着我

们，爱着我们身上每一寸纯粹而真实的自我。思考这样一个问题：当你和你最好的朋友在一起时，你会不会在坐下来之前，在镜子前面精心打扮，会不会仔细留意自己说出的话？如果你点了足够五个好友吃的中餐，那么你就会想要找一个也喜欢中餐，可以大快朵颐的男人。如果你在好朋友面前，像个水手那样大骂脏话，你肯定就会想要找一个觉得这样子的你十分有趣的男人。我并不是说你应该在打嗝的时候，把喝下去的汽水喷出来（如果你跟好朋友就是这样的话），我的意思是，虽然还是要保持适当的礼仪风度，给人留下较好的印象，但是，是时候该拥有你自己独一无二的个性了，那样你的另一半橘子才能看见你，才能爱上你的个性。

当我最终把我的另一半橘子带出去，给我最好的朋友过目的时候，你知道我听到最喜欢的一句称赞是什么吗？“真是太酷了。”他们说，“你在他身边的时候，看起来跟我们在一起的时候一样。”啊，终于对头了。你也值得拥有同样的东西：在你的另一半橘子面前，做一个完整、绝对、自然、不完美的自我。因为说真的，如果你在第一次约会中，就感觉到了自己在压抑或者隐藏自己的某些部分，那么你能想象在接下来五十多年里，一直假装另一个人需要付出多大的努力吗？

我曾经在一次约会中去看了场电影。当我吃完所有的爆米花后，我的约会对象摇着头嘲笑我说：“我们应该把那桶爆米花像饲料袋那样系在你脖子上！”我也跟着一起大笑（老实说，如果你看到我一粒接一粒狼吞虎咽爆米花的样子，你也会跟着笑的）。但是事后想想，这让我很受伤，就像假黄油喷到人身上那种令人难受的感觉。我尴尬不已，从那之后，几年之内我都没有在约会中点爆米花了，即便我之前经常不看电影也要专程走进电影院点上一份爆米花带走的。因此，我开始了独自一人走进电影院的历程，那样我就可以大快朵颐地享用我超大号的爆米花套餐，而不用担心会被我的约会对象打扰。然而，在我成了一名约会乐观主义者之后，我再一次昂首阔步地走向了爆米花柜台。而且现在跟我约会的这个男人也恰好喜欢我的这个样子。有一天，我的另一半橘子和我看电影时，他说：“今晚我也想来点儿爆米花。你是否介意跟我分享你的那份或者……等一下，算了，我自己去买一份。”我们相视大笑，然后肩并肩地大口咀嚼起来，就像我总是在梦里梦到自己与另一半相处的那个样子。不要跟自己较劲儿：尽量展示你真实的样子，成为别人不容易，“成为自己”毫不费力。

这就是朱莉·陶一直坚持的做法。并且，她把她的这种勇敢和自信归结为在一次葬礼上（是的，一次葬礼）遇到了她的另一半橘子。朱莉是个三十多岁的女人，有着一副低沉而粗犷的嗓音，笑声嘶哑，跟她聊天的前 30 秒里她总是在自我调侃。她是康涅狄格州斯坦福德的一名电视编辑。她说自己佛罗里达的家人都比较甜美，她也不知道自己的这种粗声粗气是从哪儿遗传到的。但是她在佛罗里达那块狭长的地区里见过的男人，可就没有那么甜美了。“我约过很多狂妄自大的男人，”朱莉说，“他们无聊透顶，而且跟佛瑞德·弗林斯通[①]很像——就像是穴居人一样。他们希望能够照顾我，不让我去工作。他们对我的事情都很上心，好像我是他们怀里的小宝贝一样。我是这样回应他们的：‘嘿！我也是有脑子的人！’”朱莉在约会中的问题是，那些男人从来抓不到她的笑点。在她跟一个男人约了八个月之后，那个男人在挡风玻璃上留下了一封分手信，信里写着：“你是一个个性很强的女人，尖锐又刻薄，我怕了你了。”

朱莉把这个故事告诉我的时候，我用一秒钟思考了我过去受的委屈。不管什么时候，有男人那样对我说时，我都会想：嗯，也许我确实表现得有点儿太强势了……也许我应该让男人来主动……也许我应该退后，让他来开这个玩笑……但是朱莉是怎么做的呢？她二话没说就把她的佛瑞德踹到了路边。“他是个懦夫。我就直接告诉他：‘如果你驾驭不了我，不好意思我也很遗憾。’”

虽然朱莉前前后后从好几个男人的口中听到了类似的评价，但是她从来都没打算为任何人而改变自己。她知道自己是谁，清楚自己想要的

① 动画片《摩登原始人》（*The Flintstones*）里面的人物。（译者注）

是什么，而且她也发誓，不管有没有男人陪伴，都要快活逍遥地过好她的日子，而且要在年满三十之前，去波士顿继续过这样的生活，“因为我就是如此喜欢这样的生活态度”。

一年之后，朱莉去迈阿密的一个远亲家参加一位叔叔的葬礼。在那里，她发现了斯蒂芬。他高高瘦瘦，脑袋光秃，看起来跟她通常约会的男人并无二样。在葬礼之后的家庭聚会上，她不小心听到他在跟几个九十多岁的老妇人开玩笑，他说自己喜欢跟海洋里的海牛玩耍——“而她们竟然相信了他的话”！朱莉大笑着说：“就是这样，我在那一秒钟就爱上了他。”但他们真正的交集是，当他们两个第一次交谈时，朱莉表现出的就是那个说话大声、尖刻泼辣、个性强势的自我，而斯蒂芬竟然全盘接受。“我拼命地挖苦他，而他也拼命地挖苦回来。他也是一个十分尖锐犀利的人。”噢，对了，还有至关重要的一个前提：他是从波士顿来的。

第二天晚上，在一个洒满月光的游船上，朱莉和斯蒂芬第一次亲吻了彼此。(“我知道，”她咯咯笑着说，“你难道不会想吐吗？”)第二天，他给她打了电话。“完全没有压力。”她回忆道，“我们一点儿也没有装腔作势，就好像我已经找到了一个最好的朋友。我的朋友们也说：‘他就是你。’”他们的第一次正式约会，是在路易斯安那州的爵士节，从那之后，他们花了两年时间，通过电话和周末互访，来彼此认识对方。

他身上的每一样东西，都恰好是她心之所往的。“他很有耐心，也很有趣，对待我像公主一般。与此同时，他还时刻关心我的动向，不让我和一些垃圾男人出去玩。他也清楚我是一个十分独立的人，知道我并不想跟佛瑞德·弗林斯通那样的人约会。”他们跨越不同的城市，谈了两年恋爱，在朱莉年满三十之前的那一年，她最终搬到了自己梦中的城市波士顿。从那之后，他们便结了婚，搬到了康涅狄格州，至今还沉迷在当时初次相遇时的如痴如梦之中。“我们会觉得，是我叔叔冥冥之中安排了我们的见面。”朱莉说。

朱莉教给我们的所有事情都是如何坚持自我，而这样其实也会有弊端。也许你容易表现得过于刻薄，过于易怒或者过于羞涩。但现在不是隐藏你缺点的时候，而是要正面面对它们的时候。开始正视你的不完美吧，把它们当作是你与生俱来的一种有趣的天赋！因为，老实说，这才是真爱。你并不希望你收获爱情的原因，是因为你跟其他人都一样，而是希望别人爱上你最与众不同的地方。

给自己这样一份礼物吧：保持最真实的自我。这样的话，无论你和你的另一半橘子在何处相遇，他都能够凭借你的独特自我，认出你，欣赏你。“我有个朋友下星期要去参加一场葬礼，”朱莉说，“我告诉她一定要把眼睛睁大点儿。”

12 当你喊出“茄子”的时候，记得捕获真实的自我

如果你在约会网上注册了信息，千万记得帮那个优秀的自己一个忙，试着将一个真实而快乐的自己展示出来，不要再继续伪装下去了。如果你已经上传了一张抱着狗狗的照片，希望男人们会觉得你喜欢狗狗，赶紧删掉吧。如果你只是拍摄了一张脖子以上的模模糊糊的脸，因为你觉得身上还有些肥肉没有减掉，那就行动起来去改变现状。如果你已经45岁了，却偏要说自己29岁，天啊，拜托你醒醒吧。你是希望别人爱上一个自己捏造出来的形象，还是一个光鲜、独特、令人惊叹的你?

凯伦是一名39岁的企业家，来自洛杉矶，曾经在伦敦生活过两年。她喜欢用吃饭来联络感情。“我的很多次约会都是以午饭和晚饭的形式来进行的，朋友们都开玩笑说，这些经历我都可以拿来写一本书了。”她连书名都取好了，叫作《女孩就要吃!》。但是，当凯伦（不知何故，她现在还努力保持着苗条的身材）终于准备好要找到真正的另一半时，她读到了《遇见另一半橘子》的早期版本，便在网上大肆宣扬自己正在寻求爱情。在网络世界里，她是相当直截了当的，她的求偶要求是“百分之百的诚实”，“因为我已经厌倦了非要把一个方钉钉进一个圆孔的做法”。

她把她的收入、身高和体型都列在了网上，还着重列举了自己最

喜欢的饭馆；面对想不想要孩子这个问题，她的回答是："是的，必须要。""我不明白为什么会有人在档案里撒谎，"她继续说，"每个人都会找到一个合适的人。如果你不希望人们喜欢真正的自己，那为什么要这么做呢？"随后，知道把鸡蛋放在不同篮子的凯伦把自己最开心、最能表现她积极心态的照片贴到了网上。"关于约会，现在是我有史以来最积极的时候，因为我就是知道，该发生的事情，无论如何都会发生在我的身上，所以我就稍微向后撤了几步，享受地观望这个过程。"

跟随凯伦的脚步，将你约会中的自我，变成你最好的网络礼物：贴一张讨人喜欢的照片。方法如下：前往一处最令你开心的地方，带着相机，叫上朋友，或者放在三脚架和附近的平地上拍摄。也许那里是你洒满阳光的起居室，你的后院，或者是你最喜欢的那棵树前面。然后，在按下照相机快门之前，在心中想象自己另一半橘子靠近时，你希望在梦想的恋爱关系里获得的东西。微笑，深吸一口气，想象当你遇到那位命中注定的、充满魔力的另一半时，会有多么兴奋不已；缓缓吐出一口气，将之前遇到的伴侣带来的压力一吐而净；吸气，将期待和激动纳入体内，因为你不会知道将会在哪里，跟他不期而遇；随后，缓缓吐气，吐出那些纠缠你已久的关于永远遇不到真爱的恐惧。

随后——这一点很重要——我希望你认真注视照相机，就仿佛在镜头的另一侧，你生命中的真爱正在透过镜头注视着你。他已经爱上了你，正在用充满爱意的眼神与你相对，因为他也正在感到讶异，他竟然终于找到了你。仔细看向镜头，用你的眼睛、你的微笑和你的心灵说：“嗨，亲爱的！快过来找到我吧！”你感受到了吗？一想到自己见到他的奇妙感觉，你会不会忍不住在内心偷笑起来，身体都兴奋得刺痛起来？这样拍出来的照片才是一张你希望你将来另一半橘子能够看到的照片。这才是一张如果他不经意间看到，也会瞬间沦陷的照片，因为它展示了真正的你，展示了你真实的身高、年龄以及对一段严肃认真的感情的真实渴望。无须害羞，无须掩饰，无须伪装。你值得拥有真实的东西，而你获得它的唯一方法，就是把你真实的东西展现出来。

猜猜会发生什么？某一天，不知怎的，也不知道是通过什么方式，你的另一半橘子就会看到这张照片。也许他会在见到你之前就见到了它，也许他会在拜倒在你的石榴裙下之后，在你家的冰箱上看到。但是肯定的是，他会盯着照片，对你说：“这是我见过你最美的照片之一。”而他有权知道其中原因。

“那是因为，”你可以这样告诉他，“我拍这张照片的时候，正在望着你。”

13 上天抛给你什么，你就接受什么

在你忙着活出自己真实、美妙、快乐、自由的人生之时，有一件事情我希望你能够牢记于心：注意那些送到你脚下的东西。因为如果你正努力地培育着你的橘子种子，那么你周围所有的事物都将帮助它成长。所以，就任其长大结果吧！

这让我联想起一则笑话：有个男人被洪水所困，坚信上帝将会救他。有没有听说过？我听到的版本是这样的：

一场洪水来袭，一个男人被困在自家的房子里。他爬上窗户，正好看到一个开着军用吉普的人从身边经过。那个人对他大喊："快上来！"男人回答说："不，没关系，我相信上帝。他会来救我的。"

随着水位渐渐上升，男人爬到了一棵树上。一个划着小船的人从他身边漂过，让他赶紧爬到船上。"没关系的，"他告诉下面的划船人，"上帝会来救我的。"

男人爬上了屋顶，这时候另一艘小船也主动说要载他一程。他拒绝了邀请，因为他知道上帝会赐予他一个奇迹。

最终，当水位升到了他下巴那么高时，一个开着直升机的人朝他抛下一副梯子，朝男人大喊快爬上去。他摆摆手，让他离开，嘴里喃喃地说：

“上帝会来救我的。”最后，当男人恢复意识的时候，发现自己已经和其他在洪水中淹死的人一起站在了天堂里。“发生了什么？”他问上帝，“我还以为您会去救我的。”

“唉，”上帝说，“我已经给你派去了一辆车、两艘船、一架直升机……”

如果你浑身充斥着积极正面的能量，集中注意力在你的橘子上，世界将会给你送去各种各样的东西，将你引向你的另一半橘子：意想不到的聚会邀请，最后一刻决定的旅行，工作中的新机会，突然想吃某种食物的渴望，或者想去尝试某一门健身课的想法。或者，在我的例子里，是一次我本来应该参加的触身式橄榄球赛。

实际上，科学研究表明，经历偶遇和邂逅时，你越“准备充分”，就越会心想事成。这是基于一种叫作“预测性编码”的假设。该研究由心理学家科琳·塞弗特博士主持。她知道，她本人在与男性约会时，如果对方听说过“汉堡好帮手”[①]的话，她的内心会感觉很舒服。简而言之，塞弗特说：“预测性编码，就好像是在头脑中预先进行的演练，它会提前让你准备好希望做出的行为，所以，当某一个特定情景出现的时候，你就会辨认出来。”它的具体过程，我会通过讲述塞弗特是如何利用这

① 一种包装食品。（译者注）

个原理找到她另一半的故事来进行解释。

十年之前，塞弗特还是密歇根大学的一名心理学助理教授，当时她正在为获得终身任职而勤恳工作。六年里面，这份工作占用了她 64 个工作周的时间。这意味着，当时已经 34 岁、生性羞涩的塞弗特，根本没有时间进行社交活动。但是，在她成功获得了终身任职之后的那天早上，她突然感受到了生命中那种久未谋面的空虚：工作上的目标已经达成……那又能怎么样呢？当她跟自己唯一一位同事分享这个好消息的时候，她不禁在心里自问："为什么自己身边没有更多的朋友呢？未来当再次庆祝这样类似的成功时，谁会陪伴在我的左右？"显然，她从来没有想象过跟自己的丈夫一起庆祝的画面。

"我的整个人生一直都在超负荷运转，而且一直在被拒和被甩的漩涡中挣扎。"塞弗特说。谈到男人的时候，她说："我总是对自己能否遇到另一半抱有保守态度。我觉得我是缺乏信心。但是，我拥有跟别人交往的需要，这就足够促使我做出改变了。"

所以，塞弗特做出一个决定。从那之后，她要让所有美好的事情都在她的人生中发生：她要跟其他人多加联系，这样她才能被友情和爱情紧紧包围。所以，她为自己想要的新行为"编码"了一个预报器，它会在她每次遇到新朋友时发出警报。"我决定，当我开始跟某个人谈话的时候，或者跟新结识的人握手时，我就要深吸一口气，聆听他们说出的话，凝望他们的眼睛，放慢速度，努力感受跟他们相识的那一刻。”

那一天晚些时候，塞弗特去几个街区之外的一家干洗店取衣服。柜台后的那个男人齐克对她报以微笑，跟她说了几句友好而稍带调情的俏皮话。“眼前这个男孩这么可爱，我真的无法相信他会跟我这样的人出去约会。”塞弗特说。但是多亏了她已经准备好的外向行为方式，当那个男人跟她要电话号码时——准备写到干洗单子上——塞弗特大着胆子问他：“你是要给我打电话吗？”齐克说他会的，而当天晚上真的给她打了电话，约她出去看电影。

约会进行了几个月后，塞弗特至今还记得那个决定她命运的时刻。“那一刻就发生在我们踏入一家眼科诊所的时候，因为他的眼睛出了点儿问题。”她回忆道，“他在等候室里逗我大笑了四个小时。我当时就想：我们人生中大部分的时间都在等待，对吧？在医生的办公室里等，在修车铺里等，在红绿灯前面等，那么，这就是那个陪我一起等待的男人。”圣诞节前夜，齐克向她求了婚；一个月之后，他们结了婚；而现在，他们刚刚过完他们的十周年纪念日。

“当我再次讲起这个故事时，我依旧会觉得浑身战栗。”塞弗特说，“我真的不敢相信，这竟然会发生在我的身上，真是太美妙了。它就像是从家里获得的那种爱护和被接纳的感觉。但是我从未想过，我竟然也可以从一个成年男人身上获得这种感受。”塞弗特之所以会得到这笔财富，是因为塞弗特已经做出了有意识的决定，是她自己让这样的事情必然会发生在她的身上。

“那天早上，我并没有对自己说，一定要找到一个结婚的对象，”她说，“但是我确实相信，美好的事情即将发生。如果我抬头望着别人的眼睛，主动说话，我肯定就会拥有一个更加丰富灿烂的人生。跟平常你不会搭话的人说话，意味着你平常不会遇到的机会也向你敞开了大门。如果你压根儿不跟别人说话，你就切断了一切发生的可能性。”

同样的，你也可以创造你自己的机遇。利用这个原理，为你自己的积极邂逅打下基础。有些人会把这种充满魔力的瞬间叫作“机缘巧合”。中国人可能会叫它“缘分”或“命运”。卡尔·荣格提到了一种共时性理论，一种关于有意义的巧合的理论，它是集体无意识中的交叉。塞弗特说自己的研究基础都是关于机会主义计划的，而这也恰恰就是约会乐观主义所讲的内容。如果你打算把爱情安排降临在你家门口或者人行道上，杂货店排队的地方，度假旅游的巴士上，或者在餐馆的邻桌上——当它真的发生时，它就会提高你注意它的可能性。同样的，如果用你的数字录影机把所有保罗·路德出现过的影片录制下来（说真的，为何不试试看呢？），它就会录下很多你压根儿从不知道的影片来。一旦你确切地知道了自己要找的东西，你就会发现它恰好落在你的眼前。

那么，具体到约会里你应该怎么做呢？塞弗特的研究表明，一旦将你的目标与特定的线索联系起来，当你看到那个线索，就会自动联想到你的目标。好了，你的目标就是注意到那些将你引向另一半的迹象，对吧？那么，你就在自己的脑海中创造一个你自己的线索，让它来提醒你，引导你。

例如，你可以创造这样一个线索：当你的脚触碰到人行道时，你就提醒自己抬头看看周围的这个世界，好好感受，或者决定暂时接受所有的邀请。为了方便一些，你可以将你的最新反应也编辑到你的记忆中：考虑一下，当你听到“你想不想……”的时候，练习回答说“当然想啦”！那么，当这些邀请真正来临时，你就会记得以“当然”开头。

或者，也许你可以就像塞弗特那样，从现在开始，以一声“你好”作为线索，开始与你见到的每一个人对话。“我跟朋友一起去参加过一个可怕的鸡尾酒会，但是当我终于窝在角落里，结束了一场无聊透顶的学术讨论之时，朋友却不知道怎的，竟然找到了一位充满传奇色彩的前中情局员工。”塞弗特说，“朋友的信条就是：‘我可以从每个人的身上挖掘出有趣的故事，而我们的任务，就是把这个故事一点点引诱出来。’”

用同样的方式审视你的约会：这个世界会把各种各样的人送到你的眼前，而你的任务就是创造出与他们每一个人的机会。“这就是乐观主义的意义，”塞弗特说，“如果你放弃了，那它将永远不会发生。所以要保持乐观，你至少为你的机会打开了一扇门。”

14 保证每一条路的畅通

我们骄傲的悲观主义者帕克喜欢这样说，虽然她不知道在哪里能碰到她的另一半，但她可以确定的是在那里绝对碰不到——网上。“你有没有见过人们取的那些网名？”她小声嘟囔。我见过她的几个追求者：一个人用了“龙王”（还有拼写错误）作为网名，另一个在自己的资料里面开玩笑说“霍法[①]埋在我家的地窖里”；而最令人烦躁厌恶的，是一个58岁的老男人竟然上传了一张不露脸、脖子，穿着红色速比涛泳衣的照片。“他说他没办法露出自己的脸，因为他是在政府部门工作的。”帕克说。当然，网上也混杂着一些貌似正常和帅气的男人，但是帕克并不买账。“能一起出去约会的男人，绝对不会出现在网上。”她说。我曾经跟她讨论过这种一刀切的危险之处，宣布你肯定不会在某个地方遇到合适的人，就像是关闭了一整条公路，而这条公路也许可以引导你走向终点！不要忽视任何可能性。不要预先决定他的长相、住址或者你遇到他的方式。你的心态越具开放性，他就可以越快地走入你的生活。

关闭可以让你们相遇的路径，就仿佛你口口声声叫着要去环游世

① 电影《最后巨人》（*Hoffa*）中的人物。（译者注）

界，却拒绝乘坐飞机一样。当然，你可以乘船、火车或汽车抵达目的地，但是排除掉坐飞机的选项，就是关闭了一种十分重要的可能性。这并不是说，不坐飞机就无法完成旅行，但是为什么非要放弃这个选择呢？为什么不通过乘坐飞机来享受一次想走就走的旅行，获得意想不到的欢乐呢？如果你飞抵澳大利亚的时候，正好有一个驾驶水上飞机的火辣男人想要免费载你一程呢？如果在旅行还没开始之前，就先将这些选择一脚踢开，将会是多大的遗憾！

我想强调的就是，约会乐观主义理论认为，你必须对所有的渠道都敞开大门，并且要学会创造自己的机遇。睁大你的双眼，竖起你的耳朵，敞开你的心扉，释放你的灵魂，让那些紧锁在你内心深处，关于吹毛求疵的梦想都袒露出来。记住，你的任务就是去渴望拥有爱情，剩下的关于到底如何实现你的渴望，就不是你需要操心的事情了。世界会把你想要的东西带到你的身边，但是你必须把大门敞开，才能让它进来。抓住一些机会，尝试一些新鲜事物，从一条你不知前路如何的小路走走试试。然后，当你抵达终点的时候，用心感受与你的另一半橘子接近了多少。想知道我的猜测吗？应该是近了很大一截。

拉腊·费尔南德斯是一个曾经写下一份长达十二页纸大爱清单的女人。最终，她遇到了一个超乎自己想象的、聊得来的男人。在她遇到他之前，她也是不得不睁大双眼，看着这个世界抛到她面前的所有事物。

故事开始在一个星期天，当时她还是单身，一个朋友建议她把个人资料上传到相亲网上。“这也太俗气了，”拉腊一开始这样说，“我又不是恨嫁女！”第二天上班的时候，有人在聊天中提到了这个交友网站；又过了一天，另一个人也讲了三对情侣在这个网站上相识的故事。“我不得不开始注意这种种迹象了。”拉腊说，“没错，我按捺不住了，于是就去那个网站上注册，抱着试试看的态度，建立了自己的档案。”一个月之后，她跟第一个约会对象见了面，没有产生任何火花。“看到了吧？”她起初这样告诉朋友们，但还是又试了一次。她的第二个约会对象就是强尼，也就是她后来的丈夫。

你的爱情会自己找上门来。从现在开始，允许自己对那些不可思议的瞬间给出反应，因为它们有可能会将你引向真爱。如果你保持积极乐观，不断精心培育你的橘子种子，上天就会忍不住将你的渴望送到你的身边。坐等好戏吧！

15 对自己说“你永远都不会知道将会发生什么”

上天在收到了你发出去的能量信息之后，就会把你的梦中情人送到你的身旁，不论他一路而来的过程是多么疯狂，多么不可思议。记住这一点十分重要，我强调再多遍都不算过分：你的任务不是去寻找爱情。

你的任务是去渴望它，并且相信它将会来临。

我很讨厌用一部傻瓜电影来举例子，但还是要举：凯文·科斯特纳在《梦幻之地》（*Field of Dreams*）里说得很好："如果你构筑了梦想，那么他就会走进来。"也许他不一定会立即出现，但是一点一点地，一天一天地，一个约会一个约会地，你遇到的人和经历的情景就会将你与你的另一半橘子拉得越来越近。

相信这个世界，当你朝着你的目标迈出步子的时候，它就会循着你释放出的能量找到你。因为你永远不会知道将会发生什么。你永远不会知道，每一次的尝试会学到什么东西。你永远不会知道，你会在何时遇到一个超棒的新朋友，得到一个新的工作机会，或者被邀请参加一个可以改变你生活轨迹的组织。你永远不会知道，自己会遇到什么人，或者你自己会变成什么人。你永远不会知道，转角处会有什么惊喜正在等候着你。

给你的种子施施肥

生日景象

今天是你五年后的生日。你正和你的另一半橘子待在一起。他让你闭好眼睛。你在哪里呢？户外？家里？你会听到周围有什么样的声音？朋友们的欢笑？孩子的吵闹？还是美丽的万籁俱寂？当你睁开眼睛的时候，你的另一半橘子正在把你梦想中的礼物呈现给你。是什么呢？你望着他，嘴角上扬，无法置信为什么他可以这么了解你！但这是真的，你遇到了一个如此欣赏你、了解你、疼爱你的男人，你身上每一个疯狂的习惯他都爱到无可救药，而他现在的举动就是最好的证明。你是多么幸运啊！

佐治亚州亚特兰大的居民约迪·罗森伯格，在不到两年的时间里，参加了三十场相亲。为什么呢？“我个人条件比较好，有一份不错的工作，一群很棒的朋友和一个幸福的家庭。”约迪说，“而这些相亲却把我的社交日程占得满满的。我从来都不拒绝别人帮我安排的相亲，因为我认为，你永远都不知道自己会遇到什么样的人！”她还把所有的约会都视作一种帮她走出困境的经验。“我实际上是一个非常害羞的人，在相亲中从来都无法轻松自如地表现自我，但是我得到了很多练习。”通过这些经验，她说：“我的这些故事把朋友们可都逗坏了，比如我遇到过一个穿着运动裤出现的男人，真是可笑。”最终，约迪网球队里的一个女孩儿给她安排了一次相亲，打算把自己丈夫的朋友介绍给她。那个朋友第一次在电话里跟约迪说话的时候，“他的声音里就有一种我特别喜欢的东西，然后我们就拥有了第一次超级开心的约会”。她还说，正是之前的那些相亲，为她清理了道路，为真正光彩夺目的相遇腾出了空间。“我从之前的那些约会里积累了经验，我知道自己在一段恋爱中不想要的是什么，什么样的伴侣是我不喜欢的，于是一切都变得明朗起来。我现在的丈夫是一个值得我拼尽全力紧紧抓住的人。”约迪说，“我想，如果我早点遇到他，我也许还不知道他就是我想要寻找的人呢，甚至无法愉快地跟他分享我的生活。”约迪现在已经跟丈夫共同生活了八年，依旧感觉十分幸福美满。

这些浪漫的喜剧情节是通过仓促安排和费力执行的约会获得的吗？不是，它们来自于一种坦然的心态，允许生活以一种最自然、不经计划、疯狂和尴尬的形式发生，因为你永远不知道将会发生什么。比如说，你会遇到一个从没想过会喜欢上的人。

举个例子，我记得十四年前，我遇到一个曾经是我小学同学的男人。他之前是一个小我两岁的傻小子，顶着一个鸡冠头，在四年级游戏中大唱《监狱摇滚》（*Jailhouse Rock*）[①]里面的歌曲。但是当我大学毕业那年，在家乡的酒吧里遇到他的情景呢？我的，我的天啊……他已经长大了。

---

① 一部于1957年上映的美国歌舞片，由埃尔维斯·普雷斯利（猫王）主演。（译者注）

我上小学的时候，从来都没有想过我会被他吸引，但是当我成了大学生之后，才发现他成熟了，性感，聪明又有趣。整个暑假里，我们就一直在约会，曾经还一次性煲过几个小时的电话粥。虽然我一直纠结我们的年龄差距，感觉无法长久，但是在我们各自回到学校、失去联络之前，我们在一起度过了美妙的两个月时光。重点就是，你永远不知道自己将会遇到谁，或者他的朋友会是什么样的人，或者你将会被什么人吸引。享受这种惊喜的感觉吧。这正是为什么旅程如此有趣的原因！

娜丁，一名纽约的编辑，偶然发现爱情的时候，跟所有人一样感到惊讶。将近六个月的时间里，她一直没有找到自己固定的伴侣，这时，她的朋友达尼群发了一封电邮，询问她的朋友圈是否认识任何一个娜丁会喜欢的单身男人。（再次注意：当你对你亲近的朋友说出你已经准备好了要寻找人生真爱时，这个消息就会触碰到整个宇宙的网络，或许甚至还会触碰到某人的电邮群组名单里，还会持续散播开来。）

达尼得知一个不错的男人，刚刚从楠塔基特岛搬到纽约来，于是就邀请了她去参加自己举办的跨年派对。“有一个男人我希望你能认识一下，”她告诉娜丁，“他住在州北的乡村里，养狗，喜欢园艺和烹饪……并且，是直男。”

那个时候，娜丁已经计划在城市的一所俱乐部庆祝跨年了，所以一开始她是拒绝的。但是之后，她又开始想，她在城市里的努力至今都没有结果，也许现在应该尝试相反的方向，赶紧从之前的地方逃离出来。这个想法引导娜丁去了纽约北部参加跨年派对。

娜丁带了一件美丽的裙子，但是当人们开始逐渐到场的时候，她却已经厌倦了盛装准备的样子。“我穿上牛仔裤和一件棕色羊毛衫，脚上穿一双Blundstone牌的工装靴。”但是她感到心满意足，这时，她的“暗淡之处的光辉”效应开始发挥作用了。

随后，她向食物台瞥了一眼，注意到了一块布朗尼蛋糕——她是这样表述的，而且语气十分严肃：“就是一块布朗尼蛋糕。我对别人做的布朗尼蛋糕总是十分挑剔和怀疑。但是当我看到桌上的这一盘布朗尼时，我拿起了一块。它的味道十分浓郁，口感软糯，硬度和软度掌握得十分完美，于是我就望向达尼，说：‘这是我吃过最好吃的布朗尼。谁做的？’她用手指指了指房间那头的男人，恰好就是刚刚我上前结识的那个男人。我对天发誓，我头脑中有个声音对我说：‘这就是你应该嫁的男人。’”

娜丁也嘲笑自己这样的说法，一再向我保证，她平时不是一个会轻信这种内心台词的人。但是当娜丁和休伯特开始交谈的那一刻起，他们就发现两人诸多共同之处。于是他们开始见面，在二月的一个晚上接了吻，娜丁渐渐陷入了热恋。

然而，他们也经历过一次约会危机。她是怎么跟一个与自己距离两小时车程的乡下男人一起约会的？她一直希望找到一个在城市生活的同行，不是吗？所以，她跟休伯特分手了，她要继续寻找。但是，不论从哪个角度看，所有的迹象还是指向了他。“我以为我想找的是一个生活在纽约的聪明人，但是我出去见了一个教授，那感觉糟透了。”她自嘲道。几个月之后，她独自一人去了加勒比海，却花了整个假期的时间来后悔。她想，如果休伯特也在的话，将会是多么美好。在一天下午，娜丁说：“我当时在尼科尔 - 法伊[①]逛街，试了一条裙子。我记得自己当时在想：我敢打赌休伯特会喜欢这条裙子。在那一瞬间，我就质问自己：‘娜丁，你在干什么？’”她给他打了电话，然后又开始约会。三个月之后，在一次去巴黎的旅行中，他在面朝凯旋门的阳台上向她求了婚。他们很快就结了婚，现在的时间对半花在她纽约城里的寓所和他北部的家里，为了这，他们正在探索如何一起建立一个共同的爱巢。

“女人老是喜欢用俗套浪漫喜剧的大结局对彼此进行洗脑。”娜丁说，“但是我读过的每一个伟大的爱情故事，都是这样。那个男人一开始并不是她想象中的结婚对象，结果她意想不到地得到了幸福。”好了，我不想跟娜丁打岔，但是在新年前夜遇见一个男人，并且在巴黎的阳台上被他求婚，确实是一件多么浪漫的事情啊！但是同样的，我也理解她

---

① 一个英国服装品牌。（译者注）

的意思。她说的并不是要你找一个应该拥有的人，而是找到那个命中注定的人。这种想法会促使你时刻记住，应该如何去挑选自己的终身伴侣。选择那个有趣的人，那个能逗你发笑，让你觉得自己很棒的人。记住，你永远不知道将会发生什么。娜丁也发现了：你永远不会知道自己将会和谁在一起。你永远不会知道一封群组电邮，一封新年前夜邀请，或者一口布朗尼蛋糕将会带来什么。

并且，你永远不知道，什么时候会有一个你从来没有想过的男人，成为你无法离开的伴侣。

16 击退“我还是单身”的恐慌！

成为一个约会乐观主义者之后，并不意味着你就不会再有抓狂的时候了。有的时候，未来的路依旧看起来像是一条通往垂死挣扎的路，这条路皱皱巴巴，充满想入非非、沉闷荒芜和孤独寂寥。我希望能够给你提供一些武器，来帮你缓解这些担忧，并了解到担忧根本就是一种无用的情绪。

在那本令人叫绝的《求生之书》（*The Gift of Fear*）里，加文·德·贝克尔，一名安全问题专家，探讨了恐惧——真正的恐惧——跟我们所说的“紧张、恐慌和不安”到底有什么区别。实际上，他写道：“你对某事恐惧的事实，恰恰就是它还没有发生的证明。”如果你害怕小偷闯进你的家门，这就证明小偷还没打破你家的窗户；如果你害怕你乘坐的飞机坠毁，那就证明你还没有朝着海面俯冲下去。明白了没有？你正在感到恐惧，就意味着它并没有发生。同样，惊慌失措的担忧也是一回事情。如果你就像我曾经那样，担忧过自己89岁时在敬老院里孤独终老，而从未找到过真爱，那这恰恰就是这些担忧还没有发生的证明。

另外，你的担忧并不会让你更加接近目标，因为你的恐惧正在引起你大脑和身体上的变化，而这些变化并不能帮助你实现目标。来自国家心理健康研究所的马克·乔治博士做过一项研究，他通过对女人的大脑进行断层扫描，发现当女人把注意力集中到一些“悲伤的”想法时，她们大脑中深处的边缘系统就会升温，从而高度活化。在乔治博士的研究中，当女性参与者将注意力集中在“快乐的”想法时，她们的深处边缘系统就会冷却下来。这个动态过程也会反向进行：如果你的边缘系统反应过激，你就可能会以比较悲观消极的视角来阐释或解读某一些情景；而当边缘系统冷却和平复下来之后，你就更有可能会从积极的角度来看待问题了。这是一个很重要的发现，因为你的身体会受到你情绪化的大脑时热时冷的影响。

当你的情绪大脑温度上升时，你的身体也会绷紧起来：你的心率会加快，肌肉会紧缩，眉毛会皱起，目光会涣散，脸颊会垮塌。你不会感觉放松，也不会看起来放松，更不会将你寻觅的人吸引过来——而他恰恰就是令你拥有相反心境的人！而如果你任凭自己的情绪战胜了你，你就会走向真正的不安，并且在某些情况下，因为面临彻底的恐慌，而做出“斗争或是逃离”的反应。

相信我，我知道那是怎样一种情景。就在我开始约会乐观主义实验之前的那个晚上，我跟两对情侣朋友在一起。当时，我一直看着我的女僚机（搭线人），她整晚都在和一个帅气的男人聊天。我独自一人走回家去，走在空无一人的公寓楼梯时，我第一次遭受到了那种强大无比的恐惧的袭击。我不知道那是一种什么样的感觉，只是头昏眼花地在我那间长宽各 12 英尺的起居室里踱着步子。我眼前突然闪过我高中时期拜访过的一个心脏病专家，于是就开始担心自己的心脏是不是要罢工了。我当时觉得自己的猜测绝对没有问题。我望着正在凝望着我的猫咪，米妮，心里想：我就要昏过去了，就要心脏病发而死了，而米妮会一直守在我的身旁，直到五天之后朋友和家人才会在崩溃之中破门而入。我到底应该叫一辆救护车，还是叫醒我那些沉睡的朋友们呢？经过了激烈的思想斗争之后，我最终撑着两条颤颤巍巍的腿走下了楼梯，来到了街上。我清楚地知道，如果我在街上心脏病发了的话，就会有人发现我，而不是只有我的猫咪。但是在新鲜的空气里步行了十五分钟之后，我的脉搏依旧怦怦地响，我便愈发地相信我是要心脏病发了。我招招手，喊来了一辆出租车，告诉他带我去医院。我对司机讲了我对死亡的恐惧，以防万一我在汽车后座昏死过去，而我记得司机是这么回答的："你确定你要去医院吗？你知道，你看起来真的不像是要死的人。"

天啊，真是令人尴尬。当然，现在想想非常滑稽，因为他说得很对。我根本就没有要死要活。但是对于任何一个跟我一样，经历过这种焦虑或恐惧袭击的人来说——当你真的觉得自己快要咽气了，而又不想在一辆出租车里，在一个陌生人面前死去——事发当时根本不是现在说起来这么好玩的。那次之后，我又发作过几次，而且都是在我孤身一人的时候突然袭来。后来，我学会了在它发作之前压住（方法是默默说服自己不要害怕即将袭来的恐惧，深呼吸，缓缓地降低心率），因此许多年之内我没再被恐惧袭击过。但是，自从那个晚上之后，每当我走上那些通往我空空的公寓的台阶时，心里都会有些难受。每走一步，我都会一直在想：我是一个人，我是一个人，我是一个人。而当我关上公寓大门，将我自己和米妮锁在一起的时候，心脏就会开始怦怦直跳，呼气急促起来，心里盘旋起疯狂的恐惧。要打破这个恐惧的死循环，必须付出极大的努力。

给你的种子施施肥

情人节景象

今年的情人节，你已经有了一位情人。在他面前，你完全可以做你自己。那么，你们会怎么庆祝呢？他会带你去吃一顿浪漫的大餐吗？或者，你们会点上一份外卖，蜷缩在地板垫上一起吃完吗？你会给他写一张卡片，或亲自制作一张吗？或者，你们根本不想庆祝情人节，把这个节日当作和霍曼公司年庆一样不值一提的日子。你们一边咬着一张上顿剩下的比萨，一边发誓今后的每一天都要像过节一样爱护彼此？微笑，将这种温暖的感觉吸入体内，感谢世界让你们两人相遇，因为从那天开始，你们的每一天都是特别的。

除了学会压制住我的心理反应之外，我还发现了一个方法，那就是将“一个人”这个负面词语从我脑中赶走。为什么呢？因为你想什么，你专注于什么，你就会得到什么。并且，如果我思考的全部问题都是我到底有多么孤独，那么，你觉得我能吸引什么东西过来？每当“一个人”这个词语出现在我的脑海时，我就会迅速转移注意力，专注地重复我真正想要的那个词“在一起”。

为了巩固这个想法，我也向自己证明了我并不孤独的事实——其实我一分钟都不孤独。我有一个爱我的家庭，一群时常聚首的好友，还有一个每天给我打好几个电话的朋友陶德。我学会了不去害怕孤独，因为，虽然我是一个人住，但是我并不孤单。能这样想通，并不是一蹴而就的。坦白说，我还是不断地会陷入同样一个令人绝望的深沟里：谁会关心我的朋友和家人是不是爱我呢——我想要的是一个爱我的男人。但是我又对自己反复进行劝导。“噢，拜托，”我告诉自己，“你能不能再忘恩负义一点儿？毕竟，这个世界上还有很多人没有家人，没有朋友，没有关心他的同事，或者也根本没有归属感。”因此，我在脑海中列举了所有能够在我摔倒在公寓地板上死去时会十分心痛的人。（电话簿是一个帮忙数人的好东西。）我全身充满了爱意，而我却完全忽视了。是的，我是一个人住，但是我并不孤独。我就是不孤独。你们也不会的。那么，擦掉你脸上担忧的皱纹，无所畏惧地勇敢向前吧！

17 改变你的“归因方式”

在寻找另一半橘子的这段历程中，你知道了自己的大爱清单上想要的是什么，你应该在想象得到他的时候，花时间去创造你的橘子式兴奋。但是在你的日常生活中，当你认识新的男人、开始尝试约会时，关注你的自我总结是十分重要的。因为你要确定，你没有对整个情景过分判断了，或者对自己做出了消极的陈述。约会乐观主义的重点，不是你的恋爱生活中发生了什么，而是你如何去解释发生的事情。

成为一个约会乐观主义者，最重要的一步，就是改变一种被心理学家马丁·塞利格曼博士称作“归因方式”的东西。它指的是你解释挫折原因的方式。一旦你开始用一种乐观主义的方法解释发生在你身上的事情，你就会用同样乐观的方式更好地看待未来发生的事情。让我来举一个例子，看看你会做何反应：

在一次聚会上，你的朋友向你指了指她丈夫的朋友加布。他单身，帅气，正独自站在鳄梨酱和炸薯条旁边。在她给你们俩做了介绍之后，你们交谈了一会儿，你觉得有一点儿喜欢上他了，你们有很多共同之处。随后，加布抱歉说要去一趟洗手间，等会儿回来找你。你抓着朋友的手，兴奋地告诉她，他是多么讨人喜欢，事情的进展好像非常顺利，顺便还夸了夸他的名字叫加布，多么性感的名字！然而，三十分钟之后，你却看到加布和聚会上另外一个（更加年轻，更加火辣）的单身女孩聊到了一起。而这一回，他的胳膊竟搂住了她的腰，深情凝望着她的眼睛，令她咯咯地笑个不停。

现在，盘旋在你脑海里的是怎样一种想法？

“为什么男人从来都不喜欢我？”

“就是这样，事情明摆着。我永远都找不到男人了。”

“都怪我不够漂亮，不够让我喜欢的男人也喜欢我。”

“他只是不喜欢我那样而已。”

“他们今晚交流得比我和他更加畅快。”

“如果这个男人现在不喜欢我，也许只是他刚好不是我的菜而已。”

当你浏览到这些回答的后半部分时，应该已经意识到了我想要表达的意思：前面三种回答都是一种悲观主义的归因方式，而后面三种却是乐观主义的方式。原因如下：根据塞利格曼的研究，对于挫折的悲观主义解释有着明显的特性——它们渗透力强，持续很久，针对个人。例如：

约会悲观主义者会把挫折看作是普遍的东西，一种渗透到事物所有层面的东西（“为什么男人——所有男人——从来都不喜欢我？”）

约会悲观主义者会把挫折看作是永恒的东西（“我永远都找不到男人了。”）

约会悲观主义者会把挫折看作是针对个人的东西（“我不够漂亮。”）

当你发现自己说“总是”“从不”“永远”这些词汇的时候，就是一个很明显的迹象，你正在陷入悲观主义的泥潭。而我们十分清楚你专注于消极想法时将会发生什么：你会把负面的东西吸引过去。所以，你的任务就是，改变你过去在爱情里面对挫折的看法，这样才能更好地改变你对爱情未来的看法。把跟负面想法斗争，当作是与你自己进行的一场角色扮演。别再跟你哭泣的朋友说些鼓舞士气的话，劝慰他们从泥潭里爬出来，先把你自己拉上来吧！要达到这样的效果，你需要把你在约会中受到的挫折看作是暂时的东西，看作是某种情况下特定的结果，并且不要针对你个人。因为只要把你的情况看作是暂时的，就意味着它会过去，你就会给自己的未来留下希望！所以，从现在开始，当一个男人在聚会上没有抓住你不放，或者没有在你满怀希望的时候约你出去，你就有了一种新的方式来解释你依旧单身的状态：

你在约会中受到的挫折，并不是跟所有男人都会发生的，仅限于此刻这个令你失望的男人而已。（“他不喜欢我那样。噢，那好吧。适合我的男人肯定会喜欢我那样的！”）

你在约会中受到的挫折，并不会一直持续——喝完这杯酒，一切就烟消云散了，明天醒来又是一条好汉。（“如果这个男人现在不喜欢我，也许他只是跟我不合适而已。”）

你还没有遇到梦中的男人，并不是你个人的问题——并不是因为你还不够好，不够善良，不够聪明，或者不够漂亮！只是因为这个世界还没有把你和你的另一半橘子同时带到同一个地方。

而且，顺便提一句，如果你一直在想自己还不够好，不够善良、聪明和漂亮，猜猜看你会吸引来什么样的人？就是那些认为你不够好，不够善良、聪明和漂亮的男人。记住，你在寻觅的是你的绝配，对吧？好了，其他人也都是一样！所以，如果一个男人对你没有感觉，不是因为你本身有什么缺陷。那是因为他希望从其他地方，找到更适合他的人（“他们今晚比我更聊得来。”），而你也应该如此。

给你的种子施施肥

把约会当作配对游戏

如果你还需要进一步的帮助，让你的归因方式保持在比较客观的水平上，那么，就把你的约会生活当作是一场浓缩的配对游戏吧。第一轮的时候，你翻到的是猴子。为了给它找到配偶，你翻开了……一只大象。噢，好吧。它们并不是一对。那么你该怎么办呢？你把大象翻回去，耸耸肩，等待下一轮游戏。你的约会可能也是一样。当你翻开你下一个约会对象，发现跟你并不般配时，要从一种暂时、特定、非个人的角度看问题：你们只是不般配而已，就是这么简单。

在游戏中，猴子卡找不到自己的配偶时，它不会大哭起来，也不会捶胸顿足地埋怨自己是只猴子，如果自己更像一只大象的话，事情可能就会迎刃而解了。猴子也不会去想：好吧，也许我来试试改变大象，教它怎么在树枝上荡来荡去，我们就能产生感情。如果那样的话，这对伴侣会试着改变对方，折磨彼此一段时间，但几个月之后，它们会发现问题还是解决不了。

爱情就是一场配对游戏。如果你翻到了与你并不般配的人，那就耸耸肩，等待正确的男人到来。这样就够了。在配对游戏中，猴子最终会找到猴子伴侣，大象也会找到大象伴侣。而你，也将找到与你般配的伴侣。

同样的规则，也可以运用到你对自己的一些负面评价上。如果你发现自己，总是爱说自己“太”这样，或者“总是”那样，或者其他东西“最”怎样，我可以直截了当地告诉你，这些说法都是不正确的。当你用这些极端的词汇描述自己时，并不意味着你就是如此，它只是意味着你在夸大其词。从现在开始，摆脱掉你的戏剧化成分，变得真实一些。用你对待挫折的消极思维来做同样的事情：给自己鼓鼓劲儿，从泥潭里走出来。

18 对所有的好男人心怀感恩

当我第一次专注于我梦想中的恋爱时，我兴奋了好一阵子。但是在某一段日子里，在几个男人跟我告吹，厌倦我，忽略我，抛弃我，讨厌我，或者只是没有给我回电话之后，我就又开始怀疑自己是不是从来都没有遇上过一个好人。这时候，我发现自己在说着所有单身女人此刻都会说的话："男人没有一个好东西。"我总是会听到这句话，而事实是：世界上是有好男人的，只是需要你去发现。

凯伦，那个几乎把整个洛杉矶约了个遍，后来跑到英国去试水的女企业家。她说，注意到那些好男人之后，她的心态发生了翻天覆地的变化，重新燃起了希望——尤其是在她开始担心永远都找不到好男人的时候。

"我一直都是一个乐观向上的人，但是经历过很多不咸不淡的约会之后，我就开始想，也许我的另一半橘子早年间就出了事故，永远都找不到我了，"凯伦大笑起来，"因为他早就死了！"但是去年中旬，她说："我开始照着你说的做了，就像从杂志上剪下我最喜欢的内容一样，我开始享受那种温馨又暧昧的感觉。"虽然经济萧条对她的生活产生了一些较大的影响，但她一直保持着约会乐观主义的精神。"请我咨询的那家公司遭受了一场金融危机，所以我就在摄政街的香蕉共和国找了一份假期兼职。"凯伦解释道，"就像你建议的那样，我会刻意地去观察情侣们是如何跟彼此交流的，并且震惊地发现，有很多男人真的十分享受陪女朋友逛街的过程！我从来都没有遇到过一个愿意陪我逛街的男人。所以，我会在他们女朋友去试衣间的时候，跟那些男人谈话，而惊讶的是，我遇到过的很多男人都真的觉得自己很幸福，并且心甘情愿为自己心爱的女人做些特别的事情。这些真的慢慢给了我希望。基本上，当我睁开眼睛的时候，就会发现周围充满爱意。"

在变得对这些好男人心怀感恩之后的几个月里——也刚好是“另一半橘子计划”进行到第六个月的时候，凯伦遇到了马克，一个加利福尼亚人。他是一家公司的主席，暂时在伦敦办公，在网上看到了她极其诚恳坦白的档案后，主动联络了她。他们才约会没有多久，她就意识到：他是我见过的最好的男人之一。她说：“他十分聪明、温柔，而且爱着最真实的我。”他是如此爱她，以至于马克最近一直在开玩笑地问凯伦：“你在我眼里是那么完美，你到底怎么做到的？”凯伦跟他解释说，因为他们俩是绝配。

“我说：‘大多数男人觉得我身上不好的地方，或者把其他男人都吓跑的地方，恰恰是你爱我的地方：我的自信、我的活力、我开口闭口都大谈性事的习惯、我的大嗓门、刚愎自用、总是笑声朗朗。当然，还有我的好胃口。’他说：‘但这些都是你最棒的特质，这些才让你成为凯伦啊！’我又说：‘我知道，你爱我的地方恰好就是别的男人讨厌我的地方。’” 马克为了证明他有多么爱她，就跟她求了婚。他们现在一起搬到了洛杉矶，正在策划婚礼，而这时候，刚好是凯伦正式成为约会乐观主义者的第十四个月。嘿，“女孩儿还要吃”结婚蛋糕哦！

所以，去寻找那些你周围的好男人吧。你肯定会有一个关心你的男性朋友，他也值得拥有他人生中的真爱。当然啦，在你的朋友圈中，肯定也会有对你闺蜜很好的男朋友或丈夫，他们会让你希望找到像他们那样的伴侣。也许你认识的好男人已经名花有主，或者不是你的菜，但重要的是，你要提醒自己，好男人是确实存在的。因为，如果你专注于他们，你就更有可能会把他们吸引过来，并且在他们路过你身边的时候，你会更容易将他们辨认出来。记得吗，当我们开始讨论说想要一辆丰田普锐斯的时候，你就会突然发现满大街都是这种车吗？找男人也是同样的道理。

当然，我的朋友帕克会从各个角度来否认这个观点。

“外面的男人们可不喜欢强势的女人。”她最近说。

“他们当然喜欢。”我说。

“我见过的都不喜欢。”她回答道。(注意，帕克使用了极端的词语“都不”。) 因为，跟帕克一样，如果你说服自己相信了“喜欢强势女人的男人根本不存在”的鬼话，那么——哎呀——你干吗还要费劲儿找呢？相反，打开你的心扉，擦亮你的眼睛，这样的话，还不等你来得及反应过来，好男人就已经自动出现了。

在我实验的第七个月里，我把我认识的真正好男人梳理了一遍：例如，我的父亲，他是一名很棒的摄影师，还是一个疯狂的科学家，而最重要的是，他有着非常细腻的灵魂。我的生命中还有更多的好男人：我的叔叔伯伯们，我的堂表兄弟们，我最要好的男性朋友们，我朋友的丈夫，我之前的同事，我大学里对我好到要哭的哥们儿。如果这样数一数能让你想起更多的好男人，那就继续数下去。威尔·史密斯看起来是个超级温柔的男人，对吧？演员贾斯丁·隆在生活中也是再好不过了——而且，他还十分懂得欣赏强势和聪明的女人。还有博诺呢？我跟他一起出去玩过，发现他真的是一个暖心、正面、真实、有趣的男人，跟你希望的一模一样。关键是，我越回忆这些好男人，越多的好男人就开始主动出现在我的眼前。试试你就明白了。

在你做这项工作的时候，好好回顾一些你交往过的好男友，他们可以提醒你在某些时期也确实有过不错的品位，也具备喜欢优质男人的能力。例如，我永远都不会忘记在那个暑假跟我约会的那个男人，那个第一次约会居然是约我出去吃午饭的男人——这就跟大多数其他男人有着天差地别了，因为其他男人想的都是如何在晚餐时把我灌醉。有一天晚上，这个男人开车载我去了一片私人海滩，然后从后备厢里掏出一瓶红酒和一块野餐毯，向我证明了浪漫依然存在于这个世界上。如果你对当时认识的男人充满感激，你就会把更多的好男人带到自己身边。

卡洛琳·柯蒂斯，博士，加利福尼亚健康婚姻工程的执行理事，信奉一条在她身上很管用的格言，对你也会有用。“如果你能找到一个好男人，你就能找到两个。”她说。她还是个单身女人的时候，就把见到过的那些好男人的例子，作为他们确实存在的证据，也作为她鼓励自己也能找到一个好男人的证据。“如果你能看到一个好男人的存在，即便他已经结婚了，你也朝着正确方向迈出一步了。当你的周围有一个这样的人，那会是一种什么样的感觉呢？如果你能找到一个好男人，你就能为自己找到第二个。”

如果你连一个好男人都找不到，那你应该是患了被柯蒂斯称作“选择器失灵”的毛病。选择器失灵的人会误解好男人的定义，也就是说，她们会把危险、兴奋或欲望混淆为爱情。“如果你的选择器失灵了，你就看不到一个可以依附终身的好男人，”柯蒂斯说，“因为你没有从正确的角度来寻找！”作为约会乐观主义者的你还算幸运，你专注的都是一些正确、良好和健康的东西，这些都是恋爱关系中你值得拥有的，所以，现在的你可以比以往更加擅长对好男人的辨识。

柯蒂斯在一次工作会议中遇见了她的好男人，而且一直受益至今。“当你把你的愿望告诉好男人的时候，他们就会义无反顾地去满足你的需求。”柯蒂斯说，“当你把你的感受告诉这些好男人的时候，他们就会全力以赴地去理解并接受它。”这种带着健康的性吸引力的男人不就是你想要的那种男人吗？出去寻找那些好到值得拥有你的男人吧，你会离你的好男人越来越近。

19 赶走反刍的习惯

一个气温三十摄氏度的晚上，我坐在一辆出租车里，堵在拥挤的大街上。伊冯邀请我去一个在上城区时髦地的聚会，眼看就要迟到了。其实那次约会我并不是十分想去，但是作为一个约会乐观主义者，我还是决定放弃我平常总在市区的活动，去上城区试试运气。我想，我的生活需要一些新鲜事物。对我来说，去市里的新鲜地方见些新朋友，应该是大有裨益的。不幸的是，我被载到了错误的地点，距离正确位置有八个街区那么远。穿着高跟鞋的我，脑子里面怀念的只有我的旧沙发，我的旧遥控器，还有我昨天剩下的食物。

我刚打算摆着一张臭脸走进聚会地点，这样所有人就可以替我遗憾这趟糟糕的旅程了，但是突然意识到……做一个满口抱怨、悲惨兮兮的客人，对我会有什么好处？什么也没有。但是如果我满面笑容，我可能会收获几个朋友。所以，走在最后几个寒风刺骨的街区时，我努力让自己挤出了一个温暖而光明的橘子式微笑。一开始，我是强迫自己，拼命假装放声大笑才能让肌肉放松下来。但是当我微笑着走进那个聚会……三个小时之后，我跟一个可爱的男人接了吻。最值得一提的是，他的西装夹克里装着一条粉红色的装饰方巾。

他把我的手机号码录入了自己的手机，告诉我："我不会让你离开我了。"我被迷得神魂颠倒。

然而，一周之后，方巾先生还没有给我打电话，我不知道为什么。我就是十分确信我们注定会在一起，十分坚信他不会让我离开。

“肯定是出了什么问题。”我对伊冯说。承认自己这样的想法已经够令人尴尬的了，更要命的是我还补了一句：“我打赌他把我的电话号码弄丢了。”

“但是你说你亲眼看着他把你的号码录入他的手机的。”

“我知道，”我说，“但是也许他不小心删掉了呢。或者，也许他忘记在那个号码上输入我的名字了，然后又记不起来哪个号码是我的了。或者，咄……”我说，“也许他把手机弄丢了。”

现在我们都已经对结局心知肚明了。但是对一个人的痴迷，会让我们的逻辑做出多么疯狂的事情啊。事实是，在克雷格列表网站上，找到失去联络的人并不是一个多么复杂的事情。方巾先生是我一个朋友的朋友，这就是一个十分直接的关联，到处都是可以利用起来的电子邮件地址和电话号码。但是，我就是不愿承认他其实没那么喜欢我，而且在接下来的一个周里，我还一直在强迫伊冯听我抱怨。“我一定是做错了什么事情，”我说，“也许我太开门见山了。也许是我还不够开门见山。为什么我爱的男人从来都不会来爱我？噢，也许我可以想办法来联系他，看看他会在哪里，让他意识到我在打听他的消息……”

当一个人感觉自己是世界上最孤单的那个角色时，难免会沉浸其中难以自拔。当然，跟闺蜜们坐下来好好聊聊，跟她们讲讲你最近的进展——比方说，你上出租车前后发生的事情，以及你对短信里面笑脸符号的意思解读。上帝知道，我们女人就是喜欢分析局势，直到我们把里面的每一滴神秘之水都吸出来才肯罢休。但是细数了一两遍之后，就试着放手吧。因为你一旦开始涉足这些负面事物——关于你是多么没有人要，多么找不到合适的男人，多么碰不到对的人——你知道的，你将会带来的结果就是：真的会变成孤家寡人，一个男人都没有了。这就是被心理学家叫作“反刍”的过程，也就是想太多。

“反刍”会把我们的行为翻译为“自寻烦恼的疯子”。积极心理学家马丁·塞利格曼博士表明，女人比男人更加倾向于对一些压抑或紧张局面进行反复思考，挣扎，纠结。他发现，当一个男人和一个女人同时经历了工作上糟糕的一天，或者，在约会时被自己喜欢的人拒绝了，他们会做两种截然不同的事情。女人倾向于对事情反复回味，分析人们说过的和没说的话，试图对自己觉得不对头的事情进行插手，分析其中原因。而男人们呢？他们会选择转移自己的注意力。他们会去喝上一杯，或者去运动俱乐部，或者玩玩电子游戏。他们会在脑海中移除那些使他们受挫的事情。那么，你知道谁的效果会更好一些吗？是男人们，他们最终会在总体上变得比女人放松许多。

所以，女人们哪，努力克制一下自己，停止对交往中每一个不确定时刻的反复思考、不断分析和神经过敏吧。打消它，赶走它，做些赶跑这些思绪的事情吧！看一部没心没肺的电影，做做瑜伽，做一罐松饼，去博物馆逛逛，出去运动，给自己买一本沙滩读物，不论现在是什么季节，然后潜心去读，或者自己去泡泡体育酒吧。你的目标就是赶走你的毫无意义、徒劳无益的纠结行为，让你的灵魂再次在生命中的美好感受中肆意徜徉吧！

如果你在生活中，对男人的情况感到好奇，你依旧可以详细地了解——无论如何，你最好的朋友比别人更加了解你，他们给你提供的信息绝对有用。但是当你开始听起来像一盘快进的光盘时，千万不要放任自己，不要再去纠结了，多一秒钟都不行。

尤其是不能跟那些毒气弹一样的尖酸刻薄的单身朋友一起纠结。我知道，你们的对话貌似有用，好像你们是同一个战壕里的朋友，但是，那些同情和抱怨对你的问题都毫无用处。一个压抑过度的单身朋友会将你体内的乐观主义力量吸走，将你的积极心态拽走，将你的另一半橘子逼走，离你越来越远！

所以，如果你需要快速振作起来（或者你想要你的朋友快速振作起来），去一些有快活人的地方，会产生奇妙的效果。因为根据一个基于“情绪传染”原则进行的研究发现，快乐是可以传染的。哈佛大学一名社会学教授尼古拉斯·克里斯塔吉斯与加利福尼亚大学（圣地亚哥）的詹姆斯·福勒在英国的《英国医学杂志》（*British Medical Journal*）上发布了一项研究数据，他们发现拥有一个快乐的邻居，会让你提高 34% 快乐的可能性；拥有一个离自己半英里以内的快乐朋友，被他的好情绪影响的概率会增加42%；而拥有脾气暴躁的朋友会让你的快乐情绪减少7%。

所以，前往一个整个世界都会微笑的地方吧，让情绪传染原理发挥奇迹。这就是我尝试的办法。我用了几个星期的时间，从我的痴迷中恢复过来——并且，在与方巾先生的一次“偶然”安排的见面中，我得知他已经有女朋友了——但是最后，我还是选择回去和那帮可以传染快乐的朋友们欢度时光了。在坚持了七个月的约会乐观主义之后，美好的事情一定很快就会发生的，对吗?

20 你值得拥有一份非常非常美妙的爱情

我很愿意这样假设：你知道自己有多么优秀，知道自己值得拥有一个为你点亮人生的男人。但是我也知道，并不是每一个人都会给自己打很高的分数——而如果你就是这群人中的一员，请仔细听好了。比如说帕克，我们老是提到的那位约会悲观主义者，花了很长的时间才勉强愿意相信，会有一个男人是专门为了她而存在的。她这样的心态，并不是因为她对男人的感觉如何，而是在于她对自己的感觉如何。她担心自己内心暴躁，有点儿苛刻，害怕喜欢的男人会伤害她，因为她觉得自己还不够完美。这些都是性格上的硬伤。所以，她正在进行矫正——如果你感觉有一些使你压抑的东西，比如过去的创伤，痛苦的恋爱，拜托，好好跟她学习一下。学会直面它们，不要掉头就跑。当你首先学会爱自己之后，你将会成为你梦想中恋爱关系里更好的一半橘子。

但是在你对付这些问题的过程中，记得开始启动约会乐观主义程序。当你对自己感觉很好时，就持续地专注于这种奇妙的感觉，找到一个可以让你——不管你是得了拇指囊肿还是什么别的大毛病——在他面前完全做自己的人。不要一直等到自己变得完美的那一天，才开始考虑你未来的爱情。这就好像是说；不要非等到还清了助学贷款、在应急账户里存了一笔小钱之后，才终于开始往你公司对应的 401K 计划[①]里面投钱。苏茜·欧曼可能会因为这个用手掌敲你的脑袋，而且是义正词严，丝毫没有冤枉你。如果你一直等到银行里存款有盈余，才想着给 401K 账户投钱，那你就等着自己的钱在退休前只够去宜家[②]吃特价的热狗吧。

我的意思是，不要等到你把你所有问题的每个细节都一一解决了再去渴望爱情。每个人都值得获得爱情。没有人例外。不要再去找理由或借口，去解释你的生活有多么艰难，或者你不值得现在拥有爱情。

① 按该计划，企业为员工设立专门的 401K 账户，员工每月从其工资中拿出一定比例的资金存入养老金账户。（译者注）

② 一个家居饰品品牌。（译者注）

另外，如果你在自信或其他重要方面有障碍，那么就看在上帝的份上，对你的生活稍加管控，试着去解决这些问题！因为如果不爱你自己的话，合适你的那个伴侣也不会知道怎么去爱你。如果你觉得自己的生活失去了控制，那就好好约束自己，承担起对工作、钱财、家庭和未来的责任，让一切走上正轨。如果你讨厌自己的身体，那么，要不就增加营养，要不就加强锻炼，或者找一个你喜欢的方式去爱上你自己。如果你因为一些深层情绪的原因而感觉自己没有价值，就去医学专家那里进行治疗，帮你解决一下问题。但是，不要非等到你光彩夺目和一切就绪的时候，再去寻找爱情。相反，你应该去寻找一个认为你这些“问题”都不是问题的爱人，一个觉得你那些愚蠢的坏习惯也十分可爱的人，一个现在就觉得你美到目瞪口呆的人。如果你一直扭头看着你的过去，那你就无法继续向前走。不要再去找借口说明你为什么今天还不配拥有爱情了。如果你爱自己，你就会意识到，真正合适你的男人只要拥有你，就会足够快乐和幸运了。

21 记住：你是为了一个伟大的目标才坚持下来的！

我知道，有时候怀疑自己是一件轻而易举的事情。你是在寻觅不可能实现的东西吗？你是不是太好高骛远了？你应该稳定下来了吧？但是我希望你能记住一件事：如果你希望现在就找到你的另一半，你一定就能够找到，对不对？还是有一些喜欢你的人，你都知道的。来吧，让我们来听听这个名单：

工作上总是喊你一起去吃午饭的男人；

喜欢了你十年的男同性恋闺蜜；

午餐时因为你路过而兴奋的那个男人；

脸书（***Facebook***）上给你发电子邮件邀请你第二次约会的男人；

至今还会打电话来“报到”的前男友。

如果你想跟一个喜欢你的人随便凑合一下，那你完全可以那样做，现在就可以。但如果你要为某个更特别的人再坚持一会儿——你也应该坚持的。因为所有动人的爱情歌曲里歌颂的，都不是关于一个女人和一个对她很好的男人随便凑合，然后过上了幸福的生活。这些歌曲描述的都是深陷爱情的人们，因为那才是我们都想要的，也是我们都值得拥有的。因此，当你觉得跟某人没有感觉时，不要硬逼自己上前。这是一个信号，意味着你已经足够勇敢，能够坚持等待那个真正适合你的人，而不是妥协。这也会让你所等待的每一秒钟都变得弥足珍贵。“我想要一段不可思议的恋爱。”你应该这样说，“我等不及要看看谁是那个我在等的人了。”

22 错误钥匙效应：如果你被困住了，试着改变一下

如果你手里有一把钥匙，你试了第一把，没有打开你家前门的锁，你又试了另外一把。生活中很多事情都是如此：在一个很久没有访问过的网站上，你输入的密码不对，你就再试另外一个。如果你在交通繁忙的地段打不到车，你就走到另一个街区去打。爱情里面也是一样。如果你觉得生活中各方面都不尽人意，好像没有认识什么新人，没有什么发展的可能，那就去改变某些事情。

你需要意识到两件事：首先，一成不变的日子会将你置于一种压抑的恐惧之中；其次，这种一成不变意味着你没有让自己打开心扉，去接受上天传达给你的能量。

如果你将注意力集中——真真切切地集中——在你梦想中恋爱的感觉上，上天也许就会给你指明新的方向，给你发出信号。睁开你的双眼，集中注意力。有没有什么事情是你今天需要改变的？如果有，就去做。改变一些东西。随便什么都行。下定决心不是只在新年第一天才能做的事情！如果有人今天在路上喊住了你，请你在他们的请愿书上签字，也许你就应该停下脚步，好好地读上一次。如果你很意外地收到一个并不熟络的同事的聚会邀请，也许你真的值得一去。如果你的邮箱里收到一

封户外音乐会的传单，或者你家附近出现了一辆献血车，也许，这一次，你应该说“好的，我去试试”。

关键的一点就是要给自己制造一种感觉，一种一切皆有可能的感觉，一切都会将你引向你的另一半橘子的感觉。所以，如果你每天都拖着沉重的步子，走在同样的街道上，做着同样的工作，喝着同样的饮料，联络着同样的朋友，下班走回同样寂静的房子，日复一日，年复一年……也许，是时候做出一些改变了。

23 做出一些大改变

阿兰娜是纽约的一名成功的时装设计师。她跟同居男友分手之后，变得抑郁、失落、孤独，对未来失去把控。但是她没有向恐惧屈服，而是卖掉了自己的公司，卖掉了自己的公寓，搬到了纽约北部远离大城市的地区。在那里，她在一座 90 英亩的老农场里买下一栋小型的周末度假别墅。“我搬到这里来，没有工作，也没有男人，只有一座我过去五十年里从来没有用过的畜棚。”阿兰娜说，“我买了一只绵羊，一只猪，一只山羊，一辆拖拉机，然后开始学习怎么和它们打交道。”

正在这个城市女孩把所有精力都投入了新生活，以及学习如何耕完整片土地的时候，她遇到了鲍勃，一个从长岛郊区来的男人。他继承了祖父母的农庄，就在路的那头。鲍勃和阿兰娜现在已经结婚，一起成功地经营着她的农场。

莱斯利，华盛顿的一名编辑，也做出了一次同样大胆的举动。在纽约定居和约会了十年之后，莱斯利身上发生了一件晴天霹雳的事情。她一直断断续续约会了几年的男人告诉她，他觉得他们注定要在一起了，所以想要跟她正式结婚。然而，三天之后，他又用一封电子邮件向她提出分手。他们在不久之后的一顿午餐时正式分道扬镳。

“我记得我就坐在这张桌子旁边，周围全是人，我泪眼婆娑地问他：‘你怎么能这么对我呢？’”莱斯利这样回忆道，“然后，过去的画面就像电影蒙太奇一样在我眼前回放，这已经是我第三次在餐厅里因为分手而哭泣了。我当时就想：就此打住吧，我再也不要在餐厅里分手和哭泣了！”

但是随后，她说，这个城市就开始对她嘲弄起来：这里是她遇到那个喜欢的男人的地方，那里是她遇到那个人渣的地方。她身心俱疲，她在心理上给自己定了一个“现在必须要找到一个男人了”的期限，这把她弄得无比颓唐，感觉生活好像是一头栽到了地上。“没有大的低潮，”莱斯利说，“但也没有大的高潮。我在缓缓滑行。”于是，她决定迈出一大步，真真正正地尝试一把新的钥匙——一把位于新城市的新家的钥匙。

作为一个有条不紊的计划者，莱斯利确定了五个备选城市。她对每一个城市的优势和劣势都一一进行了列举和对比，并且联络了每个城市的熟人，最终选择了得克萨斯州的奥斯丁。“我想去一个完全不同的地方，把我从舒适区里拉出来。”她说，“而且我一做完这个决定，就感觉自己比之前更加积极，富有活力了。我不想只是缓缓滑行，我想要自己掌控，想要完全为自己考虑，只是单纯为自己做些什么。”她的身边也会有一些唱反调的人：“朋友们会说：‘但是你已经积累了这么多的人脉，有着一份很棒的工作，还有一间房租稳定、带电梯的公寓！’他们好像并不明白，那一间房租稳定、带电梯的公寓并不会让我开心。”

于是，她用攒了九个月的钱买了一辆车，事先考察了当地，鼓起勇气终于完成了心愿。这次搬家让她精神焕发：“我不得不重新结交朋友，找到我的方向。”她在当地的报社找到一份工作。她参加了交际舞课程，学会了乡村华尔兹。她去参加足球比赛，去吃烧烤，还跟一群女人报了高尔夫课程，很快就跟她们打成了一片。在她家的后阳台上，她深深地沉迷于自己全新的生活方式。“在那里，我可以咬开一瓶啤酒，坐在我的山核桃树下。”她说。

这对莱斯利来说是很棒的经验：专注于生活中全新的事物，而不是一直沉湎于过去。“我搬家的时候，有些人说：‘你会把你的问题也带过去的。’确实如此，”莱斯利说，“但是你也学会了从一个新的角度来看待你的问题。当你不得不靠地图才能找到杂货铺时，你真的不会再有时间去沉湎于那些陈芝麻烂谷子的破事！你只是在忙着生活。”

六个月之后，莱斯利遇到了一个想和她结婚生孩子的男人。这会是真的吗？她搬家后六个月，她的爱情问题就解决了？好吧，并不完全是的。因为在跟她男朋友相处了八个月后，她的直觉告诉她，还是有些不对头的地方。“我意识到，他并不是单纯爱‘莱斯利’，他只是想要一个老婆而已。”她说，“如果我一直痴迷于寻找男人，我也许可以和他结婚。但是，我现在一个人也很好，我愿意等待那个专门为我而来的男人。”

于是，莱斯利又跌跌撞撞地走回了她的单身国度，而且还像往常那样，跟她的好朋友兼好同事杰里米详详细细地吐槽了一番。他们两个一直都是一种柏拉图式的关系。“但是有一丝火花。”她说。随后的一个晚上，她跟他约着一起去看音乐演出，一直比莱斯利更加投入的杰里米倾过身子亲吻了她。他们的爱情开始得如此大胆，但莱斯利感觉很棒。“他听我说过很多别人的坏话，也见过我在工作场所大发脾气。”她说，“当然，每个人都会有自己的负担，但是我已经把我的包裹全部打开，在他面前一一摊开了！我想，这个男人真正了解了这个即将和他在一起的女人，而我也十分了解他。”这种感觉，跟她之前谈过的几个男人都有着天壤之别。“我在纽约工作的时候，我必须把自己收拾得干干净净，把自己最完美的一面展示出去——只讲那些可以让我闪闪发光的辉煌事迹，只说那些进展顺利的事情。但是，现在我已经找到了一座城市，它的信条竟然是‘奥斯丁拒绝俗套’。这是一个充满多样性的城市，你可以展示你全部的自我。在奥斯丁，我不会担心我向外展示的形象。我知道了‘不完美’不仅仅是绝对可以的，而且也是一件有趣的东西。接受你的不完美，并且赞美你的不完美！”

杰里米他们在夏威夷的沙滩上举行了婚礼，现在正在一起策划他们下一步的冒险旅程。

最终，莱斯利把她的这一重要举动——尝试一把新钥匙——归功于她心态的转变。“光是决定搬家这一件事，就给了我一种掌控感。”她说，“就好像在说：‘嘿，我这样做了哦。’是的，这就是我的选择。现在，我卸下了负担。”另外，她还说，一旦你决定踏上重大改变的道路，你就会更好地掌控你的人生。你就不会再去担心别人怎么看你，或别人怎么看这件事，以及背后的利弊关系。一旦你迈出第一步，你就会更容易沿着那条道路直走，也会更倾向于尝试更多的新鲜事物——包括跟一个与你完全不同的好男人结婚。“他是一个非常跟着感觉走的人，而我是万事计划难小姐。”她大笑起来，“我是可以享受乐趣的，但是这些事情必须是在计划中的。另外，我还极为小气和节俭，杰里米却知道怎么适时地挥霍一下。所以当你想到一对绝配的情侣时，绝对说的就是我们。

我们俩在一起是那么的和谐。”

他们的结合如此轻松愉快，这就是为什么她如此强烈赞同“另一半橘子”说法的原因，也是为什么应该把那些关于男人的条条框框全部抛开的原因。

“我们都会当局者迷，而很难清楚地知道自己想要的东西。”莱斯利说，“如果我那样做了，可能就不会让我找到杰里米了——实际上，还有潜在的可能会将我带到一个跟杰里米完全相反的人那里！”

所以，照着莱斯利做吧：抛掉关于“他会长什么样子”的想象，集中注意力到“你到底想要在恋爱中收获一种什么样的感觉”。如果你想要一个即便看到了你向他倾倒了所有的负担后，还依旧接受你、欣赏你、疼爱你的男人，那么就集中注意力去渴望。记住，重要的不是男人，而是你自己。“我就是简简单单做我自己，”莱斯利说，“那个比我还棒、还有趣的男人就会来找到我。”

如果你觉得，你也需要做出像莱斯利那样重大的改变，那就做好准备，面对一些同样的个人问题吧。“当人们觉得你不按套路出牌的时候，他们就会用怪异的眼光看你。”莱斯利说，“很多人无法理解我的选择。但是他们看到的只是我光鲜的外在——他们不知道我内心的悲伤和绝望。你必须做好准备，去面对那些不支持你的人，去做你自己真正需要做的事情。”

那么，你怎么判断你是否需要一场改变呢？答案是专注于你正在追求的感觉。不要按捺不住，一跃而起，马上就做出多么巨大的改变，而要给自己几周或者几个月的时间，静静地思索你想要通过改变获得的东西：是生命中一次改变未来的机会？还是早上一睁眼就能感受到的兴奋？还是一种从仓鼠转轮上跳下去的感觉？

行动起来，跨出去，只为自己做出改变——如果你搬到阿拉斯加，一定是因为自己喜欢新鲜的生活，而不是因为那里的男女比例对你有利。

24 做一些让自己紧张起来的事情

你还记得那种第一次喜欢上别人的感觉吗？你的膝盖会紧张地颤抖，你的肠胃也会不停地痉挛，手心里也会不断地沁出汗水？如果你觉得无动于衷或不以为然，那有可能是你已经很久都没有感受过这些东西了——不仅仅是没感受过爱情中的这些感觉，而是连生活中的感觉也丧失了。所以我建议：做一些不太寻常的事情，让你的身体再次感受到紧张的兴奋感。让你的身体尝尝甜头，激发它对那种感觉的再度渴望。

在我遇到了我的丈夫之后，我把约会乐观主义的秘诀传给了我的朋友艾玛。她是一个性格霸气的室内装修设计师，顶着一头发型广告里的那种爆炸头，有着一咧嘴就可以看到美丽牙齿的经典微笑。我和她的一位共同好友说："艾玛就是一个值得拥有这种快乐的人。我认识一些其他人，也是像她一样，都是为了获得一份非常美妙的爱情而来到这个世上，所以我希望她永远不要放弃希望。爱情会降临在她身上的。每个人都知道这一点，只是她还需要继续保持开朗，才能让爱情有机可乘。"

对于艾玛来说，每一天，她都感觉自己在更加积极地寻找她的真爱。一天下午，她给我的电子邮箱发了这样一条信息："我仍旧在寻找我的另一半橘子，而且试着保持乐观向上（这个好难啊！）。我觉得自己好像离目标越来越近了。我很乐意这样去想……"

然而一周以后，39岁的艾玛却沮丧地撞了南墙：她什么都做了——保持积极心态，想象她希望的爱情，尽量使用了自己橘子般灿烂的微笑，但是感觉自己陷入了困境。"我在考虑做出一些改变，按照你说的'尝试一把新的钥匙'。"她这样写道。只是，艾玛不确定哪一把钥匙才是正确的。"有一天晚上我翻出我的旧照片，看到自己好像当时是如此快乐和自由，我真是要认不出自己了。"她写道。她感觉自己现在的样子完全没有心情吸引她的白马王子。"我在思考重新搬回意大利去，我毕业之后在那里住过几年时间。"

这种本能的冲动完全可以理解，而且类似这样重大的改变确实可以对某些人有效，就像阿兰娜和莱斯利那样。但是，我也意识到，她的恐惧导致她产生了一种过度补偿的渴望。当感觉生活一马平川时，你会认为让火光重燃的唯一办法，就是去瑞士的韦尔扎斯卡大坝上蹦极了。但是，并不是每一个人都需要迈出如此巨大的一步。“你确定你想去意大利吗？”我问艾玛，“还是只是想要重新找回过去在那里的感觉而已？因为你当时觉得自己大胆无畏，充满活力？”

也许你已经准备好了迈出巨大的一步——换换工作，搬到另一座城市或另一个国家，花一个月的时间去旅行——但是也许你现在就可以在你的生活中创造出同样充满希望的感觉。不必急着绑上蹦极绳，也许你可以先从低矮的地方跳跳试试，因为一项新鲜事物，不论它有多么不值一提，有时候也会产生跟大变化同样的冲击力。

我的一个来自旧金山的朋友在工作上陷入了很大的困境，于是便请了三个星期的假，独自去非洲狩猎旅行。她不仅把这次旅行变成了一次终生难遇的经历，而且还跟她的导游发展出了一段恋情，至今他们已经恋爱一年了。“他真的很出类拔萃。”汉娜说，“他跟我完全不同，但是我们如此和谐，真是滑稽。有了他之后，我就笑得没合拢过嘴，这是一种我之前从未跟别人有过的感觉。毫不戏剧化。绝不。一点儿也不。绝对不戏剧化。”她说，不论发生什么，这次旅程和这段感情都再次让她感受到与生命重新相遇的美好——也证明了她还是完全具备感受爱情的能力，那种心脏怦怦怦、小鹿蹦蹦蹦、汗水哗哗淌的感觉，而她还一直以为自己已经丧失了这种能力呢。

接下来就是我的朋友安迪·克拉克森的故事了。他和女朋友卡洛琳交往了七年，终于决定结婚。但是在他们步入婚礼的红毯之前，他突然感觉自己要失去控制了。他想：为什么我会这么紧张？天啊，他们已经约会了将近十年啊！但是随后他就意识到了一些东西。“生命中所有真正值得做的事情，”安迪说，“就是在你做成之前就想要放弃的那些事。”这句话我至今还奉为信条：生命中所有真正值得做的事情，就是在你做成之前就想要放弃的那些事。

如果你想要一份令你血脉贲张的爱情，也许你需要提醒自己一下，生命再次兴奋起来会是怎样的感觉。所以，走出去寻找那些让你想在做之前就想抛开的事情吧！

随便报个表演班，报个航海课程，和好朋友一起申请参加“极速前进”节目，或者学习空手道。通过这种方式，你害怕时飙升的肾上腺素就会创造出同样的生理反应——也会让你心率加快，手心出汗，肠胃翻腾——就是你恋爱时会有的那种感觉。然后继续保持，模仿这种感觉。不要非等到遇见他，再去感受这些汹涌澎湃的兴奋感，现在就去自己创造。

因为如果你想要找到一种让你焕然一新的东西——一种使你想要在做成之前就抛弃的东西——在你鼓起勇气、擦掉汗水之后，你就可以捕捉到那兴奋的信号，紧紧地抓住不放了。当你遇见你的理想爱人时，坚定信念，这就是你想要的那种感觉。这样是不是感觉超棒？这些瞬间就像是突然松开汽车的离合——你会动力十足，向前奔去。释放正面力量，这样你的另一半橘子就会更容易地找到你了。

在悲观地思考了一年之后，帕克取得了很大的进步。通过做一些令自己紧张（真的是要命的紧张）的事情，她对自己的感觉越来越好了。帕克说，当时她变得十分怕高，即便是站在20英尺高的玻璃阳台上，她都会“整个血管里面都是恐惧的血液”，惊声尖叫。为了对抗她的恐惧，她在生日时叫上了六个好朋友一起去跳伞庆祝。“我感觉自己必须得出手了，这样才能证明我还活着。”她说，“当我和其他人捆在一起时令我很受安慰。我是说，我做了最坏的打算……呃，就是如果我死了的话。但是你知道，我当然希望我不会死。”

帕克知道，如果她就坐在慢车道里，任凭生命一天天地滑过，她也会让她的爱情开花结果。但是，她还是决心做出一些令自己紧张的事情，来保持她还活着的冲劲。虽然她想要在做成之前就跑掉，她还是在日落时分从飞机里面跳了下来，冲着她身子下方那块叫作新帕尔茨的土地倾斜着坠落下去。

“从飞机上跳下来的那一瞬间，我就觉得‘这是我做过的最棒的决定’，”帕克说，“十分令人眩晕。那种感觉，那种真正的兴高采烈，一直持续了整整一个月。”据她的朋友们说，帕克在过完生日之后，走路腰杆更直了，微笑弧度更大了，做事也比之前更投入了。除了这种短期的愉悦，那种在两分钟里下落的感觉冲击之外，她还收获了更多的东西：她战胜了恐惧，活着从上面下来了（谢天谢地），变得兴奋无比，自豪感爆棚。直到现在，每次她提起这件事的时候，同样的火花依旧会闪现在她的眼眸里。

虽然我觉得自己没有胆量从一架飞机上跳下来，但我也发现了一种跟帕克相似的感受：在生命的慢车道里感觉有点儿卡住和受挫。我害怕会一直单身下去，一如既往地在同样的杂志上写着同样的故事，我也害怕我最终会止步不前，厌倦一切。于是我开始希望能够找到新的机会。是的，你们不知道吧，真的有一个机会来敲门了，我要为《魅力》杂志去洛杉矶采访“家庭票房网”的明星阵容。虽然我之前也做过一些名人采访，但是这一次让我有点儿害怕：跟五个名人进行一个小时的谈话，需要一镜到底，一气呵成。关键是要从这一小时中提取精华，访出亮点。尽管如此，我从来就不是一个惧怕挑战的人，我决定乐观应对：就像是我坚信我会找到爱情一样，我也坚信自己可以在工作上取得成功。

我准备好了采访的问题，预定了一个月之后飞往洛杉矶的机票——同时计划把我的乐观积极精神也打包随身携带。就像每次迎接新的冒险一样，我对抵达之后可能发生的任何事情都充满了期待。我等不及要看看会发生什么了。

25 把它看作是你爱情电影中的另一个场景

在我们人生的电影中，我们总是会让自己的轮子缓缓前行，没有跌宕起伏。说实话，这是一种什么样的故事？你的单身状态终会结束，你会有一个幸福的结局，那么，现在，你就靠在椅子后背上，好好放松，享受地看着你通往幸福结局的各种场景，我可能正在你身边大嚼着一桶家庭装的爆米花呢（如果你不介意的话）。

请享受未知结局的故事，小心翼翼地品味每一个将你带到终点的过程。我要告诉你，一旦你遇到了另一半橘子，你就会在他的熊抱中慢慢融化，你就会希望你已经充分享受了这段历程。你会希望你曾经不骄不躁，多多微笑，尝过新鲜的食物，培养过新的爱好，去过不同的地方旅行，充分地享受过单身生活，快乐地跟朋友待在一起。知道了你到时候会有这种感受，那就改变你现在的做法吧。深吸一口大大、圆圆的橘子式的空气，眺望你未来的各种可能性，放松地投入现在的生活中。给自己倒一杯红酒，在沙发上蜷成一团，回忆一下所有你尝试过的方法。

你的生命会在你遇到那个对的人时变得截然不同。也许你会从你现在的家里搬出去。也许你会从你的城市里搬走。也许你会养一只猫、一只狗，生一个小孩，买一个新沙发，认识一些新朋友，或者换了一种新的视角看问题。所以，帮自己一个忙，肆意地享受你现在生活的情景吧。

我向你保证：一旦你遇到了另一半橘子，你就会回头看现在的日子，发现那条将你引向另一半橘子的道路是如此明确和清晰。当然，这个过程会经历一些意想不到的周折，但是，嘿，也正是这些周折才把你引向那个命中注定的人。当你认出他的那一刻，享受到的甜蜜和狂喜的感觉，也都是它们的功劳。

所以，不要再去想“这种永远都找不到另一半的日子，我真是一天也过不下去了”，要对那个最终惊喜而幸福的结局充满信心。你的生活没有快进键，也没有一个在线剧透的人，可以提前告诉你将会发生的事情。那么，保持微笑吧，沉浸在旅途的欢欣当中，并且大声说出：“我的另一半橘子就在那里等我，我等不及要看看我们是怎么相遇的啦！”

26 不要放弃……或者，好啦，放弃算了

完成一项任务，最困难的部分不是刚开始的时候，也不是你快要结束看到终点线的时候，而是当你努力工作了很长一段时间，却依旧看不到结尾的时候。马拉松运动员们有着深切的同感。你要减掉最后十磅体重的时候也是如此。企业家们也会经常有这种感觉。商业作家赛斯·高汀在他那本奇妙的小书《浅尝辄止》（*The Dip*）里面讲述了他的艰难处

境。在这本书里，他潜心研究了一个人在开始一项新项目之时感受到的压力，当它停滞不前、趣味消失时，你就会开始感觉自己即将停转。他说，如果你想挽救一切的话，你就需要先拯救你自己的坠落！“这个挑战很简单，”高汀写道，“如果你已经开始了一段真正值得的旅程，如果在你开始坠落时就放弃的话，就浪费掉了之前已经投入的时间。这样放弃得多了，你就会发现自己变成了一个放弃大王，开始了很多事情，但是完成的寥寥无几。”

如果你觉得自己已经倾尽了全力，却依旧徒劳无功——就像是在尝试挽救爱情里的高汀式坠落——那就后背靠在椅子上，放松一分钟，但是不要正式放弃。因为你觉得自己完全绝望的那一秒钟，常常就是奇迹即将发生的时候。

乔安娜·维西是住在多伦多的一名单身女士，在一家公司的精英演讲团工作。她决定要让自己的人生获得更多的收获。她曾经从个人成长教练詹姆斯·亚瑟·雷做的一篇演讲中，学到了必须明确自己到底想要在人生各方面获得什么。她下定决心，她想要在一个温暖的气候环境里工作，想要帮助别人个人成长。那么爱情方面呢？她需要一个能与她聊上一整天的男人，一个能在任何情境里都让她感觉舒适的男人。

“我老是喜欢开玩笑说，我未来的丈夫应该已经结婚了，早就摸清了婚姻里面的门道。”乔安娜说，“谈恋爱需要花费心力，承担责任，我希望在我见到他的时候，他就已经知道这些了！”不到六个月，一个工作机会找上门来，就是去加利福尼亚州的卡尔斯巴德为詹姆斯·亚瑟·雷工作。于是乔安娜卖掉了她的公寓、汽车和所有家具，搬到了那梦想中温暖的气候里，接下了那份工作。

抵达加利福尼亚之后，她一个人也不认识，于是就在相亲网站上注册——作为“一种社交互动的形式”。经历过几个糟糕的或者不合适的约会对象之后，她就放弃了这条路，把网上档案里的照片都删掉了。“但是我刚一放弃相亲这件事情，”她说，“我就从一个叫卡尔的男人那里收到一封长长的邮件。我告诉他，他听起来好像是一个不错的男人，但是我真的没有时间去约会。他彬彬有礼，并且坚持不懈。”乔安娜大笑起来，“他当时还根本没有见过我的照片！我们最终见面的时候，彼此产生了火花。”一年半之后，乔安娜嫁给了卡尔，两人刚刚过完结婚一周年纪念日。后来乔安娜发现，卡尔之前真的有过婚姻，正如她想象的那样，而且他也确实已经从中摸清了门道。“我真的再也找不到一个比他更好的伴侣了。”乔安娜的声音里面充满了无限的温柔，“我们玩得很开心，而这一切才都刚刚开始。”她是在自己濒临全盘放弃的时候找到了他。“我正要放弃寻找我的白马王子的那一秒，”她说，“他就恰好走进了我的生活。”他们现在已经过完了充满浪漫和甜蜜的两年婚姻生活。

他们（那些叫“他们”的人）说了，当你放弃的那一秒，你就会找到爱情。好吧，那么就“放弃”吧。但是我在这里想要阐释的是：放弃一两天的僵硬微笑和时刻待命，把羽绒被拖到沙发上去，玩玩多米诺骨牌。整个人一直憋着，一直保持积极也是会令人筋疲力尽的，这些我都知道！但是不要把你的约会乐观主义全部放弃了——不能放弃你坚定不移的信念，要继续相信，你的爱情生活绝对可以有柳暗花明的那一天。当你感到受挫，我允许你花一些时间来消化，同意你继续坚持，只要你还保留一丝希望，相信幸运将会降临到你的身上。真的，试试吧。我总是让你们坚持这见鬼的积极心态。我知道你们再也不想提起这几个字了。我们一起来感受这种厌倦、沮丧和烦躁的感觉吧，只要向我保证一点：你仍旧要扯好你手中希望的气球，让它代替你继续高飞。

即便是杰西卡·辛普森[①]，也会在2008年7月跟球星托尼·罗默分手之后，对希望的力量唏嘘不已。“每个人都需要知道希望还在，”她在推特上这样写道，“抓紧绳子，把希望拉回你的身边。”她说得对。你的乐观主义会在你毫不知情的情况下依旧发挥作用。还记得查克，那个教会我在走路时抬头向上看，所有的事情才会“向上看”的广告编辑吗？在经历了一次失败的婚姻之后，他告诉朋友们他再也不会主动去寻

① 美国流行歌手，影视演员。（译者注）

求爱情了，因为他一路以来都是一无所有。而与此同时，我的朋友苏珊，一个广告制片人，也跟她的朋友说了同样的话。她当时已经走到了“放弃”的临界点，因为她已经厌倦了对爱情圣杯的寻觅。“我终于意识到我是无法让爱情来临的，而我也无法不让它来临。”苏珊说，“我知道，无论我做什么，都不会改变我找到那个男人的路径。所以，我毕恭毕敬地放弃对这件事情的过度关心了，决定要快乐地生活。我发现，我已经放弃了对它的掌控，任凭它自由发展。”

查克和苏珊。两个单身人士。两颗渴望爱情却极度疲惫的心灵。而幸运的是，他们也是两个能力很强的职业人士，最终是工作让他们俩走到了一起：苏珊雇用了查克的公司帮他们编辑一段黄金时间的广告。查克邀请她一起出去玩。一个月之后，苏珊内心感到十分幸福。“我当时就知道，这个男人注定要和我在一起的。”他们现在已经结婚七年了，正在开创自己的广告和电影编辑公司，并且和他们 3 岁大的女儿弗莱彻快乐地生活在一起。

所以，如果你愿意的话，假装“放弃”吧。因为你的心力已经投入进去了，你的乐观主义正在帮你去相信你会找到另外一半。无论你做了什么，那个希望的气球都会越飘越远，所以，你不妨就尽量地做些使自己快乐的事情吧。“上帝不会让你一个人的。”查克说，“它想要善良的人都拥有爱情，它不会让你没有享受过爱情就独自离开。”

第六步 PHASE SIX

何时摘下果实：怎样认出你的另一半橘子

KNOW WHEN TO PLUCK: HOW TO RECOGNIZE YOUR HALF-ORANGE

1 用你的雷达探测出不合适的男人

如果你对你的橘子种子感觉强烈，你甚至不用等到第三次、第四次、第六次约会，就能知道他到底是不是你合适的对象了。从现在开始，你可以用自己的雷达探测出不合适的男人，然后将他们一一扫除。

虽然我在方巾先生身上耗费了蛮长的时间，但是我通过对比两种感觉（我希望从梦想中恋爱里得到的感觉和之前约过的男人给我的感觉），更加高效地做出了我的决定。每当我感到不确定，空虚，绝望，或者一个男人拖了太久还不决定是否喜欢我的时候，我就会关上大门，一个人走开。就是这么简单粗暴。

问你自己同样的问题：这个男人跟我寻找的感觉一致吗？跟这个男人在一起的时候，我会觉得他可靠、聪明、值得崇拜、搞笑有趣、令人惊讶或者更多吗？或者我应不应该再进一步呢？你为一个不确定的人耽误的时间越长，你就会耽误另一个——也许是正确的那一个——男人走进你的世界。

科学地说，你的雷达之所以能发挥作用，还有更多的原因。2008年，来自莱比锡城马克思普朗克的人类认知和脑科学研究所的科学家们，与夏里特大学医院和柏林伯恩斯坦计算神经科学中心的科学家们合作，测量了我们在做出决定之前大脑里的活动情况。参与者们被要求用左手或右手按下一个按钮，以便让研究者知道他们在何时有意识地做出了决定。研究结果发现，大脑活动显示，前兆性信息会在参与者有意识地做出决定前7秒钟就开始释放了。这个结论证明，很多大脑过程都是在我们毫无意识的情况下发生的。

实际上，如果你在做决定时过于依赖你的意识思考，也许反而会给自己帮上倒忙。这也是杜克大学的科学家们通过一项研究发现的。在这项研究中，他们让参与者以碰运气的方式选择不同数量的钱。整个研究十分复杂，但是结果非常清晰。他们总结道：“如果你对于一个决定耗费了很长时间来进行有意识的思考，你的注意力会转移到‘较少关联度的信息’上，从而妨碍你做出最佳的选择。”在选择男人方面，你是不是也做了同样的傻事？你是不是在用相关度较小的信息混淆了你对男人的选择？

不要强迫自己把一个男人的所有细节都列出个优势劣势来。让你的大脑和身体以它们自己的速度自行运作，跟你的新武器慢慢协调，来看看某个男人值不值得成为你的另一半橘子。简而言之，这就是人们说的“不要用脑子思考，用你的心去思考”的意思。你的雷达——你情绪大脑的无意识——会帮你做出决定。

切斯利·萨伦伯格，那个在2009年年初安全降落在哈德逊河上，拯救了整架飞机的美国航空公司飞行员，在千钧一发的时刻做出了何处着陆、如何着陆的决定，但是他需要的所有信息都已经储存在他的大脑里了。他的潜意识已经被他四十年的飞行经验训练成了以毫秒计算的精度。而你，每当你遇见一个潜在对象时，你的大脑也会替你做出同样的计算。马尔科姆·格拉德维尔在他的书《眨眼》（*Blink*）里，同样指出了这些如同“眨眼”般的过程确实有效。你已经种下了你希望得到的感觉的种子，你的大脑和你整个身体就会告诉你距离目标还有多远。

我的朋友伊冯在解读她的雷达时就出现过一个转折性的时刻。还记得我们做过的那些梦想画板吗？好啦，她就是那个在板子上写满了各种钻石、假期、孩子们、牵手恋人的人。一天晚上，她把一个想参观她公寓的男人领回了家里，当他看到她的梦想画板时，竟嘲讽了她。

“噢，我的天啊，真尴尬让他看到了那个。”一天晚上，伊冯一边喝着一杯冰玫瑰葡萄酒，一边对我说。“他老是取笑我所有想要的东西，嘲笑我。而我却无言以对。"她大笑着说，"我真应该把那块板子收起来的！"

等一下，真的吗？我又回味了一遍她跟我说的话："你创作了一幅画，上面有你生命中所有想要的东西——你相信你的理想会实现的——而他却嘲笑了它们。你真的觉得他会是你未来的最佳伴侣吗？"

这时，伊冯才意识到，这个看过她梦想画板的人是一件礼物。他拿她的梦想开玩笑这件事，只是让她更快地意识到另一件事，那就是他不是她命中注定的男人！如果她收听了她的雷达，就应该立即发现了。你也可以用你渴望的理想关系作为检测离你梦想有多近的计量器。

2 嘿，那是一颗小绿芽吗？

据说，在你说一门语言之前，不再需要先用母语思考一下，你就算是真正熟练掌握了那门语言。那么，当你发现自己正在和那些离理想伴侣越来越接近的人约会时，你就能够判断出自己正在越来越接近另一半橘子了。我说的不是遇到你命中注定的那个人。我说的是，你在遇见一个至少拥有你心目中理想爱人的某种特质的男人。

在我成为一名约会乐观主义者之前，毫不夸张地说，我实在是找不到任何一个我想要跟他吃饭超过一小时的男人。但是经过了几个月后，我发现自己见到的越来越多的男人，都有我在寻找的长期伴侣的轮廓了。我遇见了一个我能够一次性聊上几个小时的男人（虽然最终他还是约了另外的人）。我能够从我见到的一些好男人的平凡样貌中，看到他们的某种性感的地方（虽然我们的生活品位大相径庭）。我亲吻了一个愚蠢又聪明、充满魅力的男人（虽然他并不喜欢我）。至少我做了一些事情。我见到的每个男人都在慢慢接近我最终想要的男人。

出现以下现象时，一定要提高警惕：这是一个重要的信号！如果你发现自己在和一个你觉得还不错，并且想要和他接吻的男人约会，哈利路亚！但是你并不想跟他结婚？那也不要立即沮丧下来。保持乐观向上，因为至少你已经找到了一个在这个游戏阶段里你想要一起玩下去的对象。这就是进步！也许这一个和下一个男人最后都证明并不适合你，但是你正在和你感兴趣的人遇见，这就是朝着正确方向迈出的重要一步！

还记得莉莉吗，那个事业成功却担心爱情无法同样成功的作家？在她潜心创作小说之际，生活的天平每一天都在朝着工作那端倾斜过去，而她的工作也不得不如此。虽然她在百忙之中也约了几个男人，他们没有一个向莉莉喊出“另一半橘子”的口号，但是莉莉已经准备好了要发展一段严肃认真的关系，并且希望组建一个家庭。在她把小说第一版手稿上交的两周以后，她给我写了一封电子邮件，告诉我她刚刚跟一个男人有了一次很棒的约会。“我们的对话十分轻松美妙，哦，我有没有提到他有多么可爱？”她这样写道。实际上，他们的第一次约会十分顺利，他以一种令人惊喜的方向掌控着整个对话。

“你想要孩子吗？”他问莉莉。

“呃，是的……为什么这样问？”

“噢，很好，”他说，“我只是想要确认一下。因为我上一个女朋友不想要孩子，而我真的很想要，所以我就觉得，可能把这个问题及早摊到桌面上讨论是个不错的主意。”莉莉十分错愕。“你看来很惊讶的样子。”他说，“你难道不经常跟想要孩子的男人出去约会？”

莉莉不得不解释说，作为一个 38 岁的女人，她不敢在第一次约会上就提起要孩子的事情，因为那样的话，男人就会认为她马上就想要生孩子了。“是吗？”他说，“我确实是立马就想要孩子的。”

虽然这么多年来，糟糕约会和失望恋情都让莉莉很难再在一瞬间动容和感到兴奋了，但她确实是非常兴奋的。“即便这段感情明天就会结束，”她说，“我也知道了自己一直期待的是什么感觉，而我也确实值得体会。”不幸的是，这段关系在几个月后结束了。虽然那个男人善良，想要孩子，但是莉莉并不能在理智上或情感上（还不算其他的方面）受到他的激发。虽然他们讨论过要把关系的进展放慢一点儿，再见见其他的人，但是莉莉知道她需要完全地打开自己——来让她的另一半橘子完全进来，而不要一个“还在观望中的备选男友”站在一边碍事。当然，当她意识到他不是她绝佳的匹配时，她还是号啕大哭了一场，但是她也并没有感觉自己退回了起点，一无所获。为什么呢？因为她看到了小小的绿芽，受到了鼓舞。

“即便他不是我命中注定的那个男人，但他也是我朝着正确的人迈进的重要一步。”莉莉用坚定的语气说，“我觉得，我需要知道自己可以感受到那种眩晕和兴奋。而且，我需要知道那种温暖而善良的、想要孩子的男人确实是存在的。”这段关系并没有让莉莉觉得自己应该降低标准凑合过活，而是让她学会了不应该将就，应该期待完整的梦想。“我一直以为，想要孩子的男人就是一块迷失的拼图，”莉莉说，“但是现在我知道了，我不是只想找个男人组建一个家庭就够了，我希望能够找到那个对的男人。”

在莉莉的新书发布会上，她很乐观地表示，自己的积极能量可以帮助她的约会乐观主义动力正常运转。“我知道自己在慢慢接近，”她说，“所以，我真的真的等不及要看看接下来几个月会发生什么了。”

而这也正应该是你看待问题的方法。那颗小小的绿芽，并不总是标志着你命中注定的那个人，但是它可以意味着你已经找到了一个越来越接近目标的男人了。如果你的身上也发生了这样的事情，那就让它来给你鼓鼓劲儿吧！这标志着你已经展示出了你真实的自我，散发出了积极的能量，你吸引到的那些男人正在一步一步接近你甜蜜的另一半橘子了。

我的朋友伊冯在晚上下班参加了一场夏威夷主题派对后，注意到了一个小小的绿芽。一开始，她并不想去参加这个聚会，但是她知道去了可以跟朋友们放松一下。而且，她还补充了一句："还有免费的晚餐，想想我的银行存款，我觉得自己还是得把握住这次机会。"在去往聚会的路上，伊冯把注意力都集中到了她的橘子种子上。谁知道会怎样呢？也许她的另一半橘子就在聚会上呢。

她走进去时，看到了一幅美丽的画面：一排排的提基火把，桌子上摆放的兰花，每个人脖子上挂着的花环，还有一屋子引人注目的人们。"我环顾四周，心里只想：哇哦，这里的每个人看起来都是我喜欢的类型。"看到这么多充满魅力的男士，伊冯心中燃起了一种新的希望，不知怎的，好像她的爱情生活马上就会有眉目了。

随后，伊冯就看到了一个身着昂贵套装的帅气男人。"噢，"她跟朋友卡洛琳说，"那个人怎么样？"卡洛琳翻了个白眼，说："霍雷肖，最差劲儿的花花公子，同时跟四个女孩儿勾搭，还总是在追求刚出道的嫩模，总是癞蛤蟆想吃天鹅肉。"实际上，他就是那种被我说过的"崛起中的男人"。虽然伊冯曾经考虑过这种可以给她兴奋和挑战的男人，但是现在她学会了使用她的新武器。"我被诱惑到了。"她承认。在她环绕全场结识新朋友的空当里，她故意跟霍雷肖聊了聊天，以便亲自观察一下。然而在不过几分钟的时间内，她的雷达就给她发出了一个明确的信号：他无法给她提供她梦想中的恋爱。“除了我之外，他对每个人都流连忘返。”伊冯说，“我知道，我永远也别想从他身上得到我想要的，而我应该省省力气，来寻找真正的好男人。”

两个小时之后，伊冯和卡洛琳离开了派对，打算去酒吧再喝上几杯。是的，伊冯并没有在夏威夷派对上遇到另一半橘子，但是她觉得自己已经瞥见了一颗小小的绿芽。仅仅因为看到了满屋子自己感兴趣的男人并且与其中几个聊了聊艺术和旅游，她就重新焕发了继续搜寻目标的活力。她已经看到了一颗橘子树上发出的嫩芽：这些男人都比她在过去几个月里见过的更加接近她梦想中的伴侣！而这只意味着一件事情：她也离找到她的另一半橘子越来越近了。只是，她还不知道到底有多近。

几个街区之外的地方，卡洛琳看到了正走在人行道上的几个老朋友。卡洛琳跟老朋友们打招呼的时候，伊冯就礼貌地向一个朋友身后的另一个人报以微笑。这个人是肖恩，一个帅气的黑发男人，还长着一双十分醒目的蓝色眼睛。伊冯和肖恩一开始聊天，就再没有停下。

“我们立马就聊到了一起。”伊冯说，“我记得我在想：这太疯狂了。这就是每个人都在追求的那种感觉。”那帮人又走到酒吧里喝酒，而伊冯和肖恩坐到了一起，腿碰着腿，聊了家庭、未来、以前的恋情以及生活的目标。“都是些实实在在的事情。”伊冯说。那她一直关注的那些感觉呢？她希望在梦想中恋爱里感受到的那些感觉，她现在感受到了吗？坐在肖恩的身旁，这些感觉都十分对头。通过使用她的新武器来判断这个男人是否适合她时，她发现了极大的可能性。实际上，随着时间的推移，她越陷越深。（我也特别喜欢故事的这一部分：那个霍雷肖，夏威夷聚会上的花花公子呢？他不久之后也来到了这家酒吧。在他看到伊冯和肖恩聊天的那一秒钟，他突然就变得热情起来，想要用自己的魅力把她勾引到手。她摆摆手，让这个花花公子走开。她已经找到了她的男人。）

虽然肖恩住在加拿大，但是他和伊冯马上就开始了飞机往返互相探望的日子。他们自己都还没反应过来，就对彼此说出了“爱”字，并且开始讨论婚姻和孩子的计划。而在他们刚刚过完一周年纪念日之后，他就要搬到纽约来跟她一起生活了。从这个消息听来，她梦想画板上“钻石”这一项梦想马上就可以实现了。

现在你应该已经明白了：看到嫩芽就是很大的一个进步。这就好像你第一次远远地看到了终点线，看到了隧道尽头的光亮，看到了你降落的着陆点。这也证明了，你为自己所期待的东西是确实存在的。你正在吸引那些你感兴趣的男人，你正在注意到上天安排在你身边的机会。我要告诉你的是，这真的是一个很重要的信号！

当我到达这个阶段的时候，我开始从我内心深处觉得，我在越来越接近目标，所以我就大声说了出来：“我离目标越来越近了，我能感受得到！”我告诉陶德：“真的，我感觉到了，他就要来了。”

3 不要紧盯着嫩芽！

当你要亲手制作一个面包时，你需要将面粉、盐、水和酵母混合到一起，然后让它发酵。一个小时之后，你用手敲了几下，然后又走开。你随意做自己的事情，只等魔力发生即可。约会乐观主义也是同样的道理：走到一边去，过你的日子，只等那个正确的男人自己走进你的生命。

当我给予乐观主义魔力全部的信任时，我就不再强迫自己去参加各种各样的约会了。相反，我跟妈妈、爸爸和姐姐进行了一次从尼斯到巴塞罗那的家庭公路旅行（来到一片充斥着说各种方言的外国男人的土地上，他们不会是僚机的候选人，却是优秀的旅行伴侣）。我还在奶奶家里参加了家庭烧烤。前一年的烧烤我错过了，因为当时我决定要参加夏季单身派对。用西班牙语说就是“no mas”——不要再这样了。从现在开始，我要做我想做的事情。

还记得艾玛，那个考虑搬到意大利去，重新寻找大学毕业后那种自由的室内装修设计师吗？她做了面包，任凭它自己发酵——我是说真的。这个方法让她的另一半走入了她的生活。她在给我的电子邮件里是这么解释的：

“我在相亲网站上上传了个人档案，但是还没有鼓起勇气给任何人发邮件，因为对于整个过程我都不是十分兴奋。我还在等，正像你建议的那样——直到我觉得可以真正从中得到乐趣。在追求趣味的过程中，我真的想要做一个蔓越莓面包。我已经热爱蔓越莓面包很多年了，但是一直没有时间去做。所以，在一个周六下午，我去了我家附近的一家食品商场（我从来没去过），去买面粉和糖。我上一次去过之后，他们已经在那里新开了一个巨大的有机食品部门，令我十分激动。所以当我来到柜台结账的时候，我决定办理一张会员卡。我模模糊糊地记得，当时排在我身后的队伍里有一个人，我还告诉柜员我不想让后面的人排太久，但是我真的想填一下会员申请表。于是我就填了表格。随后，我回家做了我的面包，晚上又出去跟一群好友痛快地玩了一晚。感觉很好。

“两天之后，我去相亲网站上查看我的邮件，发现有一封，有个男人发来了‘来自邻居的问候’。他在邮件里的第一行就说了，他是星期六在超市里排在我身后的人，在网上认出了我的照片！他问我是否愿意找个时间，在家附近喝上一杯。一周之后，我在一家咖啡馆跟他见了面，而到第三次约会的时候，我就已经变得神魂颠倒了。格雷格是一名摄影师，年龄跟我一样大，有过两年的婚姻，之后离了婚，住在我家四个街区之外的地方。他跟我有很多相似之处，我们都有点儿像梦想家，有着无限的创意。我们经常只是一边望着对方，一边不可置信地摇着头说：‘真不敢相信你怎么会这么棒。’”

艾玛不仅是对目前感觉很棒，甚至连对未来也变得十分乐观。“我连我的梦想画板都给他看过了。”艾玛说，“他没有被我画板上的东西吓退：可爱的宝宝，一群在海边打莲花座的女人。”他们相遇几个月之后，就去日本旅行庆祝他们的40岁生日。现在他们已经订了婚，正在策划婚礼。

朋友们，这也正是你应该做的事情。艾玛遵循了约会乐观主义的过程，最终不仅仅获得了一个温馨幸福的约会对象——也直接将她的另一半橘子带到了她的身旁。她也曾历经了漫长而艰难的等待，但是随后就有一天，她去杂货店时，就刚好踏上了他的轨道。她没有在网上拼命挖掘一些并无兴致的约会对象，而是做了一些令自己真正愉快的事情。她在做这些事情的时候，头脑中还挂念着爱情吗？当然了，爱情已经根植于她的心中。但是艾玛知道，她不必成为单身的奴隶。相反地，她拥抱了那些能够给她带来真正的、发自肺腑的幸福感的东西：比如在一个阳光明媚的日子里，烘焙一个面包。

这也正是我在约会弧线中抵达的一个节点。我在蒙淘克，和正在那里过周末的朋友菲利普闲聊。当他问起我的情感状态时，我告诉他：“我现在还是单身，但是我马上就要开始一段恋情了——我能感觉得到。”他有点儿谐谑地看着我，然后问我“你怎么会……”的问题：“你老是跟你的男闺蜜美发师一起出门晃荡，怎么会见到其他男人呢？”最后我给出了我的答案。“我知道。”我告诉菲利普，“如果我马上就能见到我的爱人，我就会在见到他时，把最好的状态呈现给他。而来这里，跟我的朋友们和家人一起欢度时光，看着我的猫咪在后院里追逐蝴蝶，就是可以让我呈现最好状态的事情。我相信，我越快乐，他就越有可能出现。而我越真实地做我自己，当我遇见他时，我就会越确定那就是他。”

第二个周末，我和姐姐一起回家看望父母，庆祝母亲节。这意味着我将要错过一个参加单身派对的机会——在一座大城市的宾馆阳台上，会有很多单身男士也去参加——如果艾米还是之前的那个约会狂热分子，肯定会为错过这个出门的机会而痛心疾首的。但是已经开始信奉约会乐观主义的我，根本就没有感觉失望，因为我已经学会了跟随生命给予我的暗示去行事。我要去做那些会让我觉得温暖、舒适和快乐的事情，也就是和我父母、姐姐在一起。

莉兹和我到家的时候，妈妈说想要我们陪她去当地的电影院看一场电影。后来才发现，妈妈有一个朋友，她有个儿子叫迈克，他做了一部电影，想要我们去看。影片叫作《有线国度》（*Access Nation*），一个关于真人自制有线电视节目的故事。

而我只有一个问题：“有爆米花没？”

片头字幕一出来，我就看到了迈克的名字。然后，我看到了一个让我凉透脊椎骨的名字：古斯塔沃。那个我在小学看过他唱《监狱摇滚》的小子。那个在大学暑假里我偶然遇到，并且一直在跟他约会的男人。那个我会跟他煲几个小时电话粥的男人。那个约我出去吃饭，然后从后备厢里拖出红酒和毯子，提醒我浪漫还没死的男人。我竟然不知道古斯塔沃是迈克最好的朋友。他们花了六个月的时间，开着车跑遍了整个国家，一起制作出了这部纪录片。

当我跑到剧院后台，看到古斯塔沃的身影正倚在门口时，我的身体一阵瘫软，双手沾满了汗水。当这部（不可思议的）电影结束，灯光亮起的时候，我紧张得像个学生妹一样。我就那样穿着一身再平凡不过的牛仔裤、平底鞋、海军蓝V领T恤，走向了休息室；我的头发还脏兮兮的，脸上也没化一点妆。虽然我脏得像个鬼一样，但是内心一团火热。走出剧院的时候，我在嘴唇上和耳后轻拍了一点玫瑰花蕾膏。然后，我就朝着休息室里的古斯塔沃走了上去，打了招呼。

他现在是一名定居洛杉矶的艺术家，而且依旧单身。当他掏出手机，向我展示一幅幅他的绘画作品时——美丽而色彩鲜亮的半抽象女人舞蹈像、吊秋千演员飞舞像、小猫伸爪子入水钓鱼像——我的心里不禁翻腾了几次。他的作品比我想象中要美得多，让我的整个身心都备受温暖。到底发生了什么？几年来都没有这种感觉了。

当妈妈朝我走来时，某种东西击中了我：等一下，我来想想，我刚刚是遇到了我人生的真爱吗？还是在跟我……妈妈一起出门的时候？我们在剧院的休息室里偶遇后，古斯塔沃告诉我，明天一早他就要赶回去了。“好吧，如果你到了洛杉矶，”他说，“一定记得给我打电话。”“太巧了，”我说，“我刚刚接到一个去那里采访明星的工作。两周后我就到了。”

4 甜蜜的成功：看到就知道了

专注于你希望从恋爱中得到的东西，它给了你一个雷达，并且，也给了你一种能力，让你能够在遇到值得的东西时，不偏不倚地感受到它。

朱莉安娜住在佐治亚州的亚特兰大，已经跟男朋友订了婚。距离结婚还有六个星期的时候，她突然被内心的疑问击溃了。是的，婚礼礼堂已经预定好了，礼服也按照个人身形修改好了，请柬都发了出去，而不管她愿意接受与否，她的未来也已经规划好了。但是朱莉安娜的内心却在呐喊。她值得拥有更多的东西，她不想要定下来。她的未婚夫并没有花时间好好陪她，而是出去喝啤酒，看足球；没有跟她一起出去度假，却跟几个兄弟出去滑雪。朱莉安娜没有感受到她真正想要的那种爱意和欣赏。“我知道，如果我坚持到底跟他结了婚，”她说，“我就只能很勉强地降低我的要求和标准了。”所以，在他们结婚前六个星期时，她取消了婚礼，飞到纽约去开始了一段新的生活。

朱莉安娜说，他们的分手使她获得了追求自己真正理想的勇气。于是，她立即就开始了新的追寻。“我希望找到一个爱我的男人，一个能够老老实实待在我的身边，用爱意沐浴着我的男人。”她说，“我想要一个终生的伴侣和爱人。”她在纽约落脚几天后，就遇见了戴夫，一个高高瘦瘦的插图画家。他从小在伦敦南部长大，穿着稀奇古怪的套装和莫霍克服饰。他们对彼此一见倾心，两年之后就结了婚。后来，朱莉安娜说，她在认识他十五分钟之内就确定了自己想要的就是他。她说，自己之所以能够立即就认出他来，就是因为她等了很久的东西在他身上都能找到。她是这样说的：“我对于一个男人所有的期待，都在最令人惊讶的时候叩开了我的心扉。”

当你允许自己放任一切，信任约会乐观主义的时候，你就可以每天带着这个信念过活。你会知道你将在什么时候定下来——就像朱莉安娜那样——而且将知道什么时候是对的时机。只要记得提醒自己：“我不知道他会是什么样子，但是等我见到他的时候，我一眼就能认出他来。”怎样办到呢？你会从你跟他在一起的感觉中认出他来。当你遇到了那个命中注定的人时，你会感受到他与你之间存在一种和谐。

这就是为什么人们总是会说“你会从内心知道”以及“当你知道的时候，你就是知道”。你会知道，是因为你们两个周身散发出的能量，与你一直关注的感情十分匹配。你已经把他完全吸引到了你的身边。在朱莉安娜找到了戴夫之后，每当人们问起我心目中理想的男人长什么样子时，我就会比以往更加频繁地用上这个新学会的句子："我不知道他会是什么样子，但是等我见到他的时候，我一眼就能认出他来。"

5 是他？或者不是他？

很多女人在描述她们和伴侣相处的最初几天或几周时，经常会用这样一个词语来形容他们的另一半，那个词就是"轻松"。他们会说起诸如此类的话："真的十分轻松。""我们之间的一切都是如此轻松。""没有任何戏剧化情节，就是……单纯的轻松。"还记得温迪·佛里斯特吗？那个被她妈妈安排与未来的丈夫内特打了一场高尔夫的女人？她也用了这个词。"这是我这么久以来有过的最轻松的关系。"温迪说，"包括跟我的亲戚和朋友们。这是最轻松的一种关系。我爱他，就是这么简单。"之所以会轻松，是因为你希望从一段关系中感受到的东西，恰好跟你真正感受到的相匹配。和谐会使得事情变得轻松，这也正是为什么你不应该继续用你的旧武器去决定他是否适合你了（"他的脸跟我想象中的不一样"或者"他不是大款"），用用你的新武器。

给你的种子施施肥

怎样恋上一个好男人

找一个机会，看看他在一个比跟你在一起更加舒适的环境中是什么样子。也许是在功能函数或天文学俱乐部的聚餐上，或者是跟他的男性朋友们一起观看的篮球赛上，或者在他喜欢的一条小路上骑山地自行车时。让他向你展示他所擅长的方面。你会发现自己惊讶地察觉，自己是多么地被他的聪明头脑或霸气才能所吸引。随后，如果你觉得对他产生了一种肉体上的冲动，那就去亲吻他。因为有的时候，就像《一吻定情》（*Shoop Shoop*）这首歌教会我们的：“爱情就这样来了。”

你冲动的一部分原因，是由于产生了鸡皮疙瘩，心里小鹿乱撞（就是那一系列高中生的东西），但是那同时证明了你也可以用你的大脑进行判断。因为那些你一直专注的感觉——你想要跟另一半橘子获得的感觉——并不是一些短期的、速成的欢愉。你应该从你的恋爱关系中感受到，一种满足的极大幸福感。而获得这种感觉的唯一方法，在于你的冲动是否是基于你发自内心地对另一半的欣赏。

现在，假设你跟他在一起时真的感觉十分美妙，而你却不解他跟你期待的为何如此不同。该怎么办？好啦，也许你要求的每样东西都会以最令你惊讶的形式包装起来，放在你家的门口。如果不是，也没有问题。你不必因为觉得你“必须”跟他约会而强迫自己。你不必因为你的朋友、家人、治疗师或同事说你应该给他这样的男人一个机会，而强迫自己跟他约会。而且，你也不用因为其他女人觉得他很完美，就怂恿自己跟他约会。这只是关于你们两个人之间的事情。如果你没有感受到对的感觉，就允许自己从中抽离吧。

还有，如果他给你的感觉全部都是对的，你仍然无法确定是否要跟他进入下个阶段，怎么办？也许他只是看上去很美好而已。在这种情况下，也许你应该试试“如何恋上一个好男人”的技巧。

雷切尔·库克，来自科罗拉多的一名35岁的按摩专家，跟许多男人约过会，却总是在自己没反应过来之前，就已经亏待了自己。“你总是说不清楚自己想要什么，直到你得到了太多不想要的东西。”雷切尔说，“我跟一个相当负面的人有过一段关系。他总是苛责我，说我不够聪明，不够好，而我却找到了一身优点的他，我是多么幸运。然而，我一直没有意识到，我应该去找一个更好的男人。”

随后有一天，当她开车经过丹佛的联邦大道时，突然明白了她快乐的真正关键点。“我希望找到一个人，他会爱上最原本的我，而不是爱那个他改造后的我。他会爱我现在的样子。我想对他也是同样的感觉。”

雷切尔意志坚决地确定不再委屈自己了，那天在车里大声喊出了自己的心愿："如果我注定要孤身一人到60岁，那我就一直单身！一定要找到那个人，我不会再降低自己的标准了！"

四个月之后，一段完美的恋爱以一种她从未期望过的形式呈现在她的面前：弗兰克，一个高中之后一直都在身边的朋友。"我理想中的男人一直都是阿伯克龙比那种类型的男人，应该打扮得完美无瑕。而弗兰克真的是一个十分散漫的人，总是穿着迷彩裤和演唱会T恤。他是个好男人，但是他从来都不是我脑海中想要寻找的那种。"虽然她承认，几年前她就想要亲吻他了，但是"每次当我产生冲动，我都会将它打消，因为我觉得他不是我喜欢的类型，而我也不希望我的亲吻把我们的友谊毁了"。于是，他们就这样一直作为玩伴相处了十几年。他们一起吃过晚餐，像朋友那样发泄过情绪，热爱彼此本来的样子。

一天晚上，弗兰克承认，自己总是会把雷切尔往超越朋友的角度去想，让她好好考虑一下他们的关系，但总是无法克制自己。几天之后，在苹果蜜蜂餐厅吃完晚餐之后，他们正要在停车场里分道扬镳时，弗兰克问她能否亲他一下。"我亲吻他的那一秒钟，"她说，"我就知道了，他就是对的男人。我们的嘴唇紧紧地压在一起五分钟，而就在那一刻，我醒悟了。"在他们恋爱开始的前几个月里，雷切尔总是望着弗兰克，点着头说："真高兴是你。"

然而，为了确定他们是不是真的可以和谐共处，她总是十分小心，唯恐他们的关系进展得太快，因为她像是在冒险毁掉他们的友谊。“我们玩了关于我们未来的二十个问题的游戏：孩子、婚姻和金钱。人们很容易陷入一时的迷恋之中，而忽略了你将伴随一生的真正重要的东西。”随后，他们通过了自己设置的考验，五年之后，策划了在埃斯蒂斯帕克的婚礼。“他是我最好的朋友，”她说，“也是我的知己和良师益友。”

弗兰克并不是雷切尔头脑中幻想的那种穿着讲究的封面模特型男人，但他是那个可以超额满足她需求的人。她之所以能够看清这点，就是首先用她的心认出了他。在这种情况下，她一亲吻他时，就感受到了。“我们确定关系的方法很有趣，”雷切尔说，“我不知道这是否是一件值得的事情，就像是‘哦，我不能对每一样东西都有所要求，那样就要求太多了’！但是，”她用她五年有价值的爱情告诉我们，“如果你不去大胆要求，你就永远得不到你想要的。”

6 当树上结果时

我一直都专注于那些想从另一半身上获得的东西，并且我感觉正在一步步靠近它们了。但是当我乘坐的飞机触碰到洛杉矶大地的一瞬间，有一件很小的事情开始令我左右摇摆起来：古斯塔沃对我还有同样的感觉吗？

到那儿的第一个晚上，我和古斯塔沃，还有他阁楼上的室友约翰尼在一起。但是由于我们没有产生任何浪漫的火花，我开始担心他并没有把我们的事情记在心上。第二天，我正开车去好莱坞山上的一栋房子打算采访时，看见那群我要采访的明星们在不远处摆好了姿势——然后一跃跳进了泳池。在那里，可以远远地眺望洛杉矶城里的景象。当我在起居室里检查我的两只磁带录音机，通读我准备的问题以便呈现一场即兴感的采访时，胃里突然又轻轻搅动了起来。就当我打算放松一下因采访而紧张的神经，新的紧张又悄然而至：古斯塔沃就住在离我几英里远的阁楼里。当我在想着他的时候，他也在想着我吗？在过去的几周里，我比之前感觉更愉快更轻松了，我迫不及待要再见到他。有了这种内在的乐观主义支撑着我，我知道我的访谈肯定会十分顺利。要知道，我可是穿着我最漂亮的高跟鞋，坐在起居室舒服的沙发上，随时都准备开始大聊特聊的。怎么能不顺利呢？

一名宣传人员招手让我过去。“这些男人们从泳池里回来身上都湿了，”她说，“所以他们想要在户外的热水浴缸里做访谈。”

呃，什么，在热水浴缸里？我立刻心情大好，随便他们怎么样！于是我踢掉我的高跟鞋，卷起我的牛仔裤，换上一个大大的笑脸，把自己的双脚泡在水里。这时，一阵狂风将我的问题本从腿上卷走，刚好贴到了浴缸里的阿德里安·格雷尼尔的胸前，立即，我采取了我在约会中应对尴尬时刻的办法：越糟糕的时刻，就越会发生美妙的故事！我大笑着拿回我的本子，虽然它已经被水沾湿，墨水渗出一片，但我突然觉得比之前更加轻松和乐观了。

那些男人都很友善，而且很健谈，所以我终于可以放心了，可以写的故事用都用不完啦！开车回沙滩旁边的宾馆时，我一直都开心地合不拢嘴。故事已经有结局了吗？有了。我的爱情生活之旅呢？还没有。

那天晚上，我和古斯塔沃一起吃了晚餐。我们俯下身来大吃干酪汉堡，聊了几个小时，了解了彼此过去几年的人生以及未来的目标。雨点开始落下来的时候，我突然在他身上察觉到那些在我21岁时还无法完全欣赏的东西，比如说他是多么的自信，他谈起母亲和姐姐的时候是多么的温暖。我开始后悔为什么十四年前没有紧紧抓住他不放。

但是我其实也知道原因：当我们还是大学生的时候，两岁的差距显得十分巨大。当然，当你三十几岁或更大一些的时候，两岁的差距根本就不是问题了——但是当我21岁的时候，他还是个青少年呢？回溯到当时，我十分喜欢他的陪伴，我们每次约会也都会笑声连连，虽然他当时已经十分成熟，懂得浪漫，但我就是无法忽视我头脑中一直出现的声音："我在跟一个小学生约会。"但是现在，这变得无足轻重。过去八个月中，我一直在专注的感觉，跟现在我和他在一起时的感觉完全匹配。而且我母亲也觉得我们相似的背景可以有很多好处，找一个知根知底、有过了解的人十分安全。

吃完饭后，我们坐在饭店空荡荡的包间里，身旁就是面向大海的落地大窗。几分钟之后，不知哪个侍者突然意外地关上了所有的灯，把我们置于了完全的黑暗中，只有微弱的月光还蒙蒙地发亮。大雨捶打着木板路，雨水在窗玻璃上一圈圈漾起，我的心脏开始怦怦跳动起来。他会转过脸来看着我吗？会吻我吗？我被困在紧张的情绪里，不能自拔。我必须得说点什么。机不可失。

"你知道的，"我最终说，"如果你考虑在今晚亲吻我的话，现在真的是个不错的时机。"

他真的听了我的话照做了，谢天谢地。几个小时之后，当他把我送到宾馆之后，我就开始大哭起来。我简直要被自己的情绪压倒了，躲在枕头里泣不成声，心里想道："谢谢你，这个世界，谢谢。"第二天早上，我走进机场航站楼的时候，古斯塔沃打电话祝福我一路平安。（虽然在飞机起飞之前，我的心就已经飞上了云霄。）

一周之后，我第一次隐隐约约感觉到，这回我是玩真的了。而它的发生，就在我从纽约给他打电话留了一封简讯的时候。一个小时之后，我还没有收到回复，于是就拿起电话重播了一次。我的朋友陶德就站在我的身边，我看到他的脸上划过一丝惊慌的表情。

“等一下，他给你回电话了吗？”他问。

“没有，”我把电话贴到耳朵上，“所以我才要再给他打一次。”

看了这个之后，陶德做出了每一个好朋友都会做的事情：他穿过空气朝我扑了过来，一切就好像是电影的慢动作一样，他张开双臂把手机从我的手中猛拍出去。一声“不——！”从他的腹中低低地号出。“你还没反应过来吗？”他的眼睛好像在问，“一个有尊严的女人是不会给不回电话的男人打两次电话的，那样就像一个一败涂地的失败者！”

我把手机捡起来护好，大笑起来。“没事的啦！”我说，“这个不一样的。我可以解释为什么，我就是知道。”

因为我觉得，他跟我以往打过电话的其他男人不一样，我根本不担心他只是玩玩而已，或者怕他跟其他人打情骂俏。我也不会担心古斯塔沃会觉得我给他压力太大，或者我太猴急。我知道，他会想要听到我的消息，就像我也十分想要听到他的消息一样。我知道他会想见我，就像我也十分想要见他一样。我给他发去的任何一条短信、贺卡或礼物，他都会迫不及待地去接受。我不知道用什么词汇来形容，但是我现在感觉到的，以及你也应该以此为目标的，是两半橘子完美地合二为一：两个同样的人，渴望同样的爱。

一个月之后，古斯塔沃和我一起站在迪奇平原海滩的悬崖峭壁之下，看着冲浪健儿们在海浪之上跳跃——那些海浪，跟我曾经微笑着许下爱情心愿时一模一样。

“这儿是这个世界上我最喜欢的一个地方，”我说，“你觉得呢？”

“我喜欢。”他说。几天之后，他对我也说了同样的话。六个月之后，古斯塔沃向我求了婚，随后我就搬到了洛杉矶，开始我们共同的新生活。他是我的“犯罪同伙”，我的“另一半橘子”。我们在一起的每一天，生活都好像是一场盛大的、充满爱意的旅程。在我们婚礼之后的一天，我们和72个最亲近的家人、朋友在墨西哥的一片沙滩上，从一艘小船上乘坐滑翔伞，慢慢沿着普拉亚德尔卡曼海岸上下摇曳。我们手拉着手，漂浮在蓝色的空中，脚下是绿松石般的水面，微笑着，大笑着，古斯塔沃将我的手握得越来越紧。“这真是个开启我们盛大冒险的好开始。”他说。

毫不夸张地说，古斯塔沃就是我所专注的全部东西，并且我知道，毫无疑问，正是我愈发强烈的约会乐观主义，才将他带到了我的面前。我相信，我们都可以拥有这种力量，可以将我们渴望的每一样东西都吸引过来。专注于你的渴望，认真感受，你会得到需要的东西，包括更多你意想不到的东西。我只须回头看看我最初的梦想，就能看到将他带到我面前的那条路是如此清晰。

7 你可以给自己带来想要的爱情

古斯塔沃和我开始约会的六个月后，我无意间翻到了我2004年的工作日历——也就是我们再次相遇的两年前。我充满怀旧之情地草草翻阅着，想起了我安排的一次次午餐，我拖着单身朋友当挡箭牌参加的活动。在日历的扉页上，有两个黄色的便利贴，上面写着我朋友们说我应该与其合作的编辑名字。我心里想：多么巧的巧合啊，他们已经各自联系了我，我也已经给他们写过了好多故事了。

随后我翻到了封底，那里粘着第三张便利贴。上面有一个电话号码和一个名字：古斯。这个便利贴让我感到背后一阵寒意。我给古斯塔沃打了电话，给他报了这个号码。“是的，”他说，“这是我的旧号码。”

看着我的手稿，一丝记忆闪过我的脑海：在我重新遇到古斯塔沃之前的两年，我在海滩小屋里快速切换着六个电视台。我正要前往西海岸写一篇旅行报道，心里想着：我在洛杉矶有什么认识的人吗？我从家乡的小道消息听说古斯塔沃搬到了洛杉矶。虽然我已经十多年没有见过他了，我还是没有把他忘怀。但是古斯塔沃这样的金龟婿，没有理由还至今单身……会不会呢？

这就是那些还没有出现脸书，甚至都还没有Friendster（交友网站）

的日子，我还无法在他的个人粉丝墙上留言，也没办法从他标记的照片上查到他妻子的踪迹。我只能用老办法，拨打那串号码，看看我是否能够在说出话之前止住自己内心的颤抖。于是我给信息台打了电话，拿到了他的电话号码。但是我突然被一个女孩儿接起电话警告我不要再打来了的假想画面怔住了，于是在那个歪歪扭扭的小屋子里，我独自一人度过了安静的夜晚，却一直无法鼓起勇气。于是我就把那张便条贴到了日记本里，继续过我自己的生活。直到两年之后，古斯塔沃再次走入我的生活。

我告诉你们这些，是因为我想要你们明白来自意识的力量。你可以给自己带来想要的生活，你也可以把你想要的爱情吸引过去，只要你给予目标足够的关注。现在就去给你的橘子种子施施肥吧。感受它在这个当下会是什么样子。合上这本书，然后蜷缩在你另一半的怀抱中。

8 遇见你的另一半橘子

约会乐观主义是一个循序渐进的过程，不能一蹴而就。原因如下：有时候，这个世界会把你和你的另一半橘子安排在同一地点、同一时间出现。而有的时候，你们两个都需要经历一点特殊的东西，才能够让彼此靠近的路途变得更加清晰。

例如，帕克还没有找到她的另一半，但是她都已经能从飞机上跳下来了。所以我知道她肯定也会有足够的勇气，大步跨向爱情。而且她也觉得，自己比之前更加相信她值得拥有这样一个男人，正如她对自己说的那样："我相信，当你准备好的时候，爱情就会自己呈现出来。一旦我放松那些不值得纠结的执念，爱情就会发生。有件事我非常确信，那就是你必须在爱情降临之前，先活出自己想要的样子来。"

我想你肯定也有一群好朋友，他们像艾玛的好朋友一样，相信你值得拥有一份非常非常美妙的爱情，一个能看到你到底有多好的男人。当你也看清自己的这一点后，你就会得到你的另一半橘子。我向你保证，你会得到他的。

同样的例子也体现在莉莉身上。她听上去好像比以往更加接近自己的完美搭档了，好像就要成立自己梦想中的家庭了。我也知道，同样美好的爱情也会降临在玛丽身上，她一直是如此感恩自己现在所拥有的生活，甚至都不好意思再去要求什么了。另外，还记得莎伊安吗？那个因为自己的消极情绪而招惹停车罚单的女人。她最近招来了自己梦想中的工作，在自己的有机农场里玩烹饪，一旦她专注于自己想要从爱情中得到的美好感觉，她也最终会得到。当弗朗辛准备不再同时跟三个男人约会，告诉上天她真正想要的东西时，我也毫无疑问地知道，她的男人正在来的路上。当陶德决心想要开始一段恋爱时（或者，用他的话说，他的梦想），他也即将搭上找到另一半橘子的列车。

当你准备好了，兴致勃勃地成为一名约会乐观主义者之后，他就会到来。而你应该保持自信，去相信你会拥有他。去专注于另一半橘子融入你的人生之后，你的人生会变得多么精彩，你的伟大爱情就会来临。

去做一些让你的头脑中和心灵中保持这些画面的事情，让它们真正成为你身体的一部分。把你理想中的恋爱画成图画，贴在你的梦想画板上；经常念念你的大爱清单；在日记本上贴上便利贴，涉足那些让你感到完整、快乐和被爱的领域——那些会让你有所收获的领域，尤其是在另一半橘子参与进来之后，你会发现你可以收获更多。

现在就成为你想要在梦想的恋爱关系里成为的那个女人。如果你把自己打扮成一个快乐、可爱、爱冒险、聪明、自信的女人，当你和你的另一半橘子见面时，他就会更容易认出你来。如果你想要得到爱情——一份真实、魔幻、不可思议的爱情——那你就能够拥有！而现在，你知道自己该做如下事情：

1. 相信自己可以拥有爱情。（因为你就是可以，而且你确实值得拥有。）

2. 对自己和他人坦诚自己的渴望。（到此为止，我打赌你应该可以做到了。）

3. 专注于你希望从恋爱中得到的感受，在脑海中幻想它，想象它。每天重复一次——如果可以的话，每小时重复一次。你做得越多，它显效越快。

4. 大胆地去希望，就像之前从来没有希望过任何东西一样。

5. 过好你快乐的生活。由内而外地装扮自己，成为那个快乐、自信、乐观、充满希望和爱意的女人。你知道，这是你一直都想要的。

乐观主义磁力——你用自己的思想创造出的能量磁力——现在正在慢慢形成。所以，主动用它来得到你应该得到的东西吧。既然你已经读到了这里，那么我也有了充分的信心，相信你最终会得到你想要的所有东西。你读到现在的毅力就是最好的证明！就按我们讨论过的那样去做，记得专注，专注，专注。另外，记住这一点：你的任务不是找到获得梦想中恋爱的方法。你的任务只是去渴望它。拼命地渴望。渴望你想要的一切。

附录 A
橘子实践锦囊

你已经知道了如何将乐观主义融入你的爱情宏伟蓝图中。但是在日常的约会中，你将如何运用它呢？是的，你还需要运用约会乐观主义的各种实践策略。如果你对每一次特定的约会都觉得更加积极了，你的能量也将向上天发送出更加强烈的信号，你就会更有可能吸引到那个对的人——对了，包括那个你见面头三分钟就觉得没戏的对象。

1. 改掉你的消极口头禅

人们不仅仅想要成为乐观主义者，也希望和自己约会的人是一个乐观主义者。所以，在你约会之前，先下功夫改掉你的那些消极的口头禅吧——然后在约会中练练手，让你的好心情更进一步。如果你不知道自己有哪些消极的口头禅，可以问问朋友。也许他们经常听到你说你“不行”，你“讨厌某某”，或者你“不会做某事”，或者你总说别人怎么“从来就做不对任何事情”。一旦你知道了要注意的东西，就会更容易了解和克制自己。为了更好地刺激自己，你可以学学那些纠正自己骂脏话的人常用的方法：每当你在朋友中提起一个消极的话题，就在罐子里扔一块钱，这样可以帮助你在约会时不会提起消极的话题。好好考虑一下这个办法。你应该不会想要听到你的约会对象说，他“不能理解那些喜欢寿司的人”，或者“从来都不想去工作”。你会想要听到他们说，他们热爱冲浪，想要尝试菜单上的每一道菜。这个道理同样适用于你：没有人会喜欢一个永远心情不好的人，所以尽量去成为一个积极的人吧。

2. 认真地去赞美你的约会对象，举出三个优点

让自己去发现事物美好的一面（他笑起来真的很有意思！），而不是去发现糟糕的一面（呃，噢，他有点儿太啰唆了……），这是打开你约会乐观主义开关最简单的方法。如果你专注地寻找桌子对面那个人的优点，你就会找到。但是不要找到一个就停住，要找到三个，然后开始赞美他。想想那幅画面：你和你的约会对象在危机四伏的单身星球上挣扎求生，有时候，几句溢美之词，就会让你们这段经历变得积极、正面许多。

3. 让你的朋友参与进来

我还是单身的时候，很多有对象的朋友们都会说，他们羡慕我那种每次奔赴约会时，都会抱着一种“凡事皆有可能”的心态。听到这个之后，我比之前更加感激我的单身状态了——这也是我决定把朋友们拉进来的原因，听我做前后对比的报告。跟一些已婚的朋友见面之后，我去参加一个鸡尾酒会。在我离开之前，我们编出一套密码，我需要整晚用这些密码来给他们发信息：“C”代表可爱，“NC”代表不可爱，“SC”代表超级可爱，“SFO”代表有待观察，等等。一想到我离开他们，怀着许久不见的眩晕期待走向约会对象，我们就忍不住要大笑一番。（那次约会的结果是“超级可爱”和“超级好人”，但是不久之后发现是“超级诡异”。）

4. 学会提问

人们说，你可以从生命中的每一天都学到东西，那么，为何不从你的约会中学会一点对生命的感悟呢？试试这样：从坐在你对面的那个人身上学到一点东西，把它作为你的目标。也许，你会获得一个跟你相反的看问题的视角。也许，你会发现你们有着超乎想象的共同之处，就像科林·塞弗特的朋友说的那样："每个人心中都有一个很棒的故事，你的任务就是把这个故事挖掘出来。"这里有四个很好的故事引子，你可以尝试一下：

·你去过的最棒的旅行是哪一次？为什么？

·如果你明天必须离开故乡，你最想念哪一道地方菜？

·你经历过的最吓人或最奇怪的事情是什么？

·如果金钱不成问题的话，你可以舒舒服服地在世界上做任何一项工作，那么你会做什么工作呢？

5. 一起去买彩票

是的，你可能觉得和一个完全陌生的人中彩票有些奇怪，但是首先，赢得彩票本身不就是一件非常疯狂的事吗？你瞧，彩票是乐观主义的象征：你不会付一块钱买一样你明知道永远不会赢的东西，但你会掏出一块钱买彩票，因为你还是相信有一丝赢的可能。所以，就当作是为了好玩，如果你跟你的约会对象开车，或走路经过一家便利店，提议他进去买一个刮刮乐，或者你们一起在卡片上挑几个数字——50/50的机会嘛。或者，如果你坚持的话，可以买两张不同的彩票。不管哪种方式，在你发现自己赢了之前，跟约会对象一起随便畅想一下：如果你们赢了，准备拿这

笔钱做些什么壮举吧。没有比这更积极向上的事了！

6. 赴一些“绝对不能输”的约会

跟一个你永远也不想再见的无聊对象在一起，和他度过一个普普通通、平淡无奇的夜晚，好像没有比这更浪费时间的事情了吧。你应该这样：找一些你一直想做或者你确实必须要做的事情，趁约会的时间去做。既不放过任何一个可能成功的机会，又不会浪费你宝贵的时间。当你知道无论你的约会结果怎么样，你都可以实现“双赢”的时候，你就会克制不住地乐观起来了！因此，带你的约会对象去高尔夫练习场，或者去唱猫王歌曲的怪异泰式餐厅，或者去苹果电脑商店看看笔记本电脑，或者去博物馆礼品店给你爸爸挑一件礼物。

在我奉行约会乐观主义的早期，我发现了一件我真的很喜欢参与的游戏。虽然我经常一个人去看电影，但我还是发现，不管怎样，如果我在球场认识的那个男人，第一次正式约我时就带我去看电影，我还是会很开心的。我喜欢有人陪伴，而当我们一起玩过之后，我们讨论的内容也会成为我评判他真实性情的重要依据。（他虽然不是很来劲儿，但我还是度过了美好的一晚。）因此，不要把自己置于可能会失掉约会对象的境地，去做自己有把握的事情吧。

7. 把短期约会作为长期恋爱的提前演练

从现在开始，我想认真地说，没有一次约会属于浪费时间。如果你无法通过约会结识一个朋友，或者大笑一场，或者学到什么新鲜东西，但你至少可以利用这次的经验，使自己变成一个更好的女朋友或伴侣。

怎样做呢？明确自己在每一次约会中想要的和不想要的东西，慢慢打磨你的个人成长过程，这叫作“进化过程”。埃琳·巴德博士将其定义为：“知道你在想什么、感受到什么、渴望什么的能力，能够将其持续地运用到一段关系中去，能够宽容和鼓励你的搭档做出同样的事情。”换句话说就是，更好地让男人知道，“我就是这个样子，这件事情对我就是十分重要”。这也是你让一段长期关系保持新鲜所必须做的。“当你在约会时，不要因为被拒绝而感到不悦，你得学会从拒绝中复原的能力。”巴德说，“你进化的程度越大，你掌握棘手话题的能力就越强，并且就越能在日后的关系或婚姻中成为一个更好的伴侣。”

因此，在下次约会中，如果过了二十分钟发现没有火花，而且可能永远不会有火花，不要苦苦逼自己熬完一个小时，可以趁机练习你的“技巧”。如果他想要坐在阴暗的角落，而你更倾向于靠着窗坐，大胆说出来。如果他问你是否想要孩子而你确实想要，练习成为诚实的人，就直接说：“是的，当然。”如果他想再约你出去，而你并不想去，礼貌地拒绝他

并告诉他原因。“我会想把这一点建议强调六遍。”彼得·皮尔森博士说。他是巴德的丈夫，他们是治疗练习中的搭档，他发现伴侣双方缺乏“进化过程”是关系挫败的很大的原因。用这位婚姻治疗专家的话来说——“这是在忠于自己的情况下的演练。你可能会得到你想要的任何东西，但你唯一不得不失去的，”皮尔森大笑道，“那就是你未来的前夫。”

8. 对挫折感恩

第一间看的公寓你不会租，第一套试的泳衣你不会买。你把每样都试了一遍，试得越多，你就越清楚自己心中想要的是什么。那么，爱情也是一样的道理。有时候一家餐馆只是味道平平，有时候 160 美元的牛仔裤臀部会太紧绷，有时候你的约会对象会令你大失所望。但是从每一次约会中学到经验，你就能把那些糟糕的男人从你眼前踢开，而离好男人越来越近——更重要的是，会让你对那些挫折充满感恩，是它们带你通往真正的爱情。

9. 记住：约会越是糟糕，故事越会有趣

约会与奥林匹克花式溜冰的评分机制相反：并不需要你打出最高分

或者最低分，一个快乐的约会者两者都会喜欢！你越学会嘲笑自己的失败，你的自我感觉就会越好。例如那个我带去游戏场的男人吧。那天我们准备去一家很棒的牛排餐厅吃饭，在一个制作动物形状气球的男人身边停下了，我的约会对象执意要买一个给我。当我面红耳赤地带着一个两只半脚的气球狗狗走进餐厅之后，我立即就把它们塞到了我的椅子下面——而没有意识到我正坐在一个热气通风口旁边。三十分钟之后，气球狗狗像被枪毙一样爆炸了，把整个餐厅的人都吓疯了，朝我们桌子投来刀子一样犀利的眼神。那个当下，真是既尴尬又滑稽，但是我很感谢那只爆炸的狗狗，它给了我那一整周最开心的大笑。

而那个纽约的编辑娜丁，现在回想一次在读书会的约会经历仍然会狂笑不止。她到达那里时，看到那里还有另外三个单身女人，恰好都是那个男人同时在追求的女人。“一看到那个场面，我忍不住要大笑起来。”娜丁说，“真是太好笑了。于是我就顿悟了一个道理：每个人都在试着遇到某个人，而我们不可能每一次都做到保持优雅。约会对每个人来说都是地狱，所以你必须对这件事情变得更富有同情心，同时保持幽默感。你要坚信，自己一定会遇到正确的人，到时候，你就能够学会大笑着说：‘这一路上，上天一直在给我提供笑料！’”

附录 B

橘子援助手册

人们说，当生活给你一堆柠檬的时候，你就应该把它们制成柠檬水。好了，这就是我们现在要做的，但我们要用到的是一条削下来的皮。我的目标是，让你习惯把约会乐观主义设成你的默认状态。如果做到这样，你可以改变你对挫折和恐惧的解释方式，将你消极沮丧的单身思想扭转为满怀希望、积极向上的意志。所以，当你下一次发现自己说任何以下事情时，记得用乐观主义的大炮去反击！

“我永远也找不到任何男人了。”

亲爱的，这一招总是很有效，是吗？

“我再也减不下去肥了。”“我再也不能做十个伏地挺身了。”“我永远也找不到停车位了。”

有趣的是，当你觉得自己快要不行的时候，你永远都做不好这些事情，对吧？哎呀。你难道没有从《小火车做到了》（*The Little Engine That Could*）[①]中学到任何东西吗？

虽然你是对的，但如果你一直对着自己大喊你"永远不能"，那么你就真的永远也不会找到适合你的男人。你的爱情生活只能是来自一块希望和乐观之地，所以，用高跟鞋那尖锐的后跟狠狠地把那些"永远不能"践踏在泥土里吧！你可以成为你想成为的那个人，你可以吸引到你想吸引的东西。你是如此光彩夺目，独树一帜，肯定会有男人因为见到你这样一个女人而兴奋不已。但是如果你一直把"永远不能"召唤到你的身边，你将永远找不到他们！过好你的生活，就像你马上就要见到你的梦中情人一样，也许你下一个见到的人就会特别特别适合你呢！

"世界上没一个好男人。"

这个世界上当然还是有好男人的……噢——也许，你只是想说，在你的身边没有你想要约会的好男人。重申一次，我讨厌跟你讨论这个问题，因为你周围肯定会有你想要约会的对象。你只是还没有遇见。

正如生活中大部分的事情一样，我禁不住要拿食物打个比方。（这也是我知道的为数不多的西班牙语中的一句："Me gusto comer."意思是我喜欢吃东西——这也是我的另一半橘子在跟我约会两周后，觉得有

① 美国著名励志故事。（译者注）

必要教会我的事情。）你已经把你镇上的所有东西都吃遍了吗？我不仅想说：“你有没有尝过拐角处那里的东西？”我的意思是，你有没有把每个地方的每一道菜都尝遍？见鬼的是，你可能甚至连汉堡王里面的东西都没有吃遍。那么，外面的男人也是一样！

当然，你也曾零零散散、东一下西一下地有过几次约会，但是，那并不代表这就是你选择男人的所有范围。比如上次你约会的那个男人，他还有一大把的哥们儿和同事你没有见过呢。而，如果你在梅西家里注意到一个你从来没见过的男人，那就证明世界上还有你不认识的男人，否则这个男人是从何而来呢？从所有新男人来的那个地方来的：他们都是从“你还没见过他们”的卡车上掉下来的！我的建议是，你要承认好男人是存在的，然后这个世界才会带一个给你。

“我还没遇到那个对的男人，但是，无所谓，我不在乎。”

注意你的措辞——“无所谓”。这三个字并不意味着“我不在乎”。相反，它正意味着“我真的很在乎，但是我不知道怎样才能做到”。

让我们坦诚一点儿：你很在乎。你希望得到你人生中的爱情，不是随便什么爱情都行，而是一份非常美好的爱情。你在约会乐观主义的过程中，还不至于达到不在乎的地步。你已经比之前任何时候都更靠近目标了，所以，现在正是你需要在乎的最重要的时机！

“无所谓”是一个弱势词语，它意味着你无法承受这个词汇的重量，但它恰恰是一个真正解释你感受的词汇。我把它归于你的诚实和直率。也许你真实的意思是“我还没有遇到那个对的男人，我很受挫”，或者“我还没有遇到那个对的男人，我害怕我找不到了”。不管你真实的感受是什么，说出来。随后，你就可以表述真实的东西了：真实的情绪、真实的恐惧，而不是一种“我不在乎”的虚假感觉。一旦你承认了自己在乎，你就能专注地在乎你所遇到的对的人了。

另外，虽然你还没有遇见他，但是你的“还没”二字却向我透露了一个很重要的讯息，你知道自己最终会遇见他的。

仅仅因为你还没有纳税，并不意味着你永远都不用纳税。这意味着这件事已经写进了日程，早晚都要做完。而如果你还没有遇到那个对的男人，你也会在某一个时刻最终遇到他。所以，不要再畏畏缩缩，一副“无所谓”的样子。你的爱情生活不是饶舌歌曲。你可以“毫不在乎地参加疯狂派对”，但是如果你认清了你真实的感受，把你的“在乎”放在了首要位置上，你就会越快越早地接近你的目标。

“我不需要男人来让我快乐。”

首先恭喜你，能这样想真的不错。很多人花了很长的时间，才能达到这样的自我确定和自信，意识到自己才是快乐的主人。不过，你是否也这样觉得，和另一半橘子展开一段投入而牢固的恋情，这件事其实是可以让你更加快乐的，它会让你更能感受到爱与被爱的感觉。那么，这就是一种渴望，而不是一种必需。

让我们来想一下其他能让你快乐的东西：一个用大蝴蝶结装饰的生日礼物，海滩上的一杯冰饮，一条你觉得很傻很老土的牛仔裤，别人见了你都问你是不是减肥了。这些东西你全部都需要吗？不，当然不。

《生存者》（*Survivorman*）节目里的莱斯·斯特劳德教给我们，你真正需要的东西是水、庇护所和食物。但是如果你足够幸运，人生中拥有了足够多的水、庇护所和食物，那你就可以关注一下你的渴望了。什么东西能让你的生活不仅仅是活着，而是能好好地活着？

如果你的需要已经被满足了，请继续加油，去满足你的一些欲望。如果你觉得一条牛仔裤可以让你看起来苗条纤细，那就挥霍买下，因为这样你会自信倍增。而如果一段恋情也可以让你的生活焕发光彩呢？是的，也许你不会“需要”它来生存，但是它可以使你的生活拥有更多乐趣。

顺便说一句，为什么我过去也常说“我不需要一个男人来让我快乐”？当我想要别人知道我是一个有主见的人，一个人也可以过得很好的时候，我就会说这句话。（噢，真是令人兴奋，一个“很不错”的人生。）我的一部分信息是：拜托了，大家不要再担心我了！

但是，当你说这句话的时候，你的身上像是蒙了一层灰。

想一想，当你说“我不需要男人”的时候，你可能会做这样几件事情：耸耸肩，皱皱眉，一副“你错了”的不屑表情；你还可能会摇摇头，双臂或双腿交叉，倚到后面，远离跟你说话的对象。现在，用俯瞰的角度审视你自己——或者直接用男人的视角来看：这是一个会让男人想要和她谈恋爱的女人吗？严肃地说，你的伴侣——你的理想伴侣——可能离你很近。他可能是你朋友圈里的人，也许是跟你在同一家餐厅吃饭的人，也许是在杂货店里与你擦肩而过的人。如果他真的就在你身边，你希望他看到你哪一面？那个总用否定句、不屑一顾、耸肩皱眉的你？呃……你不会。

所以，不要再告诉自己和别人你不需要的东西，开始讨论一些你想要的东西吧。

“也许我应该定下来算了……”

嘿，这是个不错的主意。把自己置身于一个你根本不喜欢的境地之中，然后再耗尽你的余生来厌恶自己的选择。

我之前用食物做的那个比喻，很形象地表达了我的意思，那就再用食物举个例子。你跟你的朋友走进餐厅，他打算请你大吃一顿。他建议你吃海鲜牛排套餐，又推荐巧克力舒芙蕾，还想点一瓶上好的葡萄酒。“不用了。”你说，“我是说，那些听起来确实太棒了，我也很喜欢吃，但是我吃点儿煮鸡肉、几勺香草冰激凌、一杯水就很满足啦。”没有关系，让你灵魂唱歌的选择就在那张菜单上，你肯定会满足的。

好了，猜猜现在是怎样？你那样做真是太逊了。容易满足是半途而废的专属。容易满足的人，往往就是那种不愿做到最好，只求不是最差的人（例如，单身）。如果你现在就已经对一个约过的男人感觉平平，那你就想象一下——真的，来试想一下——五年后你会是什么样的感觉。

这里说的满足，并不是指在一个小领域内感到的满足，其实很多人都会这样做，没关系。你可以对小事容易满足。好吧，他不觉得《我为喜剧狂》（*30 Rock*）搞笑，他真是疯了，但是没有关系。

但是，不要对重要的事情轻易满足。

不要满足于他的雄心壮志多么令人佩服，或者他让你觉得你自己有多美丽、聪明和性感。不要满足于他对你多么投入，多么忠诚，多么值得信任。不要满足于你对他有多大的吸引力，他不必符合别人定义中的“性感”标准，但是你本人必须要有亲吻他的渴望。（如果你现在一想到跟他赤身裸体地待在一起，第一反应是掉头走人，那么我告诉你，以后情况也不会有任何好转。）

话还是说回来，你在餐厅和朋友吃饭。想象一下，如果你接受了牛排、龙虾和美味甜点后，会有多么开心。你会轻轻拍着自己的肚子，滔滔不绝地说，你这辈子也不会忘掉这顿堕落的大餐。那么，令你赞不绝口的大餐和一些乏味无聊的鸡肉，你会选哪一种？这就是我们现在要讨论的差异。

一个会让你感到快乐的选择，把你满足得飘飘然，用“简直超赞”

和“好吃哭了”来形容；另一个则让你耸耸肩说：“呃，还好。”你可不能用那顿饭来打发了你自己，因为你不应该这样对待你的人生。

不要满足于配不上你的东西。如果你的人生真的真的很想要一段绝对惊艳、风味绝佳的爱情，那你就要为这个理想坚持下去，决不妥协！请不要因为害怕找不到理想目标而委屈将就。

记住，你想要的爱情就在那张菜单上。

“我放弃。”

噢，不要，你不能放弃。

“不是，说真的，我感觉好累。我放弃。”

如果你是真的要放弃了，你是不会告诉我你要放弃的。你会二话不说直接放弃。我认为，你需要的只是别人最后再推你一把，帮助你度过这段艰难的时光，就像是马拉松选手最后几英里拿到的橙汁片一样。你也只需要想象自己梦想中的另一半橘子，它会给你最后的一臂之力。

“为什么要自找麻烦呢？我一个人过孤独的日子岂不是更容易一些……”

自找麻烦？？你是认真的吗？你想要听听你为什么应该这么麻烦吗？好吧，我来告诉你，你应该自找麻烦，因为你想要得到一段恋情。你现在最想要得到的东西就是它！

你之前都过着愉快、兴奋、满足的单身生活，而现在都结束了，此刻你最想要的是一段恋情，所以猜猜看——你马上就会找到一个！你要停止说那些糟糕、消极的事情，停止说“我放弃”。你是一个高手，你懂的。瞧，外面有很多优秀的男人，正在寻找像你这样的爱人。你什么事都没有做错。这个世界并没有合谋来加害于你，让你无限制地孤独和痛苦——即便有时候世界看起来就是这么残酷。你只是一时消沉，但情绪下降到极限之后就会上升。所以鼓起劲儿来，不要再说你多么害怕自己会孤独终老，集中注意力到那种会让你容光焕发的爱情上去。来吧，放下你的悲观主义情绪……你可以的……给正确的东西让出路来。

相反，去想想那些让你脱颖而出的东西：你的天才，你的风趣，你的双腿，你的笑声，你的善良，你的讥讽，你的温暖，还有你的精神。深吸一口气，接受这些让你魅力大增的东西。随后，缓缓地吐出一口气，让一个真正橘子式的笑容在你的眼角堆满皱纹。明白了吧？你这么漂亮，怎么会一直孤独下去！

你的另一半橘子就在那里，现在，寻觅着你。竖起你的信号塔，发出比以往更强烈的信号吧。为了你的幸福，不要真正放弃。现在就是打开推进器、火力全开的时候。

“我也想去相信我的理想爱情马上就能发生在我身上，但是……我真的不知道，你知道吗？”

女人哪，哎呀，如果你在整本书的最后一节还问这样的问题，那我就要问问你了："你到底要怎样才会相信，你值得拥有一份美好的爱情呢？"当你不确定你是否值得获得爱情的时候，我就可以告诉你，你是值得的，我们都值得。而当我们有机会拥有爱情时，我们都可以成为更好、更卓越的人。

好，让我来给你分析一下这个问题：你已经在周围建立了一座厚实的高墙，用来保护你的心灵免于受伤，所以他们就不会发现——呼！——你觉得自己有多么挑剔、压抑、过时、尖酸、丑陋、贫困、苛刻、无聊，或者其他随便什么荒谬可笑的负面特征，这样你就可以解释，你为什么不配拥有一份真诚可爱的爱情了。

那么，现在就是打倒那堵愚蠢之墙的时候了。为什么？因为它也会将那些好人拒之门外！如果你不打倒那堵墙，外面的其他女孩就会抢走你的男朋友！那个人，可能正在寻找像你这样的女人：一个像你这样有趣、尖酸、奇怪、聪明、独特、强大、狂迷史密斯乐队的女人。但是，对不起，如果他看不到高墙后面的你，他就要在沿路随便找个女孩——一个不像你那么适合的女孩——凑合一下算了。你能忍受这样吗？让其他女孩抢走你的男朋友？

好吧，我知道，这些事情需要时间。但是柏林墙都已经倒了，你也可以推倒你心中的高墙。我们心里都有一堵墙，你知道的。没有人希望被伤害或失望，没有人想说"我相信它会发生在我身上"，然后沦为孤家寡人，遭到别人厌弃。你的另一半橘子会爱上你现在的这个样子。他将能够透过石墙的缝隙，看到里面真实的你——就像透过巧克力软糖的外壳，尝到里面的蜜糖。所有这些你不喜欢自己的地方（从喜欢抖腿到咄咄逼人的讽刺），他都会说："胡说八道！你这么完美！我就是爱你！"

至于你的另一半橘子，是怎样磕磕绊绊地爬过你支离破碎的高墙的，你不必担心，也不用操心你是怎样见到他的，更不用担心他是怎样找到你的。你只需要去相信，他会找到你的。我之前已经说过，现在再说最后一次："你的任务不是去想爱情到底会怎样发生。你的任务是去渴望它。"

所以，帮你自己一个忙，不要再说"好吧，我是说，我其实是想要相信的"，去相信就好啦。相信爱情会发生在你身上。让希望的气球从你的手中渐渐升空，越过你内心那堵厚厚的高墙，让你的另一半橘子知道怎样才能找到你。如果你想要一份惊喜、圆满、魔幻、和谐、温馨、崇高的爱情，它就会来找你。所以，去渴望吧，渴望一切。

致 谢

衷心地感谢我的经纪人劳里·阿布克美尔，她跟我一样，对这个项目充满乐观，并且非常专业地完成了这本书的包装和销售。我还要感谢我出色的编辑詹妮弗·卡塞尔斯，感谢她的鼓励、信任和支持；感谢乔希·麦克唐纳为本书做了很棒的封面设计；感谢 Running 出版社所有其他优秀的团队成员。

我想感谢所有分享自己故事的人，他们的每一个故事都在证实这个事实：对一份伟大爱情的期待可以带来比你梦想中更美好的爱情。我还要感谢那些用自己的洞察力和鼓励使这本书增光添彩的人：乔安娜·鲍勃、丽莎·凯、珍妮特·奥扎德、莱斯利·亚泽尔、詹尼弗·赛义德、凯特·埃尔顿、让·加德纳、玛吉·卡德尔、雪莱·莫拉莱斯、米姆·艾希勒·里瓦斯，特别是劳里·桑德尔，是她启发了本书的诞生，对我寄予了莫大的信任。

感谢陶德·布什和伊冯·程，是他们在我单身时用友爱和笑声陪伴了我。感谢达比，让我在一堆尘埃中找到了珍宝。感谢《魅力》杂志的所有成员，他们像家人一样，给了我改变爱情道路的勇气。感谢肯尼夫人，我的一年级老师，她说十分想要读读我的第一本书…… 噔噔噔噔！感谢医生、科学家、心理学家和所有研究积极思考、乐观注意力与大脑研究领域的人们，是他们的研究为我源源不断地提供了理论基础，并且给了我灵感。感谢达尔·麦什、露西·布朗博士以及凯瑟琳·斯宾塞，是他们帮助我找到了科学的理论。

谢谢爸爸和妈妈，他们是一对如此聪明、冷静、慈爱的父母，并用四十二年如一日的婚姻每一天都提醒我，这就是我想要得到的爱情。感谢姐姐莉兹，她是我的良师益友、保护神和朋友，是她在我最需要鼓励的时候，激励了我去积极思考。

我最深切的感谢一定要送给古斯塔沃·阿尔贝罗，我心爱的丈夫，他向我证明了爱情是多么有趣和令人眩晕的东西，他是我爱情颂歌的盛大闭幕曲。相信我，他真的值得我这样滔滔不绝的赞美。还有，虽然小米妮没能活着看到这本书的出版，但是在她去世前的一个星期，她在我的初稿上伸了个懒腰，在我送走之前咕噜了几句，算是表达了她的认可。

最后，感谢您阅读本书，你们是我坚持每天写作的终极动力。因为我希望并且相信：你的另一半橘子就在那里。

图书在版编目(CIP) 数据

遇见另一半橘子：约会乐观主义帮你找到完美爱情 / (美) 斯宾塞 (Spencer,A.) 著；孙菲，玄涛译．- 重庆：西南师范大学出版社，2016.4

书名原文：Meeting Your Half-Orange: An Utterly Upbeat Guide to Using Dating Optimism to Fi

ISBN 978-7-5621-7754-8

Ⅰ．①遇… Ⅱ．①斯… ②孙… ③玄… Ⅲ．①恋爱心理学 Ⅳ．① C913.1

中国版本图书馆 CIP 数据核字 (2016) 第 052492 号

MEETING YOUR HALF-ORANGE: BY AMY SPENCER

遇见另一半橘子——约会乐观主义帮你找到完美爱情

YUJIAN LINGYIBAN JUZI—YUEHUI LEGUAN ZHUYI BANGNI ZHAODAO WANMEI AIQING

[美] 艾米 · 斯宾塞 著　孙菲　玄涛 译

出 品 人：米加德
总 策 划：卢　旭　彦昊桐
责任编辑：何雨婷　刘　应
装帧设计：谷亚楠　朱海英
出版发行：西南师范大学出版社
重庆市北碚区天生路2号　邮编：400715
http：//www.xscbs.com
市场营销部电话：023-68868624
印　　刷：重庆荟文印务有限公司
字　　数：200千字
开　　本：850mm × 1168mm　1/32
印　　张：10.875
版　　次：2016年6月第1版
印　　次：2016年6月第1次
著作权合同登记号：2016年第065号
书　　号：ISBN 978-7-5621-7754-8

定　　价：36.00元

姓名：______ 性别：___ 年龄：___ 职业：______ 教育程度：______

邮寄地址：________________________邮编：______

E-mail：______ 电话：______

您所购买的书籍名称：《遇见另一半橘子——约会乐观主义帮你找到完美爱情》

您对本书的评价：

书名：□满意 □一般 □不满意

翻译：□满意 □一般 □不满意

纸张：□满意 □一般 □不满意

价格：□便宜 □正好 □贵了

故事情节：□满意 □一般 □不满意

书籍设计：□满意 □一般 □不满意

印刷质量：□满意 □一般 □不满意

整体感觉：□满意 □一般 □不满意

您的阅读渠道（多选）：□书店 □网上书店 □图书馆借阅 □超市/便利店 □朋友借阅 □找电子版 □其他

您是如何得知一本新书的呢（多选）：□别人介绍 □逛书店偶然看到 □网络信息 □杂志与报纸新闻 □广播节目 □电视节目 □其他

购买新书时您会注意以下哪些地方：

□封面设计 □书名 □出版社 □封面、封底文字 □腰封文字 □前言后记 □名家推荐 □目录

您喜欢的书籍类型：

□文学–奇幻小说 □文学–侦探/推理小说 □文学–情感小说 □文学–散文随笔 □文学–历史小说 □文学–青春励志小说 □文学–传记 □经管 □艺术 □旅游 □历史 □军事 □教育/心理 □成功/励志 □生活 □科技 □其他

请列出3本您最近想买的书：______、______、______

请您提出宝贵建议：______

★感谢您购买本书，请将本表填好后，扫描或拍照后发电子邮件至wipub_sh@126.com和xscbsr@sina.com，您的意见对我们很珍贵。祝您阅读愉快！

图书翻译者征集

为进一步提高我们引进版图书的译文质量，也为翻译爱好者搭建一个展示自己的舞台，现面向全国诚征外文书籍的翻译者。如果您对此感兴趣，也具备翻译外文书籍的能力，就请赶快联系我们吧！

您是否有过图书翻译的经验：□有（译作举例：________________________）
□没有

您擅长的语种：□英语　□法语　□日语　□德语
□韩语　□西班牙语　□其他________________

您希望翻译的书籍类型：□文学　□生活　□心理　□其他__________

请将上述问题填写好、扫描或拍照后，发电子邮件至wipub_sh@126.com和xscbsr@sina.com，同时请将您的译者应征简历添加至邮件附件，简历中请着重说明您的外语水平等。

期待您的参与！

西南师范大学出版社
上海万墨轩图书有限公司